外国医事法经典译丛

医疗诉讼要点

日本医疗纠纷诉讼案例53讲

日本日经医疗　编辑
张惠东　审订
黄浥昕　译

中国·武汉

图书在版编目（CIP）数据

日本医疗纠纷诉讼案例 53 讲 / 日本日经医疗编辑；黄淐昕译 . —武汉：华中科技大学出版社，2019.5
（外国医事法经典译丛）
ISBN 978-7-5680-4395-3

Ⅰ.①日…　Ⅱ.①日…　②黄…　Ⅲ.①医疗纠纷—民事诉讼—案例—日本　Ⅳ.① D931.321

中国版本图书馆 CIP 数据核字（2018）第 228867 号

湖北省版权局著作权合同登记　图字 17-2018-280

IRYO SOSHO NO KOKOGA POINT by Nikkei Medical Copyright 2015 by Nikkei Business Publications, Inc. All rights reserved.
Originally published in Japan by Nikkei Business Publications, Inc.
医疗诉讼的重点—从注目判例学习的医疗纠纷回避术 2, ISBN: 978-986-255-963-5, Nikkei Medical 编集, 张惠东 审订, 黄淐昕 编, 2017 年 10 月
武汉华中科技的简体字翻译，源自获日经ＢＰ授权之元照出版社的繁体字版

日本医疗纠纷诉讼案例 53 讲
Riben Yiliao Jiufen Susong Anli 53 Jiang

日本日经医疗 编辑
张惠东　审订　黄淐昕 译

策划编辑：王京图
责任编辑：李　静
封面设计：傅瑞学
责任校对：梁大钧
责任监印：徐　露
出版发行：华中科技大学出版社（中国·武汉）　　电话：（027）81321913
　　　　　武汉市东湖新技术开发区华工科技园　　邮编：430223
录　　排：北京雅盈中佳图文设计制作有限公司
印　　刷：北京印匠彩色印刷有限公司
开　　本：880mm×1230mm　1/32
印　　张：11.625
字　　数：310 千字
版　　次：2019 年 5 月第 1 版　2019 年 5 月第 1 次印刷
定　　价：59.00 元

本书若有印装质量问题，请向出版社营销中心调换
全国免费服务热线：400-6679-118，竭诚为您服务
版权所有　侵权必究

序

从 20 世纪 90 年代开始，随着患者权利意识的高涨，医疗诉讼数量急剧增加，虽然在 2004 年达到巅峰后开始减少，但从 2014 年开始又逐年增加，有再度上升的趋势。

同时，诉讼对象也变得多样化，不仅对医院的开设者，对以医师为首的医疗从业人员个人提起诉讼的案例也增加了。《医疗法》[①] 修订后，医疗事故调查制度相应建立，医疗机构也应该建立防备医疗事故发生的院内机制。

本书是为了让全体医疗从业者能在这样的时代背景下更好地生存，以实际受关注的医疗诉讼判例为中心，企划、编辑出一系列可避免医疗纠纷的实战知识。

本书判例主要取材于以医师为阅读对象的综合性杂志《日经医疗》"想了解的医疗诉讼基础"及"从判例中学习医疗纠纷的回避术"栏目的连载内容，从 2007 年之后的医疗诉讼判决中精选出 53 个案例，按"治疗、处置相关""检查、诊断相关""医院管理、看护管理相关""其他"分类收录，并在总论中介绍了医疗现场的医师及相关医疗人员应该预先知道的医疗纠纷预防策略及医疗纠纷发生时的应对处理策略。

本书由《日经医疗》的副主编吉良伸一郎担任编辑，为连载内容执笔的石黑敏洋、北泽龙也、桑原博道、田边升、平井利明、苅田觉、水泽亚纪子等人，在编辑本书之际都给予极大帮助，不胜感谢。

《日经医疗》主编　仓泽 正树
2015 年 1 月

[①] 指日本的《医疗法》，本书所引用的法律全都是日本国法律。

第1章 从今天开始实践！纠纷的预防、应对处理的心得和方法

1. 及早发现名为"纷争"的幼芽，并及早摘除 ………………… 3
2. 诊疗记录的留存方式 ………………………………………… 11
3. 当拒绝诊疗变成问题 ………………………………………… 18
4. 与诊断书内容有关的应对方式 ……………………………… 24
5. 对证据保全的应对方式 ……………………………………… 27
6. 来自搜查机关或律师公会的问询 …………………………… 33

第2章 从53个判例中学习

◆ 治疗、处置相关

1. 健康检查时抽血造成的后遗症为不可避免的并发症，判定医师无责任… 40
   （东京地方法院2007年4月9日判决）
2. 即使判定该手术适应，仍依医师违反说明义务判令赔偿 ………… 46
   （名古屋地方法院2008年10月31日判决）
3. 患者因褥疮产生败血症而死亡，判定医院方对感染症的治疗不适当 52
   （大分地方法院2009年3月26日判决）
4. 患者因胃穿孔休克死亡，判定医师做剖腹决断太迟 ……………… 58
   （横滨地方法院2009年4月15日判决）
5. 判定仅能短暂延命无须赔偿，高龄者死亡事故之判决逆转 ……… 64
   （东京高等法院2009年4月28日判决）
6. 因延迟剖腹造成胎儿脑部障碍，最高法院判定医师无责任 ……… 70
   （东京高等法院2009年5月31日判决）
7. 抗凝疗法不妥善导致患者脑梗死，医师有怠忽危险性说明之过失 76
   （岐阜地方法院2009年6月18日判决）

I

8. 患者消化道穿孔医师未进行开腹手术，法院判定选择
   保守疗法并无过失 …………………………………………… 82
   （广岛地方法院 2009 年 9 月 11 日判决）
9. 产妇因脑出血死亡，判定医师未实施 CT 检查亦无过失 ………… 88
   （大阪地方法院 2010 年 3 月 1 日判决）
10. 锁骨骨折患者在医院死亡，判定医院观察不适当 …………… 94
    （前桥地方法院 2010 年 4 月 30 日判决）
11. 做输精管结扎术后，妻子怀孕被疑不贞，判定医师
    有赔偿责任 …………………………………………………… 100
    （仙台地方法院 2010 年 9 月 30 日判决）
12. 过量使用药剂，主治医师有责，上级医师无责 ……………… 106
    （东京地方法院 2011 年 2 月 10 日判决）
13. 最高法院对期待权的解释，仅限于极端不适当的医疗行为 ……… 112
    （最高法院 2011 年 2 月 25 日判决）
14. 医师未能清除患者结石引发胰腺炎及糖尿病，法院未考虑
    医疗水平就判定医院有责遭质疑 …………………………… 118
    （那霸地方法院 2011 年 6 月 21 日判决）
15. 施行神经阻滞注射疗法患者产生后遗症，判定气管切开过迟 …… 124
    （东京地方法院 2012 年 1 月 26 日判决）
16. 25 年前做的手术中遗留纱布，法院否定医院方
    追诉期已过之主张 …………………………………………… 130
    （东京地方法院 2012 年 5 月 9 日判决）
17. 因"病历的记录不自然"，产科诉讼中医师方败诉 …………… 136
    （东京地方法院 2012 年 10 月 25 日判决）
18. 有关动脉穿刺的医疗纠纷，法院判定医师有过失 …………… 142
    （仙台地方法院 2013 年 2 月 14 日判决）
19. 使用抗癌剂后患者猝死，医师被判定无过失 ………………… 148
    （大阪地方法院 2013 年 2 月 27 日判决）
20. 学生于社团活动中中暑死亡，判定医师太迟采取冷却措施有过失 … 154
    （大分地方法院 2013 年 3 月 21 日判决）
21. 患者脑动脉瘤手术后死亡，判定医师有违反说明义务之责 ……… 160
    （东京地方法院 2013 年 3 月 21 日判决）

22. 麻醉事故造成患者脑功能障碍，虽被追诉刑事责任却被判决无罪　166
（横滨地方法院 2013 年 9 月 17 日判决）

23. 患者进行腰椎手术后出现缺氧性脑病变，法院认定
执刀医师及麻醉医师有过失 …………………………………… 172
（宫崎地方法院 2014 年 7 月 2 日判决）

◆ 检查、诊断相关

24. 住院患者起诉医师骚扰，判定未超过限度驳回起诉 ………… 178
（东京地方法院 2007 年 7 月 12 日判决）

25. 石膏固定引发肺栓塞，以当时的医疗水平而言医师无预防义务 … 184
（仙台地方法院 2008 年 8 月 19 日判决）

26. 患者慢性肝炎并发肝癌，判定开业医师有怠忽检查的过失 ……… 190
（岐阜地方法院 2009 年 1 月 28 日判决）

27. MRSA 感染导致患者病情恶化去世，判定医师太迟
进行细菌检查有过失 ……………………………………………… 196
（大分地方法院 2009 年 10 月 1 日判决）

28. 男童因绞窄性肠梗阻死亡，判定医师违反检查义务 ………… 202
（横滨地方法院 2009 年 10 月 14 日判决）

29. 患者精神发育迟滞，医师问诊有困难，但仍被判定
有肠梗阻鉴别方面的过失 ………………………………………… 208
（仙台地方法院 2010 年 5 月 24 日判决）

30. 医师的过失与患者的死亡虽无因果关系，仍因
侵害患者诊疗期待权被判令赔偿 ………………………………… 214
（仙台地方法院 2010 年 6 月 30 日判决）

31. 忽视急性心脏疾病导致患者死亡，判定非该科医师无过失 ……… 220
（福冈高等法院 2010 年 11 月 26 日判决）

32. 忽视高龄患者消化道穿孔问题，判定医师怠忽
CT 检查有过失 ……………………………………………………… 226
（名古屋地方法院 2011 年 1 月 14 日判决）

33. 陈述书和证词不一致，法院判定医师的证词不予采用 ……… 232
（东京地方法院 2011 年 3 月 23 日判决）

34. 最高法院驳回"因医师的举止造成PTSD"的诉讼理由，
    医院方逆转胜诉 ·· 238
    （最高法院 2011 年 4 月 26 日判决）
35. 医师确信患者患有胃癌，为其实施手术，却
    未再次研究病状变化，法院判定医师有责 ················ 244
    （东京地方法院 2011 年 5 月 19 日判决）
36. 忽视 TIA 造成患者严重后遗症，法院判定心脏科医师有过失 ······ 250
    （福冈地方法院 2012 年 3 月 27 日判决）
37. 患者在病房因肺栓塞死亡，法院判定值班医师的诊断有过失 ······ 256
    （埼玉地方法院 2013 年 9 月 26 日判决）

◆ 医院管理、看护管理相关

38. 医院方未告知患者部分诊疗记录遗失，法院命令医院赔偿 ········ 262
    （大阪地方法院 2007 年 6 月 14 日判决）
39. 对于口出恶言的问题患者，判决胁迫罪、强制罪成立 ············· 268
    （广岛地方法院 2009 年 3 月 4 日判决）
40. 住院患者从屋顶坠楼死亡，因无预见可能性，医院
    被判决无责任 ··· 274
    （东京地方法院 2009 年 9 月 15 日判决）
41. 医师开车时因打瞌睡发生事故死亡，判决引发
    职员过劳的医院有责任 ··· 280
    （鸟取地方法院 2009 年 10 月 16 日判决）
42. 医院拒绝开具病历记录，被判定侵害患者的利益 ················ 286
    （东京地方法院 2010 年 1 月 28 日判决）
43. 未经患者同意泄露诊疗信息，除法院要求的部分以外皆为违法 ··· 292
    （埼玉地方法院川越支部 2010 年 3 月 10 日判决）
44. "剥趾甲事件"无罪逆转，判定为正当医疗行为 ·················· 298
    （福冈高等法院 2010 年 9 月 16 日判决）
45. 证据保全之际患者要求医院提出交付给保险公司
    的事故报告书，法院驳回该要求 ······························ 304
    （最高法院 2011 年 9 月 30 日判决）

46. 高龄患者在浴室因烫伤死亡，法院判定护理师违反注意义务 …… 310
    （千叶地方法院 2011 年 10 月 14 日判决）
47. 双亲造成小孩佝偻病，判定医院的保护通报正当 …………… 316
    （横滨地方法院 2012 年 10 月 30 日判决）
48. 移床过程中患者跌倒，判定护理助手有过失 ………………… 322
    （东京地方法院 2012 年 11 月 15 日判决）
49. 对新生儿进行袋鼠式护理过程中，新生婴儿病情急遽变化，
    法院否定医院有过失 …………………………………………… 328
    （大阪地方法院 2013 年 9 月 11 日判决）

◆ 其他

50. 在有关病态肾移植之妨害名誉诉讼案中，被告虽说了
    "这可是犯罪啊"的话亦无责任 ………………………………… 334
    （松山地方法院 2011 年 6 月 29 日判决）
51. 有关非小细胞肺癌之标靶药物 Iressa 的说明书记载问题，
    法院判定药厂及国家皆无责任 ………………………………… 340
    （东京高等法院 2011 年 11 月 15 日判决）
52. 鉴定医师泄露信息，最高法院确定其有罪 …………………… 346
    （最高法院 2012 年 2 月 13 日决定）
53. 患者接受人工心脏移植实验后死亡，法院判定医院方
    违反实验计划书的内容 ………………………………………… 352
    （东京地方法院 2014 年 2 月 20 日判决）

执笔者一览 ………………………………………………………… 359

第1章

从今天开始实践！
纠纷的预防、应对处理的心得和方法

从今天开始实践！
纠纷的预防、应对处理的心得和方法

现今社会，医疗纷争屡见不鲜，市面上针对如何预防纷争、提供处理对策的书籍也大量存在，因此，无论是临床医师还是处理医疗纷争的法官，都应当对此问题有相当程度的理解和认知，这样在做病例记录或对患者说明病情或在处理案件时才能做到心中有数。

在诊疗现场常能遇到如下情况：面对纷争时不知所措，落入"早知如此当初应该要这么做"的陷阱里而后悔不已；相关证据未曾保存，对各单位提出询问要求时不知该如何应对，不知记录该如何记载等。本书聚焦了以上各种令临床医师困扰的问题，不仅提供裁判先例作为参考，同时以大量实际案例为出发点，整理出一系列"从今天开始实践！纠纷的预防、应对处理的心得和方法"，并提供具体的解说。

水泽亚纪子（医师、律师）

及早发现名为"纷争"的幼芽,并及早摘除

纷争的幼芽最好能及早发现、及早摘除。最好是一开始就不要种下纷争的种子。

如果能做到这样,对医疗人员及患者双方来说都是最好的。应该没有想故意引起纷争的人吧!如果真的能让与医疗相关的纷争消失,就算这样会让从事诉讼或交涉的律师们失业,我们也乐见其成。

一、纷争是因为"对过程的见解不同"而产生的

任何纷争都是由此而生的。要采取有效的对策,最重要的是从正面观察问题、分析问题。为什么会引发纷争?请试着回忆自己最近和患者发生纷争的经过(如果没有,可以回忆最近和同事、朋友或家人发生争执的情况),几乎所有和医疗相关的纷争都是因为"医疗人员和患者对过程的见解不同"而引起的。以下述案例为例:

一名70岁左右患有糖尿病的女性长期对病情置之不理,后因突然的意识障碍和麻痹送急诊,被诊断为脑出血,虽然没有致命危险,但糖化血红素(HbA1c)的数值高于14%,血糖值为400mg/dL,有肾功能恶化、诱发糖尿病并发症的危险。正当医师还在思考待急性期过后应该慎重地控制糖尿病病情时,患者因耐甲氧西林金黄色葡萄球菌(MRSA)感染并发肺炎死亡。

从医师的角度来看，可能会觉得毕竟患者已经在家对病情置之不理这么长时间了，如今因糖尿病引发伺机性感染①也是无可奈何的事，但死者家属未必是这么想的，"家母虽然说血糖值高了点，但在脑出血之前也过着正常人的生活。知道是脑出血后真是大吃一惊，但幸好医师说了出血并不严重，不至于危及性命。没想到最后竟然是因为院内感染让家母连命都没了，这就是常常听说的所谓'医疗疏失'啊！真是令人懊悔啊！"

虽然有关患者诊疗过程的事实只有一个，但因为双方的立场不同，就造成了双方解读事实方式的迥异，这就是所谓"纷争的种子"。麻烦的是一旦产生了这样的误解，之后无论是医师再度说明，还是已让患者产生不满的该医疗机构方面进行说明，都难以消除患者方的不满，这就是现实。

之后患者方可能会开始抱怨："这个医生从一开始就没有好好地说明病情，而且从头到尾都是一副傲慢的态度""负责护理师的手法很糟，输液都失败了好几次""护理师竟然没戴口罩就来处理患者了"……这颗"纷争的种子"就会不断地因这些小问题而生长。

二、活用文书做有效的说明

那么，应该如何做才好呢？

纷争就是因医师和患者双方的见解完全不同而产生的。通常，由于患者方缺乏医学专门知识，所以在医疗问题上有认知方面的差异，加上医疗方又未能充分且正确地向患者方传达患者的相关信息。

要患者或其家属对解剖学、病理学、诊断学等学科知识全面

---

① 人体内有抵抗病菌能力的免疫系统，能对外来侵袭的病原体产生适时的抵抗力及相对应的免疫力。假如人体器官处于极度易损伤的状态或体内固有的免疫系统缺损时，这些潜伏在健康人身上而能导致疾病的病原体便会趁机猖獗起来，使得个体遭受感染，此类感染现象便称为伺机性感染。

了解是不可能的事情，但至少应该向他们提供必要的、最低限度的信息，让患者本人及患者最重要的家属对患者的病情、症状及可能的危险性等重要事实有正确的认识。

当然，没有必要完全要求主治医师对以上内容做口头说明，只要对特定的疾患做一本提供基本知识的小册子就可以了。可以请护理师或药剂师等其他专业人员一起分担说明的工作（但必须确保说明内容的正确性）。

若能就经常处理的疾患或检查预先做出与治疗相关的文书，再基于该文书进行说明就会很方便。若能活用说明文书或小册子等书面资料，就会比单纯做口头说明少产生误解，而且这是为了谋求与患者方（患者本人、家属）拥有共同的信息，所以是方便且正确的选择。

更进一步的建议是能将交给患者或家属的说明文书复印后贴在病历上或归档至电子病历中。如果有困难，至少在记录中记载交付了哪些说明文书。说明文书也要频繁更新，医院或病房在什么时期使用什么文书也要留下记录，这点非常重要。

对患者方提供信息时，特别需要注意的事项包括：

（一）对话时不要使用太多同情、怜悯或过意不去的口吻

"对于危险性做正确的说明对患者来说太可怜了，千万不要提到"，"对患者来说是负面的信息，所以轻描淡写就好"，以上这些偏见都是必须注意的。

"让患者直接正视现实不是很可怜吗"，这样的想法是可以理解的，可是若没有将危险性准确地传达给患者方的话，那就意味着出了事须由医疗方完全背负责任。

如果有"患者的危险性我们医疗方会全权处理，所以患者不需要担心"这样的觉悟，而且真的做得到的话，或许可以不需要说明，但通常医疗方要完全背负患者的危险性还是很困难的。因为是与患者本人有关的事情，所以还是应该让患者本人

对于基本的包含危险性等的事实有所认知，让患者本人去面对这样的危险性更好。除了说明事实会对患者有害的特殊状况以外，应该注意和患者对话时不要使用太多"同情、怜悯或过意不去"的口吻。

（二）留意患者方对医疗用语的含义是否有误解的情形

就算已经恳切地叮咛说明了，但患者或家属对沟通中使用的医疗用语有所误解或未能充分理解的情况还是很多。例如对"并发症""缝合不全""院内感染"等用语仍存在"是因医院或医生的疏失才会产生的"这样印象的人不在少数（表1-1）。大部分患者或家属在聆听医师说明"这个手术的并发症包括出血、休克、术后缝合不全等"问题时，常常是一味地点头。

患者方自认对"并发症""缝合不全"等名词是了解的，所以没有提出疑问，但其实他们理解的与医师方想传达的概念是完全不同的。这样认知上的不一致若未及时厘清，当负面事件发生之际，就会造成纷争。

解决这样误解的对策是：针对说明文书的内容或平时在进行说明时，能再次向这些非医疗专业人士确认是否能理解，归纳出一般人容易误解的点。找到这些点后于说明文书中再次做补充解释，更好的当然是能再做出关于容易产生误解的用语的其他说明文书或解说文书。

（三）确认患者方提出的问题及要求

在进行说明之际，请务必向患者方确认是否有问题或要求，然后将该内容记载在病历中（就算患者说"没有问题"也要记下），这点非常重要。

因"说明义务"的问题而引发的医疗纷争不在少数，但所谓的"说明义务"指的不仅是就与该疾患有关的医学知识或患者的身体状况可能会发生的事件所做的说明，还包括患者方的希望或

表 1-1　　　　　　　　　患者及家属容易产生误解的医疗用语

用语	患者方的错误理解
并发症	由于医疗者未注意而导致的病症
缝合不全	因缝合方式不佳而导致的（绽线）
院内感染	假如医院好好管理的话就不会发生的事件
MRSA（抗药性金黄色葡萄球菌）	只有在医院内会感染的细菌
因注射或抽血造成的神经损伤	因注射方式不佳或错误才会不小心刺到神经，当然是医疗者的疏失
术后再出血	因止血方式（绷带缠绕方式等）不佳产生的问题
类固醇	一旦开始使用就不能停止的药物
肿瘤	"肿瘤＝癌"或"才刚开始形成的东西"
息肉	"才刚开始形成的东西"（不用担心是恶性的）
良性肿瘤	放着不管也不会怎样的东西
恶性肿瘤	虽然是不好的东西但并不是癌
医疗事故	医疗事故＝医疗疏失
异物梗阻、跌倒、跌落等意外	当然是医院的管理疏失所导致的
标准（的）治疗	普通的（并不是特别优良的）治疗
保守（的）治疗	这个医院因为无法做其他治疗，不得已而实行的治疗
监视器	影像监视装置
休克	受到惊吓
贫血	因头部血流量不足而产生的头晕的现象

意向、聆听的姿势或能力等，"患者方的情况"也是"说明义务"产生的要件。

也就是说，该患者最初期待的是何种治疗？患者本人是积极面对自己的疾患，对种种治疗的情况都深思熟虑过，连细微的事情也希望自己做决定的类型，还是对说明没有显示特别兴趣，基本上就将治疗交给医师，也没有积极表明自己的希望或期待的类型，这些当然都会造成具体的"说明义务"的有无、范围及内容的差异。至今，关于"说明义务"的议论，尚未像这样将"接受说明的患者方"作为要素之一做充分考虑，这是有问题的。

三、不要忽略患者传达的"信息"

接下来我们要思考如何在早期察觉纷争的萌芽并及早摘除。当纷争的萌芽开始滋长时，患者方经常会送来各种"信息"。值得注意的是，一开始我们可能并不觉得对方的言行和动作对医院方有所不满，或不认为有迹可循，但事实上有不少都是纷争的开端。

"今天是休息日，所以主治医师不会再来回诊了吧？"
"现在发烧〇〇度了，不处置没有关系吗？"

像这样的对话，绝对不会是抱怨或明确的责难，但若患者方表达了积极对话的意愿，那就必须注意。现今法院处理医患关系基本上是站在患者立场的，当患者方以各种形式的积极态度提出质疑，迫切期望推动医疗方的行动时，他们可能是抱持着某种疑问或不信任、不清楚的态度而提出问题的。

在这样的情况下，就不能忽略患者方特地传达的"信息"，应该更进一步地进行沟通，重要的是能了解对方的真正心意或迫切的期望，也就是说，明明是同样的说明，却要用更积极的态度表现"我们这边是很认真地在进行诊疗哦"，必须传达出这样的信息。

具体方式如图 1-1 所示。

特别要注意的是，我们常常会对患者方回应"没问题"，患者方表面上是接受了，但内心其实并没有真正接受。对于这样的回应他们也只能无可奈何地沉默不语。

在做出"没问题"这样的判断时，至少也应该说明理由，例如，"我想现在是没问题了，但还是要持续观察。"如果没有传达出这

患者 A

今天是休息日,所以主治医师不会再来回诊了吧?

工作人员

✗ "是啊,今天是星期日嘛!"

○ "是的,主治医师不会直接来回诊,请问有什么担心的事吗?可以电话联络主治医师,如果有事他也会过来喔!"

患者 B

现在发烧○○度了,不处置没有关系吗?

工作人员

✗ "这种程度没问题的,请好好休息。"

○ "有○○度呢。一般来说不用担心,我会向医师报告,接下来如果有变化请告诉我。""之后我们会注意观察情况,一小时后再测量,如果有事请告诉我。"

图 1-1 应该对患者传达的信息

样的信息,之后若有病情恶化的情形,患者方不满的情绪会因此爆发,这也是不难理解的。

四、预先准备好让不满得以宣泄的渠道

(一)为患者方的不满准备一个得以宣泄的渠道。

(二)诊疗层面以外的部分也必须同步改善,以作为一种预防手段——这就是有用的处理纷争的对策。

关于第一点，举例来说，可以设置一个方便对医疗方传达不满的意见箱。当看到患者或家属向意见箱投递意见时，无论是护理师、负责医疗安全的人员，还是其他工作人员都可以上前询问："是不是有什么困扰的事情呢？"让这类不满的情绪有可以表达的机会，不要等到某天积怨已久突然爆发才处理。

关于第二点，举例来说，可以缩短或有效地活用待诊时间，彻底整顿院内的卫生状况，改善接待人员的态度等。就算是小举措，只要能让整体环境变得舒适宜人，就是重要的措施。试着从"软件"到"硬件"双管齐下，做改善策略的讨论吧！

以上只是简单举几个例子，最重要的是千万不要忘了对方（患者方）是医疗方面的"素人"[①]。患者方抱持着对疾病的不安，这多少造成了他们精神层面的损害，如果能以真挚的态度进行诊疗或面对患者，所有的纷争对策就都只是基本的原则。医疗纷争事件发生后不仅限于医疗专业人士，其他专业人士包括律师，都可以对陷入困扰的人们进行援助。

---

① 指非专业人士。

诊疗记录的留存方式

"又在说记录的事了……实在无法忍受大家认为病历上没有写的就是没有做的这种想法。对记录内容提出要求很简单,但要我们在诊疗的百忙之中还要仔细地一一书写根本是不可能的事。反正不管什么事只要全写下来就好了,对吧?"

对于看到"诊疗记录的留存方式"这样标题的医师读者们,我好像已经听到大家发出的心声。但既然做了诊疗,就当然应该好好地写下来。病历不是日记,而是患者情况的重要记录,当然不能根据自己的心情,爱怎么写就怎么写。当然,非常细微地记载实际上也是不可能做到的,也可能会变成事倍功半。在此我将介绍在做记录时应该着力的要点。

一、避免只记载患者的主诉(+处置)

若只写下患者的主诉,会给人留下只强调患者的问题却没有详细诊察的印象。例如只做了"头像要裂开了一样疼痛""处方○○ 1粒"这样的记载,会让人有以下的误解或联想:"有好好询问头痛的发病时间及经过吗?或有没有其他症状?有做神经学的检查吗?如果做了的话一般来说会稍微写一下吧,应该是没做吧!"

既然记载了患者的症状或问题,就必定会有相对应的诊察或处置,也就是说,对于该种症状或问题的解决方式或应对处置是什么(诊察或检查),对于该结果做了何种判断,实际上做了哪些应对处置,即使是只记重点也好,请记录下来。对于确定的症状与相对应的诊察(例如,疑似感冒的症状,相对应的头颈部、胸

11

部诊察等），也可以使用电脑输入，或以电子病历的方式减轻工作量，这也是一个好办法。

二、不要只选择负面的信息书写

关于护理记录，常见的情形是在搜集了与患者谈话后听到、观察得到的各种信息后，只记载了特别的问题点。以急性盲肠炎紧急手术后的护理记录为例：

护理师："身体还好吗？"

患　者："托您的福，已经不痛了，也排气了。只是好像有点发烧……测出来是37.8度。看来是不严重啦，但有点头痛的感觉。"

将上述内容转换为文字记录时可能就会变成："××时　S：发热、头痛。37.8度。"而且上述的记录内容不会出现在医师记载的病历中吧！这样仅记录问题点，在日后产生纠纷时就会被误解为从当时开始就应该注意患者的情况了，这恐怕会让自己陷入不利的状况。

确实，站在诊疗现场第一线人员的立场，比起"没有问题"，"有问题"的状况当然更重要，所以特别需要记下。但局外人对这样的病历记录可能会做出"虽然做了诊察或观察，但并没有发现其他有问题之处"的解读，这是无法传达出记录者本来的意图的。

又如，关于术后应该要观察的重点（疼痛、腹部观察等），即使是一句话也最好能写下（图1-2）。

三、负面信息的记录千万不可中断

与上述各重点有关的负面信息的记录是千万不可中断的。例如，在一份预防性的脑动脉瘤切除手术的事前说明和事后的看护记录中，有以下内容：

急诊	
记载不够翔实的范例	**理想的记载范例**
"从昨天开始发烧，38度" "Calonal 一粒处方"	"从昨天开始发烧，完全没有其他症状。有食欲。脸部、颈部、胸部在诊疗后没有特殊发现。没有重症感。可能是初期的感冒。指示患者若出现其他症状或变化就要再来复诊，或明天再来复诊。"
这样会让人不知道患者除了发烧以外，有没有其他问题。	记录若包含除了体温以外的内容，就可以与"除了体温以外应该还要发现其他问题"的主张抗衡。

图 1-2 记录的留存方式例（一）

"听了医师的说明之后，觉得有点不明白且不安……表情忽然阴沉了下来。"

仅仅记载这样的内容，不难让人产生"患者是否在接受充分说明的情形下自行选择手术"的疑问。都已经特地记下负面信息了，那就应该留下如何应对处理或尝试改善的记录。以这个例子来说，患者在对所提供的信息无法充分理解的情况下，期待看到的是医师的应对处理：

"听了医师的说明之后，觉得有点不明白且不安……表情忽然阴沉了下来。在主治医师做出再次说明后，一扫阴霾，表情瞬间开朗。"

这样的话，"没有得到充分说明就这样进行了手术"之类的主张就说不通了。当然并非有事先的应对处理就可以完全解决问题，但如果能在得到负面信息的当时就能把所做的对应处置记录下来，即使问题没有得到解决，至少也留下了当初曾妥善处理的记录。

四、不只写下判断（结论），也要写下其根据

"这个患者术后排出的体液中有些血色，虽然需要注意，但似乎也没有再次接受手术的必要。持续观察。"医师虽然这样思考过，但在病历上只记载了"××点回诊。持续观察。"我想这样的事情应该常有吧！

医师在面对各种场合时基于多种信息，凭借医学知识和经验，需要对每次的应对处置下决定，是否需要再次手术、持续观察或做检查……当对于诊察的结果没有特别做出什么具体的行动，而是做出"持续观察"这样的判断，且只记载下"持续观察"这样的记录时，对之后看到病历的第三者来说，要做出这个决定适当与否的判断是有困难的。

在医疗诉讼或纷争中，"当时医师判断得正确与否"会变成问题。在做判断之际，会从"当时医师判断的根据是基于哪些所见事实"和"关于这些所见做出的评价和判断在医学上来说是适当的吗"这两点来考虑，因此留意是必要的。

第二点可以从医学文献中明了，但第一点"当时作为判断根据的所见事实"若没有被详细记载下来，当时患者到底处于何种状态就会变成争议点。若无法对这点予以证明，恐怕就会产生"医师当时的判断不适当"的误解。

因此当诊察时在决定采用何种治疗方案之际，不要只写结论，也要写下作为判断根据的具体事情（所见），即使是简单的字句也好。如上述提到的例子，若能记载"患者术后排出的体液中虽然有些血色，但血压××、脉搏××（皆良好），也没有疼痛。触诊上也没有问题。慎重地持续观察"，日后无论是谁看到这样的记录，都会做出"当时的判断适当"的评价（如图1-3）。

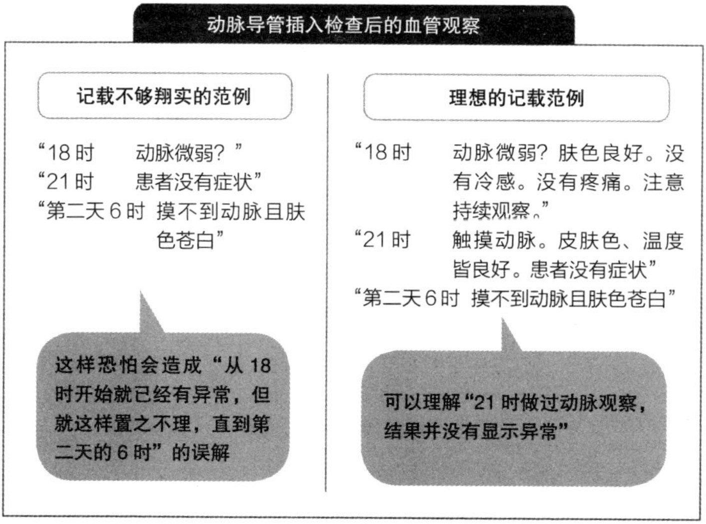

```
┌─────────────────────────────────────────────────┐
│          动脉导管插入检查后的血管观察              │
├───────────────────────┬─────────────────────────┤
│  记载不够翔实的范例    │      理想的记载范例      │
└───────────────────────┴─────────────────────────┘
```

"18时　　动脉微弱？"
"21时　　患者没有症状"
"第二天6时　摸不到动脉且肤色苍白"

"18时　　动脉微弱？肤色良好。没有冷感。没有疼痛。注意持续观察。"
"21时　　触摸动脉。皮肤色、温度皆良好。患者没有症状"
"第二天6时　摸不到动脉且肤色苍白"

这样恐怕会造成"从18时开始就已经有异常，但就这样置之不理，直到第二天的6时"的误解

可以理解"21时做过动脉观察，结果并没有显示异常"

图1-3　记录的留存方式例（二）

五、在诊断时对疾患细微之处的考虑也要记载下来

医师在尚无法确定诊断结果时，通常可能会想定某种程度疑似何种疾患，并进一步做相关检查或治疗，在得到新信息后再将疾患的范围缩小。在这当中，后来发现实际罹患的并非一开始怀疑的疾患——这种状况对医师来说是家常便饭。

但从患者方来看，这种确定诊断的病名和一开始病历所写的诊断名不同的情况，他们会容易误解"是误诊吧？和原先预想的不同"。

例如，依超声波所见可对乳房肿瘤做初步的诊断，但在确切的病理诊断前，医师常常只是将"可能是其他疾患"的念头置于心中，预先拟订各种治疗方案。但在确切的病理诊断之前所做的病历记录上，若只是写下"乳房肿瘤（良性）"，可能无法传达医师对种种细微之处的考虑。

在确诊前最好尽量记载下对各种疾患的怀疑程度,如"第一怀疑是良性肿瘤,但也有是恶性的可能。目前看来是良性的,但并不完全排除是癌的可能性。"依个案的状况可能会有所不同,但原则上,在确定诊断前最好尽量避免主观断定的情况。对于一些需要进行程度鉴别的疾患,建议医师将心中对细微之处的考虑呈现在病历记录上(如图1-4)。

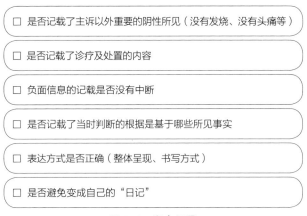

图1-4 留存记录

六、要准确地记载数字

"稍微发红""小指大的溃疡""5 mm程度的息肉"……医师对于大小或程度有各式各样的表达方式,这会让人感觉"这种粗略估计存在相当程度的误差",这种表达方式在实务上常常出现。

但之后看到病历的人未必能接受这样粗略的描述。在需要明确记载数字的情况下,"5 mm就是5 mm,不是3 mm也不是8 mm,应该是因为实际上就是5 mm才这么写的吧?"抱持这样认定的人并不少。实际上"5 mm"这样的感觉本身,原本就是因人而异的。

不只是大小,只要是用数字表达的情况,就都必须对数字的准确性特别留意。如果有需要测量的情况最好实际用尺量,若有困难也可改用其他方式，若一开始就能正确地表达，之后的疑义会少很多。

◆ ◆ ◆

"什么嘛……到最后还不是要我们乖乖地写。"或许读者们会这么想。确实，在实际工作过程中要将患者的情况按照这里所举的要点全部写下或许是难了些（当然这样是最好的）。

为了尽量能将有限的时间和劳力做最大限度的有效使用，采用"弹性"的记载方式最佳。也就是说，针对尚未诊断的患者、病情有恶化倾向的患者、什么都不懂且不安的患者、有不满或可能产生纠纷的患者等，在做病历记载时要特别留意。

只要试想万一事情演变成纷争，几乎像白纸一样的病历放在眼前，自己却对当时的所见一点都想不起来，只能陷入处心积虑想化解患者方产生的误解，却不知该如何做的窘境……比起这样的痛苦，在实施诊疗的过程中就好好记录会轻松很多吧！

在记载方面下功夫，对避免纷争是很有用的。例如，若能不只写下判断（结论），也写下作为判断要素的各项事实的话，当需要对诊疗当时的判断做检证（证据确认）时，就可以很容易地从自己或他人那里得到证明。将这些原则活用在现在的诊疗过程中，在书写病历时如果有"还可以写一行的工夫"，就别吝惜了吧！

当拒绝诊疗变成问题

想要拒绝诊疗但又担心拒诊会引起纷争,你遭遇过这样的情形吗?

医师虽拥有医疗业务的专权或特权,但从另一方面来说,基本上是不能选择病患的。站在守护公民健康的立场来说,医师对需要诊疗的患者有诊疗的义务,这就是所谓"医师的征召义务"。在《医师法》第十九条中有"从事诊疗的医师,在被要求进行诊疗的情况下,若没有正当的事由不可拒绝"的规定。

虽然《医师法》第十九条并没有规定罚则,但若屡次出现拒绝诊疗的情形,依《医师法》第七条第二款会被认定为"有损作为医师的品格地位的事实",恐怕会遭受申诫、停业等行政处分。又若因拒绝诊疗而造成对该患者的不法行为,患者方也可能会提出损害赔偿要求,因此对于以何种理由拒绝诊疗,要十分注意。

什么是可以拒绝诊疗的"正当事由"

如上所述,有"正当事由"可以拒绝诊疗,但问题是什么情况可以被认为是"正当事由"?

在旧厚生省1955年的疑义解释通知中,"正当事由"基本上就是医师不在或生病等事实上不可能实行诊疗的情况(表1-2),但这样太过限定的描述应该让不少人感觉不快吧。"医师不在或生病等"的情况从物理上来说本来就有实行诊疗的困难,当然可以被视为"正当事由"。

表 1-2　1949 年及 1955 年旧厚生省疑义解释通知中关于拒绝诊疗的规定（节录）

> 即使是患者不付医药费的情况，也不可以直接以此为由拒绝诊疗。

> 即使有诊疗时间的限制，也不可以直接以此为由拒绝急需诊疗的患者。

> 对于患者要求诊疗原本不属于自己专业的相关疾病，若患者可以接受，一概可以认为是正当事由；但岩患者无法接受而仍要求实行诊疗的情况，医师在能力所及的范围内仍必须实施应急的措施。

> 对于患者的再三要求，医师的轻度疲劳不能被认为是正当事由。

在旧厚生省的 1949 年的通知中，亦有"即使是患者不付医药费的情况，也不可以直接以此为由拒绝诊疗"的规定，这点也可以说是理所当然的，问题是除此之外的状况呢？

和当时的通知或疑义解释比起来，现今的医疗机构已变得多样化，且数量长很快，对患者的接待水平也已有相当程度的改善。除了医师不在或生病等的情况，其他情况是否也可认为是"正当事由"？站在裁判方的立场，必须对"诊疗必要性、紧急性，该医疗机构的性质，至其他医疗机构接受诊疗的可能性及其他事情"做整体考虑后方能做出判断。

具体来看，会演变成问题的个案大概可分为：（1）拒绝初诊或急诊的情况；（2）拒绝以前诊疗过的慢性疾患患者日后前来就诊的情况。相较两种对正当事由的判断，前者比较严格，后者相对来说较宽松。

（一）拒绝初诊或急诊的情况

1. 容易变成问题的个案

拒绝患者的初诊或急诊要求而不幸造成患者病情恶化的状况，对院方造成的损害或社会影响会非常大。

这类个案是最多被大肆报道或演变成官司的。因为患者方的诊疗必要性及紧急性很高，拒诊可能会对患者的生命造成影响，或造成身体严重障碍，因此若没有相当程度的事由（在为了维持其他患者的生命或身体状态不得已的情况下），这种拒诊想要被判定为有"正当事由"是非常困难的。

实际上在一个因交通事故受伤的患者对三次救急医院[①]提出急诊要求而被拒绝的判例中，该三次救急医院拒诊患者并转送至他院，最后导致患者死亡。法院认定医疗机构方应负起因拒绝诊疗而导致的损害赔偿责任（详见下述判例）。

"二次救急"指需要住院或手术的病症，由数个医院以排班方式轮流处理，属共同利用形式。"三次救急"则是处理"二次救急"无法处置的重度或多重外伤病症，属最高阶的急诊中心。

此判决无论对医疗机构还是对医师来说都是极为严厉的。在

 因未接受急诊病患，医院被认定有过失的案例

[神户地方法院 1992 年 6 月 30 日判决]

因交通事故受伤的患者对三次救急医院提出急诊要求，当时至少有 11 名医师在场，对方却以"没有整形外科或脑神经外科医师，距离也很远"之类的理由拒绝该患者，患者之后虽被转送至他院，最后仍然死亡。

法院最后判决：被告医院的所属医师因拒绝诊疗造成患者损害，一致认定为被告医院有过失。只要该医院没有提出可以被认定为拒诊正当事由的具体事实主张或证明，就应当负起对患者蒙受的损害的赔偿责任。最后医院方面因证据不足被判定支付损害赔偿金。

---

① 日本的急诊指定医院是根据日本《消防法》第二条第九款，基于 1964 年的《急诊医院等所定省令》（1964 年 2 月 20 日厚生省令第 8 号），由都道府县知事告示、指定的医院，共分为"一次（初期）""二次""三次"三个层级。"一次（初期）救急"指不需住院或手术，在急诊中心或在家中由值班医师实施的诊疗。

此案例中，若各医师皆在实行诊疗中，特别是手术中的状况，或许就能被法官认可。问题是"在要求接受急诊之际，该医师在实行何种诊疗？""真的是无法接受该患者吗？"关于这些点，医疗机构方若当时没有积极地留下证据，之后在判决时就无法被认可。

2. 值班医师^①的记录留存方式

通常医师会将施行的诊疗内容记录在患者的病历中，但遇到例外的急诊诊疗状况，虽然也会将对患者所施行的诊疗简要地记载在急诊患者接待簿之类的记录本上，得以对全体患者的情况有个大致的掌握，但若急诊途中又跑回病房做诊疗，或协助其他医师做处置之类的状况，通常并不会留下记录。

在拒绝急诊诊疗要求之后的一个月，甚至半年后，对于被问到"为何要拒绝该要求？当时该医师在施行什么诊疗？真的是无法接受该患者吗？"这些问题时，却无法说明，才发现几乎从头到尾都没有留下任何证据。

在这种情况下，只有提出能让法院认定的与当时有关的事实，才能避免产生拒诊的责任。值班医师至少应该有"日志"记录，除了必定要有的急诊诊疗部分，也要包含其他身为值班医师（或主治医师）在做病房诊疗时留下的记录（图 1-5）。

也就是说，并不是要做"个别患者诊疗"的记录，而是要做让人了解"值班医师的业务内容"的全体性记录，这点是很重要的。有了这样的记录，假如有"当患者提出急诊诊疗要求时，当时该医师在施行什么诊疗？"的疑问，就可以一目了然。再对照患者的病历中记载的具体的处置内容，就可以进一步确认事实，成为完美的证据。

---

① 日本的值班医师叫"当直医"，指医院或诊所在平常诊疗时间外（主要是夜间或假日等）执行勤务的医师。其中负责夜间勤务的称"宿直医"，假日出勤的称"日直医"。另有"当番医"的称谓，未明确定义，泛指当班者、非常态性的支持者或在家待命者。

```
┌──────────────┐   ┌──────────────┐   ┌──────────────┐
│ 事先做好和病历有 │   │ 记录下当患者提出 │   │ 值班医师以外的人 │
│ 所区别的"日志"  │   │ 急诊诊疗要求之  │   │ 员的记录也要留下 │
│ 记录          │   │ 际，医师在施行什 │   │              │
│              │   │ 么诊疗         │   │              │
└──────┬───────┘   └──────┬───────┘   └──────┬───────┘
```

留存未记录在个别患者病历中的"业务"记录	日志中要留下当患者提出急诊诊疗要求之际，医师正在施行的业务，或急诊途中发生的病房诊疗等的记录	在待命的医师或正在处理其他患者的医师无法应对急诊要求的情况下，要记录其原因

图1-5　急诊医师留存记录时应注意的重点

3.值班医师以外的人员记录的留存方式

值班医师以外的"当番医"（以下称当班支持医师）的相关的记录也应该留存。"呼叫了该诊疗科的医师，但当时该医师有其他业务，因此无法应对，故拒绝诊疗。"在这样的情况下，要进一步将该医师无法应对的理由（事情）记下来。

具体来说，负责人员（例如急诊外来护理师或事务人员等）要明确该当班支持医师无法做诊疗的具体原因，如"××患者手术中"等，并应该记录在日志中。该记录事后要让该医师确认，还可针对必要之处进行补足或修正，以求正确。

（二）拒绝以前诊疗过的患者的情况

以往来就诊过的患者被拒绝诊疗，多半是因为他们是所谓的"问题患者"。例如，他们常会称"这是医疗过失啊！我对诊疗非常不满"，屡次于诊疗时做出胁迫的言语和动作，严重干扰其他正在诊疗的患者，引起骚动。这样在信赖关系出现裂痕的状况下，医院拒绝对该患者的诊疗也是正常的。

对这种由患者方引发的骚动不必太担心，通常这样的拒绝不会有问题。法院的判决前例也不多，且医疗机构方有相当充分的拒绝理由，所以，这类事件有相当充分的拒诊正当性。

只是在实际拒绝诊疗之际，要注意不要直接说出"拒绝诊疗"这样的话。突然说出这样的话会有损患者的尊严，更加引起患者的反感。应该要以"很遗憾因您表现出〇〇〇的样子，考虑您和本院间的信赖关系已出现裂痕，不得已只好介绍您去其他医疗机构"，这样委婉的表达就没问题了。

另外，若拒绝诊疗是发生在非紧急性的情况下，最好能经由阶段性的手续达成，这是最理想的。可将以下这些诉求书面化，例如："现今患者的问题点（引起外来骚动、在诊疗其他患者时擅自闯入，等等）""请停止这样的问题行为""若无法规劝且造成继续诊疗有困难的情况，需介绍您去其他医疗机构"，以通知书的形式交给患者，也可考虑以书面通知的方式劝导患者至其他医疗机构。

对任何患者来说都是如此吧，觉得只要自己表达出"我现在没有立即接受诊疗就会有危险"，医疗机构就得帮自己治疗，医师从事的就是这样的行业啊！但进一步说，若该患者在"我现在没有立即接受诊疗就会有危险"的情况下，又同时引发问题行为，也正显示了他实际上的病情并没有到如此严重的程度吧！

与诊断书内容有关的
应对方式

某大肠癌就诊患者要求医师为他写保险用的诊断书,但提出希望可以把发现血便的时间点改写为比实际迟两个月的要求。虽然没有明确说出目的,但总之是和癌症保险的契约时间有关。这个患者长年因高血压来院,关系也很好,生活好像过得很苦,如果保险金申请下来,日子会过得比较轻松吧……我应该答应他的要求吗?

  几乎所有的临床医师都遇到过患者提出如上例的要求。这样的情况该怎么做才好,读者和医师本身应该都心知肚明。在没有说谎的范围内给患者方便是安全的,但若说谎就不行了。

  诊断书常与各种利害息息相关。对患者而言有利的内容,也可能造成对他人不当的损害。

  在以下案例中,身为被保险者(保险受益者)的患者以非事实的"重度障碍"诊断书向保险公司诈领保险金,保险公司对开具诊断书的医师以"明知该患者并非重度障碍却应其要求开具、交付重度障碍的诊断书"为由提出损害赔偿诉讼。最后法院判定该医师需支付5000万日元的损害赔偿金(详见下述判例)。

因向保险公司提供虚假的诊断书，医师被判定赔偿损害

[大阪地方法院堺分部 2002 年 4 月 26 日判决]

患者 A 因四肢疼痛及无力等症状至医院就诊，被怀疑是慢性炎性脱髓鞘性多发性神经根神经病（CIDP）引发的神经功能障碍。治疗后症状得到改善，进步到可完全自己进食、沐浴、用拐杖辅助行走的程度。

但患者 A 为了开申请诊断书而让 B 医院的 C 医师做诊疗时，使用腰力让下肢稍微腾空，同时让上肢呈现无法动弹、手部也只能稍微动一下的不自然状态。

医师依照患者方的要求出具了"需要他人照护"的重度障碍诊断书，但当时患者的实际状况难以被认定为"四肢几乎无法动弹"。C 医师本身应该知道该患者是假装的，但仍然为其开了重度障碍诊断书。患者使用该诊断书从保险公司那里拿到了高额保险金，但之后被判定诊断书作假。

保险公司因而对患者提出损害赔偿诉讼，法院判定被告须全额支付。对 C 医师方面亦认定"明知该诊断书是为了向保险公司提出申请之用，也了解是用于有关重度障碍保险金的请求，却还是做出了开具与真实状况不符的诊断证明书交付给保险公司的不法行为"，判定 C 医师需支付 5000 万日元的损害赔偿金。

不只限于诊断书，包括"因为同情患者""不过是给保险公司的诊断书"等理由扭曲事实，做出医学上被视为错误判断的诊断行为都是不可以的。"只是这种程度的事情而已嘛……"最后会演变成比预期更严重的问题。上述判例若在其他状况下，该医师可能会被当成诈欺罪的共犯，以捏造虚假诊断书等刑法上的罪名被问罪。

变更死亡时间可能会造成后续纠纷

除此之外，提出"希望能变更死亡时间"也是死者家属方常提出的要求。死者家属表示"应（患者）临终的要求，希望能变更死亡时间"。这时该怎么做呢？"应该没有太大影响吧，不过是死亡时间这种小事……"以这种想法做出有违事实的记载，真的可以吗？

死亡时间点可能会影响继承顺序。血缘关系者谁先死亡会造成继承形态完全不同的状况。

例如，在妻子带着小孩再婚的情况下，丈夫若比妻子先死亡，丈夫的遗产会由妻子继承，妻子死亡后再由妻子带来的小孩继承，成为丈夫→妻子→妻子带来的小孩的继承形态。但若此案中的妻子比丈夫先死亡，丈夫的财产就不会由妻子继承，当然妻子带来的小孩也无法继承丈夫的财产。若故意变更死亡时间，则可能卷入这类继承问题，依情况有可能会演变为刑事案件。

如上所述，绝对不要开具有违事实的诊断书，即使是实际上判断困难的个案也一样。很久以前，某个因胃癌死亡的患者的家属曾向笔者提出"在诊断书上不要提到'癌'"的强烈要求。该案例的背景是因为乡下地方有对癌症忌讳的风俗，加上死者又是地方名流，因此家属们希望患癌的事能保密。在这种情况下，至少也该记载"胃恶性肿瘤"这样的死因。就算只有一点点，只要是虚伪的记载（如仅记载"胃溃疡"之类）就都是不可以的。

您现在正在记载的内容是安全的还是有问题的，面对诊断书的您应该知道正确答案吧？别顺从他人的意见，坚持自己的主张就好。

对证据保全的应对方式

突然有法院的职员拿着文件过来，说："今天下午1点30分开始进行证据保全。"要看的是去年某患者因大肠癌术后出血引起DIC（弥散性血管内凝血）死亡的相关诊疗记录，这时该如何应对呢？

像上例这样的"证据保全"事件，是患者为了避免诊疗记录有漏失或被篡改而向法院提出申请，法院基于该申请会对诊疗记录进行审查。具体来说，法院会以申请人（可能是患者家属等）的代理人的身份来医院，对患者的病历进行影印、拍照等（文件形式见图1-6）。

或许您会觉得，"如果是病历的话，只要患者本人或死者家属提出申请就可以拿到手了，应该没有进行证据保全的必要吧？"但患者方的观点完全不同，"若只是提出病历申请手续，怎么能知道医院真的把全部的记录乖乖交出来了？也可能会隐匿、破坏、篡改病历""我想要的是一般申请内容以外的数据""对于证据保全的部分，律师可以申请费用（律师的立场？）"，因为上述种种理由，造成在病历申请已变得一般化的现在，证据保全事件仍然存在。

一、"目录"里的资料是否不用全部交出

医疗机构在应对证据保全的问题时要注意两点。第一，不交

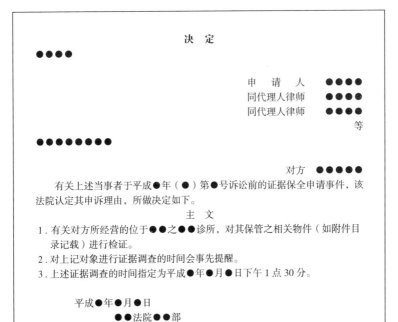

图 1-6 证据保全的决定通知范例

出也没关系的资料就不要交出。

保全（检证）的对象物的目录中（图 1-7），类似"与本案诊疗相关之医疗事故对策委员会会议记录""与本案诊疗相关之医师赔偿责任保险问题，及对保险公司方提出的事故通知书"等资料最好不要交出。

这一类文书在法院看来是院方"为了在损害赔偿请求时作为证据"而自己做出来的，能否作为申诉资料是有疑问的。其他像"事故报告书"等，是为了今后的改善由医疗机构方因"安全管理目的"而自己做出的文书，与患者方原本希望得到的基于"诊疗本身目的"而做成的病历等数据的性质完全迥异（严格来说只能算是"报告书"

```
                    目  录
       与申请人●●（●●年●月●日生）（从平成●年●月●日至平成●年●
   月●日）的诊疗有关之资料如下

                         记
   1. 病历，处置记录，医师指示单，医师指示簿
   2. 护理记录
   3. 包括 MRI（磁共振成像）、X射线、CT 等多项检查的照片（含数码机器摄影
      的电子文件）
   4. 血液检查等其他各种检查记录
   5. 用药相关记录
   6. 诊断书、介绍书、诊疗信息提供书、对应的往来文书等
   7. 诊疗报酬申请明细书
   8. 其他和上述诊疗相关的所有记录
                                                      以上

   此为正本。
         平成●年●月●日
            ●●法院●●部
              法院书记官●●
```

图 1-7　证据保全的目录

的性质）。

　　这类未依诊疗记录标准做成的报告书，通常被认为是民事诉讼法上的"专门供该文书所持者利用的文书（自己利用文书）"。既然被认定为"自己利用文书"，基本上也就没有交出的义务了。

　　对保险公司方提出的报告书也属于"自己利用文书"，也被视为与该案件没有关联性的文书，当然也没有必要交出。过去在大部分的判决中也是如此判定的。内部应对协议书、与律师的会谈文书也是同样的。不需要照着法院所言无条件地提供，若觉得"这个若交出不会有点奇怪吗？"就尽可能先和顾问律师讨论后再进行应对处置。

2014年6月18日修订后的医疗法,新增了医疗事故调查制度,并从2015年10月1日起开始实施。

修订后的医疗法,对于特定的死亡事故规定了医疗机构的管理者必须依照厚生劳动省所定,尽快进行必要的调查以查明原因。该调查结果在对第三方机关(医疗事故调查及支持中心)提出"报告书"时,必须依照厚生劳动省所定,对死者家属进行相关说明。

依照厚生劳动省所定内容,今后该"报告书"应该特别注意要以能让死者家属理解的形式呈现。就此观点来看,该"报告书"在作证据保全时的使用问题上可能会有所改变(也就是说可能会成为佐证)。为此,今后不能再以漠然的态度做出"事故调查报告书",而是要明确地针对特定的目的或利用方式来做。

特别要注意的是,这里的"报告书"指的是基于医疗法对事故调查提出的报告书,和为了内部检讨的目的而讨论今后面对纠纷的对策、避免纠纷重演的对策等做出的报告书完全不同。在做此类报告书时要明确做出区别,特别是基于医疗法对特定死亡事故提出的报告书要更加留意。

二、之后补交的数据可能会被怀疑是"捏造"的

第二点则和第一点相反:该交出的资料千万不要忘记。若没有联络该医师或诊疗科而将证据保全事务完全交由行政部门处理的话,通常会遗漏了未和病历一起保管的其他相关诊疗记录。例如施行内窥镜时的资料画面、手术过程的录像等。

若为"原本不是为了诊疗目的,而是医院为了研究等目的做成"的数据,或许可以不用提出(关于这点,建议应针对个别案例进行数据内容适当与否的讨论),但如果被认定为医疗机构方作为诊疗的一环而取得的资料,就应该交出。

像这样,行政部门未能将分散在院内各处的资料做全面的掌

握、整理，错失在证据保全之时交出资料的机会，这种情形屡见不鲜。其他如医师用数码相机拍下的照片、病房的监视器影像、病理组织标本等，也必须注意。

若在证据保全应对的第一时间没有提出，直到日后诉讼或调解之际才初次向对方提出，那些资料就可能会被对方认为"当初证据保全时没有提出这些东西，是捏造的影像吧？"（特别是影像内容与对方所持主张相反的状况）

为了避免节外生枝，平时就应该将患者的信息数据交由病历室或负责医疗安全的部门做全盘管理。当实际面临证据保全状况时，也要尽可能向相关诊疗科确认，是否有除了病历以外的其他相关记录。

三、可以提出保全所需费用的要求

在证据保全申请书中可能出现与事实完全背道而驰超出医院诊疗程度的要求，或基于粗浅的医学根据的内容。"法院真的会认可这个吗？"相关人士看到可能都会大吃一惊吧！

实际上由于过于担心"如果没有改正内容的话，法官可能不会认可"而做出夸大记载的情形有很多。法院只是照着申请书的内容实行保全，并非就认定了这样错误的医学认识，不需过分在意。

关于证据保全所需的相关费用，和法院的职员讨论就没问题了。复印 X 光片等需要花不少费用吧。在实行证据保全时，若有同行的申请人（患者方的律师）提出"希望能多复印一份数据给申请人"，答应与否是医疗机构方的自由，绝对没有非答应不可的义务。在答应的情形下，当然可以提出相关费用的要求，只要事先说明就好。

四、即使实行证据保全也并非必定会提出赔偿要求

在实行证据保全后,流程又是怎样的呢?申请人在查看拿到的记录后,会做出院方是否有过失及有无提出赔偿请求可能的判断。当然患者方有可能在实行证据保全后提出损害赔偿要求,但并不能说证据保全后必定产生损害赔偿要求。

要求证据保全表示患者方对该诊疗抱持怀疑态度,有准备进行损害赔偿要求的可能,因此建议应预先对相关应对处理的事项做准备。

院方应对与该诊疗问题点有关的事实进行确认,对于没有记载在病历上的内容也应该要求相关人员提出报告书。对于诊疗问题点的评估,必要时可多方听取院内外人士的意见,这样对之后可能产生的纠纷可做到有备无患。

来自搜查机关或律师公会的问询

来自警察或检察厅等搜查机关或律师公会的对特定患者的诊疗情况的问询,该如何应对?很令人困扰吧?

"这里是××警察署。关于上个月您诊疗的患者A,可以告诉我他就诊时的症状等治疗内容吗?"当接到这样的问询电话时,该如何回应比较好呢?

一、来自搜查机关的问询

面对这种状况,要确定对方真的是警察署的人,提此要求有无法律根据,问询事项有无特别保密的必要——有必要对此进行确认。

首先,关于对方是否真的是警察的问题,除非是以前就确认的人,否则只是来电不足采信。至少也应该直接来院让院方确认警察证,或将问询文书先送过来,让院方可以确认身份。具体来说,应该以"在电话中回复难保会造成纠纷"为由,要求对方直接来院或提出问询文书。站在可以解除该疑虑的观点来看,面谈或书面要求相对可靠许多。

其次,将诊疗信息提供给第三者之际,作为处理诊疗信息的人,可能会产生触犯个人信息保护的相关法律(《个人信息保护法》)及条例规定的问题。医师本身亦有《刑法》或《公务员法》上的保密义务。作为医疗事业者和医师，须考虑该行为与《民法》上不法行为之相关性。

（一）与《个人信息保护法》等的关系

关于将诊疗信息提供给第三者的情况，作为收集个人信息建立数据库供其工作之用的个人信息处理者（除了人数上有例外的规定情况之外），都必须遵守《个人信息保护法》（若独立行政法人的情况为独立行政法人应遵守的《个人信息保护法》、自治体医院的情况为《个人信息保护条例》。以下将这些统称为"《个人信息保护法》等法"）。

这些法令原则上禁止将个人信息提供给第三者，但基于法令提供给第三者的情况是允许的，但须确认来自警察署的问询是否基于法令。进一步说，关于是否基于法令，不需由医疗机构方做判断，只要向警方询问即可。"因为有《个人信息保护法》等法的关系，可以请教您是基于什么法令呢？"这样的要求就已充分。上述范例的问询通常是基于《刑事诉讼法》第一百九十七条第二款的任意搜查，在这样的情况下，即使回答也不会违反《个人信息保护法》等法。

对基于《刑事诉讼法》第一百九十七条第二款的问询，法律上并没有回答的义务，因此就算对方以公共安全的理由希望协助搜查，依情况也可以不回答。但在警方对问询事项强调必须回答的情况下，若未得到医疗机构方的协助（或仅得到随意的回答），警方可能会强制搜查（收押诊疗记录等）。在烦恼是否应该回答之际，应该就问询的理由或必要性等向警方询问。

（二）《刑法》或《公务员法》中的保密义务

如对上述基于法令的问询的回答有正当事由，通常不会被认定为违反保密义务。

（三）与《民法》的关系（不法行为）

虽然基于法律的问询不会产生违反《个人信息保护法》等法或《刑法》上保密义务的问题，但视情况也有可能成为《民法》上的不法行为（违反与患者确定的诊疗契约上的义务）。

诊疗的大前提包括"替患者保密"，除了患者通常不希望让人知道的秘密以外，特别要注意的是，若患者本人有特别强烈的要求不希望让人知道敏感信息，但遇到该信息欠缺，基于问询回答的必要性轻率地说出口，虽然没有违反诸法律的保密义务，却可能造成与患者间有关民法上的不法行为，特别是关于某些感染症、生产（堕胎史）等的信息更应该慎重应对。

二、来自律师公会的问询

关于因交通事故造成骨折的患者其初诊时的症状和诊疗经过等，律师公会依《律师法》（第二十三条第二款）提出问询要求。问询文件上写着"有回答的义务"，真的不回答不行吗？

依照《律师法》第二十三条第二款，律师公会可基于律师提出的申请，向公务机关或公私团体提出问询要求，请求该机关或团体就问询的必要事项做出报告（图1-8）。

这种基于法令的问询和之前所述的任意搜查同样，不会产生违反《个人信息保护法》等法或《刑法》上保密义务的问题，但视情况也有可能造成与患者间有关《民法》上的不法行为。

在实际应对时首先应确认是谁的律师基于《律师法》所提出的申请，若是患者本人聘请的律师所提出的问询，可以想见该内容是经患者本人同意的，即使回答也没有问题，但若非此情况的话，可能有各种应对方式。

```
                                            ●律照第●号
    平成●年●月●日
    ●●●●●●●●●●●医院　殿
                                    ●●律师公会
                                    会长    ●●●●

        回答的请求
    （基于《律师法》第二十三条之二的问询）

        本会对本会所属会员●●律师提出的问询申请认为适当，因而对贵院提出
    基于《律师法》第二十三条之二的问询。百忙中还烦请尽快就附件之问询事项
    回复本会。
    （进行调查所需时间可以告知本会）
                    寄送/联络处地址●●
                            ●●●●●●●●●●
                        ●●律师公会
                        电话●●（●●）●●
    参照
    《律师法》第二十三条之二
    1. 律师就其所受任事件，可对所属律师公会提出申请，由公会向公务机关或公
       私团体提出问询要求，请求该机关或团体就问询的必要事项做出报告。当该
       律师公会认为律师之申请不适当可以拒绝。
    2. 律师公会可基于前款规定的申请，对公务机关或公私团体提出问询要求，请
       求该机关或团体就问询的必要事项做出报告。
```

图 1-8　来自律师公会的问询文书

若非隐秘性程度高的，常理而言即使回答也与患者无关的问题，通常不会产生问题，但最好仅回答该程度的问题。

若在患者的意愿不明，可能会造成纠纷的情况下，可对律师会做出"想先取得患者本人同意"这样的回应。趁患者就诊的机会直接询问对方比较好，特别是敏感的信息，建议先取得患者的同意。

三、回答所需的费用申请

笔者常被问到对于来自警察或律师公会的问询是否应该无偿接受，答案是否定的。虽然来自警方的问询，在比较容易应对的情况下，多半不会提出费用申请的问题，但特别需要劳力或需要交付书面数据的情况（需要开具诊断书等）是可以申请费用的。虽说问询是依法律进行的，但医师方也并不需要无偿地承受这些过度的负担。

只是在需要申请费用的状况下，应避免突然将费用申请书和回答书及资料等一起提出，最好在回答前先联络警方或律师公会，告知对方所需费用。

第 2 章

从 53 个判例中学习

- 治疗、处置相关 ································ 40
- 检查、诊断相关 ································ 178
- 医院管理、看护管理相关 ··············· 262
- 其他 ·· 334

健康检查时抽血造成的后遗症为不可避免的并发症，判定医师无责任

患者在卫生所做健康检查时接受医师抽血后，手腕产生麻痹疼痛的后遗症，于是，对设置该卫生所之自治体提起诉讼。法院认定患者的症状是抽血手法上不可避免的并发症，故驳回该诉讼请求。

（田边升）

事件概要

患者为30多岁的女性，2003年6月在卫生所做健康检查时，为了做血液检查，由A医师从患者左肘正中皮下静脉抽血。

检查结束后，患者抽血的部位发生变色。患者致电卫生所表示左腕红肿、疼痛、麻痹、变色，同时提出由卫生所代为支付治疗费用的要求。第二天卫生所的所长和患者会谈，确认左腕变色的事实后，向患者致歉。

抽血过后的两天，患者至B医院的整形外科就诊，主诉为抽血后左腕产生红肿、疼痛、麻痹、变色等症状。除了认定有8cm大的皮下出血（抽血后3天扩大为11×12cm），左前腕前方尺侧皮肤广泛的温痛觉钝麻，左小指及无名指尺侧的掌侧皮肤温痛觉钝麻等以外，左手握力亦低下。抽血针刺入的地方认定有"Tinel征"（当产生了障碍的末梢神经干在受压迫或敲打时，神经所支配的皮肤区域会有瞬间放射性的麻痹或疼痛感）。

担任诊疗的 C 医师在 2004 年 3 月诊断该患者的症状为左上肢末梢神经损伤。

之后患者继续接受 C 医师的治疗，服用洛索洛芬纳（Loxoprofen）、维生素 B12 等药物。C 医师在 2006 年 10 月诊断患者症状为左内侧前腕皮神经损伤造成的复杂性局部疼痛综合征（Complex Regional Pain Syndrome，CRPS，是一种发生机制和病程不明的疼痛综合征）。卫生所方面表示愿意负担患者从 2003 年 9 月起的治疗费用，到 2004 年 4 月为止，共支付了约 9 万日元。

患者对设置该卫生所之自治体提出了 265 万日元的赔偿诉讼。裁判的争议点有以下两点：（1）抽血时的手法是否有问题；（2）患者的症状是否因抽血时造成的神经损伤所致。

关于第一点，患者方主张 A 医师因"从左上肢桡侧以'垂直'左肘正中皮下静脉走向的方向刺入抽血针，贯穿同条静脉，造成左内侧前腕皮神经及该条神经与左尺骨神经的交通支损伤"，或"因为注射针刺得太深，贯穿左肘正中皮下静脉，造成左内侧前腕皮神经及该条神经与左尺骨神经的交通支损伤"，违反抽血手法上的注意义务。

卫生所则主张，有关 A 医师以垂直静脉走向方式刺入抽血针，或抽血针刺得太深等皆非事实，并未违反抽血手法上的注意义务。当时使用 3 根真空抽血管抽取患者血液的过程非常顺利，医师和患者是相对而坐的，若垂直刺入抽血针会造成抽血极为困难的状况；且若抽血针真的贯穿正中皮下静脉，应该会大量出血，但抽血后患者短时间内并没有出现皮下血斑这样异常的状况，又内侧前腕皮神经的走向有个人差异，无法从外部观察得知。

关于第二点的因果关系，患者表示，左内侧前腕皮神经支配区域有知觉障碍，左小指及无名指尺侧的掌侧皮肤出现温痛觉钝麻，所以认定为左尺骨神经支配区域的知觉障碍，又抽血针刺入的地方也认定有"Tinel 征"，因此主张因神经损伤造成复杂性局部疼痛综合征（CRPS）。

针对此点，卫生所方面表示抽血时患者并没有电极痛，又已经过了 3 年症状仍未消失，和一般抽血造成的神经损伤不同，有可能为肘管综合征等其他疾患，且 CRPS 的发病机制并不明确，心理因素较大，从这些点来看不存在因果关系。

判　决

东京地方法院依下述判断驳回患者的诉讼请求（2007 年 4 月 9 日判决）。

首先，关于第一点抽血手法的问题，应该没有人会以从手腕的桡侧往尺侧方向垂直刺入抽血针如此困难的手法来抽血，假使真采用该手法，应该无法顺利抽到血，且医师和患者是相对而坐的，考虑以上各点，医师以垂直方向刺入抽血针采血的主张无法被认可。

其次，关于 A 医师将注射针刺得太深的主张，假使血管因多处损伤而大量出血，大多情况下会导致抽血困难，但在当时，抽血过程很顺利，抽血后的止血也没有异常。关于广泛的内出血问题，在出血斑区域未出血的部位有绳索状的痕迹，因此无法否定这样的内出血可能是因患者上腕挂着包包之类的物品而造成对采血部位的加压所产生的。

再次，关于第二点的因果关系，法院从患者神经走向及症状发作的经过来看，推论本案件在抽血之际造成左内侧前腕皮神经及左内侧前腕皮神经的末梢与左尺骨神经间的交通支损伤，且抽血后立即发症，<u>难以想定这些症状是因肘管综合征或其他外伤造成的</u>，因此认定与抽血行为有因果关系。

承上，考虑医师当时使用抽血针适当刺入左肘正中皮下静脉，刺入部位亦适当；考虑到前腕皮神经的走向有个人差异，要从体表判断神经走向是有困难的，<u>因此判决假使造成神经损伤也应该被理解为抽血手法上不可避免的并发症</u>，驳回患者的诉讼请求。

解　说

抽血或静脉注射、输液是医疗机构的日常行为，造成患者神经损伤的情况并不算少，但像本案件这样最后造成患者慢性疼痛（CRPS）的案例，患者方有可能提出高额的赔偿要求。

在过去，仅是在抽血时造成神经损伤就会被轻率地认定为过失的判例也有很多。

但现今，在东京之类的大都市，专门讨论医疗诉讼问题的医疗集中部门已有更加完善的理论和经验，因此像本次这样对客观的事实做医学分析后作出判断的案例，应该会越来越多吧！

在造成神经损伤的情况中，医疗方是以什么方法抽血的？顺利抽到血了吗？穿刺部位在哪里？针对这些点有可立足的证据是很重要的。

在此次的案例中，无论是以垂直血管走向刺入抽血针，或是贯通血管等主张皆被否定。毕竟从医学的角度看，以垂直血管走向刺入抽血针是匪夷所思的。虽然不明白患者为何会有这样的主张，或许是依当时的记忆作有利的解释，或是以手法上的过失让自己的观点站得住脚，患者方的律师有时会这样以不合常理的论点来提起诉讼。在这种状况下，医疗机构有必要采取自我防卫的准备手段。当患者注射后表示疼痛时，抽血人或有关人员应该立即听取该事件经过，对抽血过程是否适当在确认后留下记录。

又本次事件之所以会变成诉讼，可以想见是因卫生所所长的致歉行为及对治疗费用的负担。虽然所长表示其用意是为了能尽快圆满解决问题，但法院可能会将此致歉行为并负担治疗费用的行为当作过失推定的根据，患者方亦更加确信了过失的存在。

以笔者的经验来说也是如此，即使致歉了，但若慰问金太少，以此为理由提起诉讼的案例也有不少。轻率的致歉未必能为双方带来良好的结果，这点必须注意。

Q&A
判决的关键

 以致歉的方式来预防纠纷可以说是一股风潮。致歉会对判决造成不利影响吗?

虽然不会作为判决的根据,但会影响法官的心理。诉讼大国美国特别针对致歉不能当作证据的问题制定了《致歉法》(Sorry Law),就是对此极端的表现。因医疗信息的不对称性,对事故的当事者或死者家属来说,致歉就等同于默认医师有过失,因此不建议这么做。

 如果我方对是否有过失仍不清楚,但无论如何都觉得对患者过意不去,这时该怎么做才好呢?

在医疗方过失尚不明确的阶段,应使用"对这样的结果觉得很遗憾"等不包含自己责任的语句。像"或许这么做就好了",这样有避开事故可能性的语句是禁句。在支付慰问金或医疗费的情况下,也应确定是否需得到患者方不再提出其他金钱要求的保证书。

即使判定该手术适应，
仍依医师违反说明义务判令赔偿

患肝脏肿瘤的患者因多器官功能不全死亡。死者家属以医师实施不适应患者的手术、违反注意义务及说明义务对医院方提起诉讼。法院虽判定该手术适应，但仍认定医院方违反说明义务，判令赔偿。

（平井利明）

事件概要

男性患者（死亡时 63 岁）曾接受冠状动脉绕道手术，罹患非结核分枝杆菌感染及 C 型慢性肝炎、肝硬化。2002 年 3 月肝癌发病，在 A 医院开腹接受射频肿瘤消融术（RFA）。之后肝癌再度发作，接受 3 次经皮酒精注射疗法（PEIT）后固定复诊治疗。

2004 年 1 月 28 日，患者接受核磁共振检查，确认肝脏的 S5 区域肿瘤增大。主治 B 医师从 3 月 26 日开始使用利尿剂螺内酯（Aldactone，一般名 Spironolactone）进行治疗。患者于 4 月 12 日为接受 PEIT 及 RFA 住院。4 月 13 日实施超声造影检查，确认 S5 区域有约 19mm 的结节。B 医师希望可以进行一次 RFA，因患者希望尽早出院，因此于同日进行了 RFA。当时患者的肝脏上有四五个肿瘤。

14 日，患者发烧 37.8℃，C 反应蛋白（CRP）及白细胞数值皆明显异常。15 日，体温 36℃多，可见腹水减少。B 医师于同日为

其使用血浆分化制剂 Albumin cutter，17 日，腹水大量减少。19 日，做核磁共振检查，判定"RFA 的效果不够充分"，没有腹水。

20 日，B 医师对患者 S8 区域的病变实施 PEIT。患者的体温当日 22 时左右为 38.3℃，21 日 6 时左右为 36.8℃，23 日为 37.7℃，因有黄疸现象故预定施行的 PEIT 中止。同日的超声波检查显示腹水不变，胆管没有扩张。胸部 X 射线检查显示左肺区的阴影增强，CRP 值为 5.0mg/dL，白细胞数为 9000/μL。B 医师听患者说前夜有血痰，分析为呼吸器感染恶化，继续用药 Clarithromycin 及咳嗽加重时的药 Cravit 治疗。23 日 17 时患者的体温为 38.4℃。

24 日 14 时患者体温为 37.3℃，患者出现黄疸及异常动作。17 时左右的体温为 38.4℃。26 日的血液检查 CRP 值为 11.8mg/dL，白细胞数为 18900/μL，K 7.3Eq/L，BUN 86mg/dL，Cr 5.0mg/dL。26 日 8 时 20 分左右，患者呕吐，9 时左右末梢神经有冷感，体温 34.7℃，收缩压为 90 多 mmHg，没有排尿。

A医院分析患者为急性肾功能不全，紧急实施血液透析。经超声波检查确认肝肿瘤，没有腹水及胆管扩张。除将抗菌药改为Cefamezin外，另使用血液制剂Gamma-Venin。27日使用人工呼吸器进行呼吸管理。患者情况未好转，因多器官功能不全死亡。

　患者家属以下三个理由对B医师提出约1亿日元的赔偿诉讼：（1）实施RFA或PEIT不适应患者的手术，违反了注意义务；（2）没有实施与感染症相关的对策；（3）与治疗有关的说明不周，违反说明义务。

判　决

　名古屋地方法院判定患者因进行PEIT，诱发某些感染症，造成之后因多器官功能不全死亡，认定医院方在感染症治疗的药剂选择性上有失误，且数次违反说明义务，命令医院方支付300万日元的慰问金。（2008年10月31日判决，上诉驳回）

　<u>关于违反说明义务方面，法院列举了下列事实：（1）患者在无法选择接受RFA或PEIT的情况下，B医师未说明预后；（2）B医师未说明进行RFA时，若有腹水无法控制的情况，出血的危险性会增加。</u>

　法院针对第二点指出，<u>在进行RFA时，虽然客观来说，不能</u>认定有腹水无法控制的情况，但术前并没有办法判明此事实。一方面，在有腹水的状况下，可能会增加凝固针刺入时的出血危险性，因此应该期待手术对腹水的控制更佳；另一方面，因重症肝硬化可能会让手术的侵入性变得更强，若在没有紧急性手术的情况下，应该尝试更强而有效的控制腹水的手段。

　假使进行手术前不能确定腹水能得到良好控制，B医师需向患者详细说明。因腹水控制需要时间，所以从某种程度来说需要长期住院。若腹水不能控制，出血的危险性会增加，因此法院判定没有这样做的B医师违反注意义务。另外，基于使用血浆分化制

剂 Albumin cutter 之后，患者腹水大量减少的事实，可判断患者的腹水并非不能使用药物疗法使其消失，因此判定本案件 PEIT 的施行符合手术指征。

解　说

在此对说明义务进行讨论。很多读者都知道 2001 年 11 月 27 日最高法院判例判定在乳腺癌手术实施之际，对于当时还未确立的乳房保留治疗有一定范围的说明义务，并论述了一般手术的说明内容。这也成为之后诉讼案例中有关说明义务的判断基准。

最高法院的基准为，只要没有特别情况，必须对该疾病的诊断（病名及病状）、预定施行的手术内容、手术伴随的危险性等予以说明。

又如果有其他可能的治疗选择的话，应说明此治疗方案的利害得失、预后。若在医疗水平上已确立的疗法（术式）有数个的情况，为了让患者能在深思熟虑后决定选择何种疗法，应该采取让患者能够判断的方式，针对这些疗法（术式）的不同及利害得失，以容易了解的方式说明。本案件亦参照此基准，指出A医院违反数项说明义务（请参照厚生劳动省《诊疗信息的提供等相关指南》医政发第0912001号，2003年9月12日）。

本案件有多个争议点，这里就"无法控制的腹水"这点的相关说明义务予以解说。

本判决将RFA手术适应的判断基准"没有无法控制的腹水"这点解释为"有以药物疗法让腹水消失的可能性"。3月26日，患者做超声波检查时虽然确认有腹水，但对照4月17日使用血浆分化制剂Albumin cutter后，腹水大量减少，至19日完全消失的事实，可以说并非无法以药物控制腹水。

但从事实推论，4月13日实施RFA时，患者应仍有少量腹水。从3月26日以后，虽然使用利尿剂，但直到15日，腹水才明显减少的事实，可见在4月13日手术当时仍存在少量腹水，因此13日手术时是否为"没有无法控制的腹水"的适应状态这点是不明确的。法院基于上述理由认定医院方违反说明义务。

根据最高法院的基准，可以说腹水是否能控制这点与手术的危险性相关。名古屋地方法院基于此点，认为即使是主观上的危险性，医师也应有向患者说明的义务；若没有说明，即使事后判明没有客观上的危险性，也不能成为免责的理由。

本案件以"有以药物疗法让腹水消失的可能性"认定医院方符合RFA的适应基准，但我想法院对医院方的过失判断与"腹水减少倾向在病历中并未明记"这一点，或许有所关联吧！

Q&A
判决的关键

 法院认定违反说明义务的案例好像有很多,是吗?

笔者也这么觉得。例如手术时手术适应与否、手术过程或术后管理的适当性等都可能变成问题。但是,对没有医学专业知识和经验的法官来说,要对这些事项下判断是很困难的。

因拥有专业知识的人(医师等)在完成各种说明义务时,因不了解普通人的感觉,容易迷失方向。因为这样的背景,要医师有相当广泛的说明义务,并基于违反该义务而(损害赔偿责任等)向医师问罪的法官也并不少见。

 本案件在客观评价上,腹水的有无及手术适应上皆没有特别的问题,在这种情况下,违反说明义务的损害赔偿金大概是多少呢?

 客观来看,在符合手术适应标准的情况下,可以说没有说明并不影响手术结果,因此问题变成这个未说明的事实本身的损害赔偿额应如何规定。本案件医院方除了违反与腹水相关的说明义务之外,也被认定有药剂选择的错误;若没有该错误,患者仍有相当程度的存活可能性,在此种责任认定的情况下,一般来说慰问金为 300 万日元。本案件慰问金数额虽未明确,但以慰问金的总额为 300 万日元来看,违反与腹水相关的说明义务并没有造成影响。

患者因褥疮产生败血症而死亡，判定医院方对感染症的治疗不适当

接受整形外科手术的患者在术后因褥疮产生败血症而死亡。死者家属以医院对褥疮的治疗不适当提起诉讼。法院认定医院方在关于褥疮的预防措施及治疗上有过失。

（石黑敏洋）

事件概要

有腰痛、下肢痛等慢性疾病的男性患者（85岁），在被告开设的医院被诊断为腰椎管狭窄及胸椎黄韧带骨化症，于2004年2月4日接受由B医师执刀的胸椎11/12及腰椎2/3到4/5的椎弓切除手术。5日23时，患者的右侧腰背部和被单间混入了布制膏药（宽4～5cm，长7cm左右）。

2月8日，患者的荐骨和右髂骨背部产生褥疮。9日，褥疮深度达到Ⅱ级。B医师等人在12日于患者的创部涂上庆大霉素软膏（Gentamycin，一般名Gentamicin）。22日，荐骨部位的纱布污染，褥疮周围白色化；24日，对褥疮部取脓进行细菌培养检出藤黄微球菌（Micrococcus），至3月1日已形成一个空洞。患者家属对B医师提出请皮肤科医师进行褥疮治疗的要求，之后改由整形外科管理。

B医师等人从3月1日到8日间使用对藤黄微球菌有敏感性的

抗生素 Penicillin（Piperacillin）进行治疗。22 日以锐匙清理创部，开始用药 Tienam（配合 Imipenem+Cilastatin）。针对 18 日褥疮部培养检出之耐甲氧西林金黄色葡萄球菌（MRSA），23 日到 29 日间用药 Vancomycin。

4 月 5 日，对褥疮部进行细菌培养，检出 MRSA 及绿脓杆菌。22 日，对咽头黏液进行细菌培养，检出 MRSA。之后于两个月后的 6 月 22 日再次实施检查，对褥疮部进行细菌培养检出 MRSA。

4 月 12 日以后，创部有缩小的倾向。从 13 日开始使用抗 MRSA 药物 Habekacin（Arbekacin）治疗。18 日褥疮部位变为鲜粉红色，患者可以借助步行器在院内步行及外出。4 月 21 日，患者出现食欲缺乏的现象，CRP 值升高，疑似肺炎，从该日至 5 月 3 日间用药 Sulperazon（配合 Cefoperazone 和 Sulbactam）。

2 月 10 日，患者的 CRP 值为 4.31mg/dL，之后 2 月 18 日为 3.83mg/dL、25 日为 18.09mg/dL、3 月 3 日为 5.47mg/dL、3 月 10 日为 1.39mg/dL、3 月 17 日为 4.55mg/dL、4 月 5 日为 4.52mg/dL、4 月 19 日为 17.78mg/dL、4 月 21 日为 20.44mg/dL、4 月 24 日为 12.26mg/dL、4 月 28 日为 9.41mg/dL、5 月 3 日为 10.40mg/dL。

<u>5 月 3 日，医院的内科医师向 B 医师表示患者发热或 CRP 数值高的原因可能与褥疮部位有关。13 日，B 医师为了缩小褥疮，中止用药 Habekacin，</u>改用促进褥疮治愈的 Fiblast（Trafermin）；之后褥疮虽缩小却仍然未治愈。患者手术后体温一直持续呈现 37℃多的轻微发烧症状。

患者从 6 月 21 日左右开始，体温上升至 38℃多，CRP 值于 22 日变为 16.48mg/dL。23 日开始恶寒战栗，体温 39℃，心跳数 108 次 / 分，断续出现发烧现象。<u>因疑似肺炎，于 6 月 23 日至 28 日间用药 Sulperazon，6 月 28 日至 7 月 5 日间用药 Omegacin（Biapenem）。7 月 6 日后因全身状态不佳开始连续 7 天用药 Minocycline（Minocin）。16 日开始用药 Vancomycin。</u>

7月18日，患者褥疮部流出大量血脓汁，造成纱布污染。医院紧急为患者切开褥疮、排脓、清创。20日，患者被诊断为多器官功能不全。23日死亡。

患者的家属以B医师等人违反褥疮发生之防止义务及治疗义务等为由，对医院开设者A提出总额约3500万日元的损害赔偿要求。

判 决

首先，法院判定褥疮发生的原因为：在手术时医师因失误将布制膏药混入，导致对患者的腰背造成压迫，产生难以治愈的荐骨部褥疮；又右髂骨背部亦发现同样达到深度Ⅱ级的褥疮，判断是先前的布制膏药往髂骨附近移动所造成的。患者已85岁高龄，可想见手术后身体疼痛难以移动，因此B医师等有避免在患者的荐骨部及其周围放置物品或长时间放置固形物的注意义务。

其次，有关褥疮的治疗义务。褥疮会因合并感染症导致患者患上败血症而死亡，医师应该预见褥疮可能会由局部感染引发严重的全身性感染，并依此实施应有的诊疗，因此在出现疑似感染症症状的情况时，为了确认对该感染症的诊断、特定的感染部位、引起发炎的特定菌种及抗菌药敏感性等，医师应该在进行细菌培养检查或药剂敏感性检查后，依据得到的结果使用确认敏感性的抗菌药，应该负起采取这些措施的注意义务。

但 B 医师从 5 月上旬到 6 月 21 日这段期间，面对患者持续发烧，感染没有得到良好控制的情况，并没有根据褥疮部及咽头的细菌培养检查、血液检查（CRP 等）或胸部 X 射线等检查的结果对感染症的转移做客观确认，完全未使用抗菌药，未对感染症采取任何应对措施。可认定最迟在 6 月 23 日前，感染症就已转移为重度化的败血症状况。

因此可以说，从 6 月 22 日褥疮部的细菌培养检查结果，及 4 月 22 日以前的培养检查结果看，已可判断引起发炎的菌种为 MRSA，但 B 医师从 6 月 23 日以后使用的药物 Sulperazon、28 日以后使用的 Omegacin 等，皆为对 MRSA 未确认敏感性的抗菌药，因此认定在 7 月 6 日使用药物 Minocycline 之前，B 医师并未考虑抗菌药的敏感性。

因此，法院对 B 医师以从 5 月上旬到 7 月 5 日间有未对患者的感染症做适当检查及治疗的怠忽注意义务过失，判决支付原告约 2700 万日元的赔偿金（大分地方法院 2009 年 3 月 26 日判决）。

解　说

医院方是否应负起患者术后感染症的发病或恶化的责任，要看院方是否有预防感染的措施，在遭受感染之际是否有适当的诊断及治疗方案。本案关于院内感染的注意义务是依据最高法院 2001

年 6 月 8 日的判决"在出现疑似感染症症状的情况时，医师为了对该感染症的诊断、特定的感染部位、引起发炎的特定菌种及抗菌药敏感性等做判定，应该在实行细菌培养检查或药剂敏感性检查后，依据得到的结果使用确认敏感性的抗菌药，应该负起采取这些措施的注意义务"之要旨作出的。

承上述要旨，本案例确认患者有持续性的发烧、CRP 值上升、多次检出 MASA 等事实，且院内的内科医师亦指出发热或 CRP 数值高的原因可能与褥疮部位有关，但负责医师并没有按程序依药剂敏感性检查等的结果选择适当的抗菌药进行治疗，因此被认为有过失也是无可厚非的。

最近临床上对患者术后感染问题有重视的趋势，因此当出现疑似感染症症状的情况时，应至少进行两套以上的血液培养检查，在确认细菌的属性及抗菌药敏感性后，使用适当的抗菌药。应彻底落实这样的程序。也可以说，若没有依照此程序进行，就很有可能会演变成怠忽应对感染症的状况。

关于院内感染的预防，厚生劳动省或学会等都公布了相关指导文件，医疗相关人员应尽可能遵照该内容予以实施。

Q&A
判决的关键

即使从患者创部检验出 MRSA，假使不限定引起发炎的菌种，广泛地使用抗菌药妥当吗？

一般来说，在引起发炎的菌种不明的情况下，广泛地使用抗菌药本身并不能说是错误的。但本案例中即使不认定 MRSA 为引起发炎的特定菌种，也会被法院指出应该要进一步实行血液培养检查，努力找出引起发炎的特定菌种。另外从患者的褥疮部和咽头黏液中多次检验出 MRSA，法院会做出"MRSA 为引起发炎的特定菌种"的论述也是很自然的。

患者已是 85 岁高龄，即使有恰当的治疗，可能也很难挽救患者的性命吧？

法院并没有否定延命程度的极限，但若医师在 6 月中旬之前尽到注意义务的话，仍有很大的可能可避免病情重度化，当然患者仍可能死亡，但患者在出现败血症状态之后的约两周时间内，医师未使用具敏感性的抗菌药，因此无法否定医师的不作为可能对患者预后造成影响，亦无法减轻医师的责任。

患者因胃穿孔休克死亡，
判定医师做剖腹决断太迟

医师劝告疑似上消化道穿孔的患者进行 CT 检查，但患者以腹痛为由拒绝，之后患者因处置过迟导致胃穿孔休克死亡。死者家属对责任医师及医院提起诉讼。法院虽认定医院方有太迟做剖腹决断的过失，但否定该过失与患者死亡间的因果关系。

（石黑敏洋）

事件概要

有巨结肠等病史的女性患者（18 岁），数日来感到心窝部有疼痛及腹胀感，2003 年 11 月 29 日晚餐后出现从肚脐向四周扩张的疼痛并引发呕吐。救护车将其送至被告医疗法人经营的 Y 医院急诊，于 23 时 51 分接受 A 医师的诊察。当时脉搏 103 次 / 分，血压 162/49mmHg，体温 35.5℃，呈现腹部膨胀变硬、过度疼痛以致无法将身体后仰及无法出声的状态。

A 医师在第二天 0 时过后指示对该患者进行确保静脉畅通、Solulact 500mL 的输液治疗，并安排进行抽血，立位及仰卧位 X 射线、CT 造影扫描等检查。但患者因强烈的腹痛，只做了腹部 X 射线侧卧位的检查，CT 检查也进行得很困难。检查结果：白细胞数为 5400/μL、CRP 为 0.01mg/dL。

X 射线所见有大量游离气体，肠管内有气体（特别是大肠），结肠显著扩张，小肠扩张，气管分支部正下方的横隔膜上升，疑似有腹水状况。A医师因X射线照片中显著的游离气体及心窝部疼痛等主诉，怀疑是上消化道穿孔，联络专任外科医师B医师及C医师共同会诊。

1时左右，B医师劝告患者进行CT检查，却被对方以"觉得很痛苦"的理由拒绝。1时30分左右，B医师让患者接受外科住院治疗，当时患者体温35.9℃，心跳数169次/分，血压142/108mmHg，没有胸部症状及呼吸困难的情况。虽然从心窝部到整个腹部都显著膨胀，但患者表示"比起来院时已轻松多了"。

C医师对患者进行诊察后强烈怀疑为上消化道穿孔，劝告患者进行CT检查，但患者仍以腹痛为由拒绝。当时，C医师并不认为需立刻进行开腹手术。之后B医师虽告知患者有做CT检查的必要，但仍得到患者"因疼痛难以进行"的回复。B医师在1时40分左右给患者使用镇痛剂Sosegon（一般名Pentagin）15mg，但仍未认为需立刻进行开腹手术。患者之后仍拒绝CT检查。

因患者脉搏仍持续160~170次/分，B医师在2时左右考虑到脱水的可能性指示输入Solulact 500mL。2时30分左右追加同样的液体。此时当护理师对患者的身体状况进行询问时，患者表示"没问题"。3时15分，患者接受12导联动态心电图检查，心跳数为195次/分，认定为心律不齐。得到患者同意后于3时42分左右进行CT造影扫描，但在针对患者心律不齐的情况予以一安瓿的2%利多卡因静脉注射时，患者失去意识，CT造影检查中断。

根据CT所见，可确认患者腹腔内有大量游离气体，以胃及横行结肠为中心的消化管明显扩张，消化管壁有大量气体，门静脉内有大量气体，大腿静脉、肾静脉内有气体，大肠内有气体，道格拉斯窝（Douglaus pouch）、肝周围有腹水，胃内有食物残渣，气管分支部正下方的横膈膜上升。患者虽然一度恢复意识，但在3时55分时因心率过快予以1/2安瓿的Vasolan（Verapamil）静脉注射时，再度失去意识。虽然在4时10分左右施行复苏处置，仍于6时12分确认死亡。

司法解剖认定患者的死因是"胃穿孔休克造成死亡",确认以下事实:"腹腔内有气体";"左右胸腔内有血性液体潴留,左侧450mL,右侧150mL","横隔膜的高度位于乳腺上左侧第三肋骨,右侧第二、三肋间";"腹腔内有褐色液体700mL,没有脓液"。

患者家属认为 A、B、C 医师不应漫不经心地持续保守治疗,应该确定紧急手术的方案,尽快进行腹部 CT 等检查,甚至直接施行开腹手术。基于以上懈怠造成的违反注意义务,患者家属对医师及医疗法人提出总金额约 1 亿 1300 万日元的损害赔偿诉讼。

判 决

首先,法院指出,从腹部 CT 检查为消化道穿孔诊断之一般性的检查来看,从本案件患者的 X 射线检查结果中可观察到大量游离气体,怀疑为消化道穿孔,不能否定有引发腹膜炎并波及整个腹部的可能性。再加上是外来急诊的情况,因此可以说 CT 检查为当然应该施行的检查。但在此之际未施行 CT 检查是因为患者腹痛无法转换成仰卧位,当时医院方采取了必要措施且通知外科专门医师接手,并未违反注意义务。

其次,关于从 X 射线检查结果来看是否应该立即施行外科手术这点。消化道穿孔的第一治疗方案为开腹手术,因此在怀疑是上消化道穿孔的当时就应该考虑进行手术,但因患者当时的状况大体上还算稳定,无法预测会有全身状态急剧恶化的情况,因此持续输液及进行腹部 CT 检查等决定,可以说仍属于医师裁量的范围内。

再次,关于患者在外科病房入院后仍持续实行保守治疗的这点。1 时 30 分患者的脉搏为 169 次/分,显示全身状态明显恶化,最迟也该在这个时间点就决定进行紧急手术,又即使以侧卧位也应尽快进行 CT 检查、超声波检查,甚至应该不经检查直接进行紧急开腹手术,因此 B 医师及 C 医师被认定违反注意义务。

　　再进一步探讨一下关于违反此注意义务和死亡间的因果关系。若 1 时 30 分决定进行手术的话，有在 2 时 30 分至 3 时 30 分进行手术的可能性。但从 3 时 35 分过后患者的意识消失，至 4 时 05 分心肺功能停止的情况来看，即使进行了开腹手术，也不能说在患者死亡的时间点仍有存活的高度可能性，因此无法认定违反注意义务和死亡间有因果关系。只是若进行了开腹手术，有可能因腹腔内压减小而提前得到治疗效果，因此认定在 4 时 05 分时，患者有相当程度的存活可能性，B、C 医师侵害该可能性的不法行为成立，应该负起作为精神损害的 400 万日元的赔偿义务（横滨地方法院 2009 年 4 月 15 日判决）。

解　说

　　本案例从 X 射线检查结果虽可容易做出消化道穿孔的诊断，但从患者的白细胞数及 CRP 为正常值这点来看，可以说难以预料一个年轻人的病情竟恶化得如此快速。负责医师们因未能进行 CT 检查造成手术施行上的困难,因此医院方主张无论是做 CT 检查或手术,皆因未得到患者同意而无法进行。

<u>本案件共有 3 位鉴定人进行了鉴定,意见存在分歧。</u>鉴定人 T 认为外来急诊的情况不适合保守治疗,应该在确诊后尽快进行开腹手术。CT 检查也应该在使用强效镇痛药后尽早进行,就算没有进行检查也要考虑直接进行紧急手术。

鉴定人 U 认为,虽然 X 射线检查的结果是开腹手术适用与否最一般性的判断标准,但进行 CT 检查后才做手术适用与否的判断并不能说有错误。但 CT 检查就算在患者只能处于侧卧位的情况下也应该进行,因此应该在患者脉搏为 169 次/分的情况下就开始做手术准备,即使没有做检查也应该考虑进行紧急开腹手术。即使只有开腹,也有让腹腔内压降低,达到抑制病情进展的可能性。

但鉴定人 V 认为,所有保守治疗的适当性都是没有问题的,只凭脉搏 169 次/分的状况不能说就达到了手术适应标准,若要转换治疗方案,进行手术治疗,CT 检查还是必需的,应该和患者说明此检查的必要性,在得到同意后实施检查才是。

关于开腹手术救命的可能性,鉴定人 T 认为若于初次诊疗时(23 时 51 分)即采取紧急手术,在 2 时左右能开始手术的话,救命率为 80%;若于入院时(1 时 30 分)变更治疗方案,在 3 时左右能开始手术的话,救命率为 50%。对此鉴定人 U 认为,从达到开腹手术的可能性和手术的死亡率来看,救命可能性为 25%。鉴定人 V 认为肝门静脉积气除了开腹手术以外几乎没有救命的可能性,关于开腹手术的救命可能性为 10%~35.5%。

在此情况下法院做出如前的判断。但若只看鉴定人 T 的意见,关于过失的内容就有可能会改变,改为认定过失和死亡间存在因果关系。

Q&A
判决的关键

 在同个判决中选定数个鉴定人的情况很常见吗?

 若不是与数个科别相关、跨科别的案例一般不会这样,但若法院为了得到更适当的鉴定结果,也可能会向数个鉴定人提出咨询、鉴定的要求。

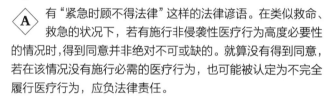 **若未得到患者的同意,进行 CT 检查是违法的吗?**

有"紧急时顾不得法律"这样的法律谚语。在类似救命、救急的状况下,若有施行非侵袭性医疗行为高度必要性的情况时,得到同意并非绝对不可或缺的。就算没有得到同意,若在该情况没有施行必需的医疗行为,也可能被认定为不完全履行医疗行为,应负法律责任。

判定仅能短暂延命无须赔偿，高龄者死亡事故之判决逆转

患者因脑梗死导致呼吸功能不全而死亡，家属以护理师有未注意到呼吸器警报声的过失提起诉讼。法院不仅否定医院方有过失，更作出因延命期极短故无赔偿责任的判决。

（田边升）

事件概要

女性患者（当时68岁）长年接受血液透析，且有脑梗死病史，在1997年11月22日因右视床出血导致左半部身体麻痹，入市立医院接受治疗。

12月2日，患者的动脉血氧饱和度（SaO_2）下降，意识程度低下，在经过气管插管等处置后有所恢复。同日又出现潮式呼吸（Cheyne-Stokes Respiration）。13日8时45分左右出现打鼾情形的呼吸，SaO_2一度降低到75%～80%，经主治医师鼻腔插管后患者SaO_2恢复到99%，动脉血氧分压（PaO_2）为72.8%，稍低于标准值。

14日19时20分左右，患者的SaO_2为99%，没有意识程度低下的情形，视线清晰，能自行使用药剂吸入器，并进行抽痰。

同日19时45分左右，<u>患者的SaO_2降低到73%，医疗用遥测仪的警报声响起。但当时医院常驻的两名护理师刚好都离开了护理站，因此约有30分钟的时间没有注意到警报声</u>。同日的20

时 15 分左右，察觉到警报声的护理师赶到病房，但患者已无自主呼吸且测不到血压，进行心脏复苏术后在同日死亡。

患者家属对医院的医师们以怠忽对患者的呼吸功能不全症状进行适当的治疗为由，对开设医院的自治体（市）提出总计 3850 万日元的损害赔偿诉讼。

判 决

争议点在于患者的死因。患者家属主张患者的死因是肺淤血及肺水肿，因痰导致窒息死亡，此病态并非不可逆的，若注意到警报器声响，并进行适当的呼吸管理，应该能避免患者的死亡。

自治体（市）方主张急遽的呼吸功能不全是因脑梗死造成的，就算迅速施行了救命措施，也只能期待微弱的延命效果。且护理人员的配置依照了相关法规，没有注意到警报器声响是无可奈何的事。

一审东京地方法院判定患者死因是基于肺淤血/肺水肿产生的呼吸功能不全，若进行适当的呼吸管理，就可能避免死亡，故判损害赔偿金 2200 万日元。

对此一审判决，自治体（市）方提起上诉。在二审中，患者的死因仍为争议点，死者家属方主要以下列证据主张患者因痰导致窒息死亡：

（1）患者死亡后主治医师在病历中记载有"关于死因可认为是脑干梗死/出血脑脊髓膜炎以外的原因造成呼吸中枢的障碍，即使经鼻腔插管仍无法阻止上呼吸道狭窄、闭塞""经鼻腔插管内管中混有血液的脓性痰 +"；病理解剖委托书上也记载了"经鼻腔插管内管中脓性痰 ++"。

（2）病理解剖记录中均记载着"喉头""气管"皆有"淡红色泡状"物存在。

（3）法院选择的鉴定人在鉴定后也认为没有确切的病理观察

结果，患者死亡最可能的原因仍为大量的黏稠性咳痰导致窒息。

（4）患者方的合作医师也在意见书中记载患者因大量的咳痰导致窒息。

自治体（市）方基于下列各点主张并非因痰导致闭塞：

（1）经鼻腔插管内管中并没有类似造成闭塞的痰，假使有闭塞情形，也有可以从口或反侧的鼻腔进行呼吸的可能。

（2）病理解剖医师表示没有类似造成闭塞的痰。

（3）实施复苏处置的医师表示亦有因施行心脏复苏而导致痰移动的可能性。

（4）发生急遽变化的25分钟前，患者无论是意识或呼吸的状态都相当稳定。

二审针对患者有无脑梗死的情况，在研讨了延髓部位的病理标本后进行了详细判定。

一审法院选定的鉴定人认为没有确切的病理观察结果显示有

脑干梗死，且患者家属再度提出的合作医师的私人意见书也认为没有脑干梗死，但自治体（市）方选定作为证人的病理医师对此提出相反论调的意见书，因此需对此更改的证据进行研讨。

法院根据患者死亡前日的PaO_2良好的事实，否定了一审认定的因为肺淤血及肺水肿导致呼吸障碍的死因。承上，患者家属方有关病理观察结果的意见书内容是根据病理组织的照片所做出的判断，并非实际看到病理组织的标本后进行的论述，因此单凭此做出的证据无法被采用。

关于患者方的四点主张，法院认为：死亡当日患者的PaO_2为99%的正常值，且从19时20分时有进行抽痰这点来看，难以想象仅仅相隔25分钟就会产生大量的黏性痰阻塞经鼻腔插管内管的情况。再者，假使经鼻腔插管内管闭塞也有可以从口或反侧的鼻腔进行呼吸的可能，因此否定了"窒息"的说法。

又自治体（市）方的病理医师指出组织标本显示脑干有血栓存在，又患者曾出现潮式呼吸，因此法院支持患者产生脑干障碍的可能性，认定死因是脑梗死造成的呼吸功能不全。

关于警报声的过失，因从制度上要求护理站随时都配置有护理人员是困难的，故否定医院有过失。再者，即使护理人员注意到急遽变化的发生并进行适当的处置，但考虑患者死因是脑梗死，在法律上不能说是有意使其发生的，且仅有短暂时间的延命可能，故否定了患者家属的损害赔偿要求。（东京高等法院2009年4月28日判决）

解　说

本案例值得注意的点：第一，地方法院选择的鉴定人的意见被高等法院否定，改以实际进行解剖的病理医师的见解作为判断依据；第二，根据仅有短暂延长生命的可能性，判定医院方无损害赔偿责任。

关于第一点，一般来说，法院对鉴定人的意见，有即使内容不合理，仍会在作出判决时当作金科玉律采用的倾向。本案例一审也基于鉴定人的意见认定患者死因是基于肺淤血/肺水肿产生的呼吸障碍，尽管缺乏肺水肿的特征即 PaO_2 显著低下的事实，该说法仍被采用。关于二审中撤回死因的判决，最后亦演变为原告方追究鉴定意义的事态。

高等法院对病理组织进行了详细的研讨。原告、被告双方的合作医师和医院院长等共7人发表意见，但法院最重视的还是实际替患者进行解剖的病理医师的意见。基于该病理医师指出脑干有梗死的意见，故全盘采用该意见作出判决，并对否定有脑梗死的鉴定人及原告方医师的种种意见郑重提出反驳。对于高等法院这样未通盘采用地方法院选择的鉴定人之意见，对证据重新研讨的态度，应给予正面评价。

关于第二点延长生命时间的可能性，值得注意的是提出和以往最高法院的判例大异其趣的见解。最高法院于1999年2月25日的判决中提到若过失行为与该死亡间有因果关系，首先会因患者的死亡产生慰问金，接下来再考虑患者的存活时间以算定损害金额。也就是说，例如本可延长一周时间生命的患者因医疗过失在一天内死亡，即使生命延长的时间很短，也应支付与死亡相关的慰问金。

但本案件高等法院判定在延长生命时间极短的情况下可视为法律的赔偿对象之外。又本案件对医院方过失的否定虽然只能说是法官的附带意见，但因该判断顺应了医疗实情，故应给予高度评价。

夜间在医院可能经常发生因无法充分应对紧急变化，导致患者比预期提早死亡的情况。在这种情况下，若只能延长极短的生命时间的赔偿请求得以成立，医疗行为将变得不成立。

Q&A
判决的关键

Q 要推翻鉴定人的意见很难吗？

A 并不容易。在鉴定有误的情况下，一般来说，会要求鉴定人做补充鉴定并追究疑问点，但为了要鉴定人补充所主张的论点而提出特别的文献，很有可能显得画蛇添足。比较有利的方式是重新提出其他权威人士所做的意见书。对有特异见解的医师在事前应有所掌握，为了将这样的医师从鉴定人的名单中排除，必要时可向法院提出建议。

Q 假设本案件患者的死因被认定为窒息，法院会作出怎样的判决呢？

A 医院方胜诉的事实不会改变。法院做出"假使是窒息死亡也并非医院管理体制的问题，医院方没有过失，损害赔偿请求不予认可"的陈述。作为在医学层面被强烈争论不休的判决，"就算认定是窒息死亡仍然为医院方胜诉"的含义为，本案件判决可被评价为经过妥当判断后所下的判决。

因延迟剖腹造成胎儿脑部障碍，最高法院判定医师无责任

孕妇在医院人手配置不足的时间段生产，因真空吸引术未奏效导致难产，胎儿留下脑部疾病的后遗症。地方法院基于鉴定人的意见，认定医师有判断错误的过失，但高等法院推翻了该判决。

（桑原博道）

事件概要

患者为罹患甲状腺疾患，即将初产的34岁孕妇。在得知怀孕时，固定复诊的诊所医师建议患者去诊疗科较完善的A医院生产，因此在2002年10月30日，患者怀孕8周6日时开始至A医院就诊。

2003年6月7日8时50分左右，患者（怀孕39周2日）因前期破水入住A医院。从9时10分到9时55分间，及从13时到13时53分间医院为其装置了分娩监视装置，观察结果显示无特殊问题。

14时15分再度装置分娩监视装置，15时30分左右患者阵痛发作，出现最低胎心率为80bpm的胎心减速的情况，患者开始吸氧。15时58分左右，重复出现胎心变异减速。16时21分左右，因再度出现胎心减速，实施患者的体位变换。

17时30分左右，负责帮助分娩的B医师内诊患者子宫颈全开。

此时胎头位置包括产瘤为从坐骨棘间线算起 ±0cm，最低胎心率未满 58bpm，B 医师判断必须进行强制分娩。此后出现持续 7 分钟的胎心减速，后上升到 160bpm 到 180bpm 的反应性心跳数，基线细变动减少。

B 医师在这段期间将产妇移入分娩室，为是否进行经产道分娩做最终判断。当日为星期六，手术室的诊疗体制同夜间假日之人员配置，若实施剖宫产，要召回相关医疗人员，还要做手术室的准备等，而这需要一定的时间。另一方面，B 医师在考虑产妇子宫口全开等内诊观察结果后，认为可能进行真空吸引术，因此指示医院的护理师同时着手剖宫产的准备，打算采取真空吸引术及剖宫产并行的方案。

17 时 40 分 B 医师对已移入分娩室的患者进行内诊观察，结果为子宫口全开，胎头位置包括产瘤为 ±1cm，B 医师见状决定实施真空吸引术。17 时 43 分左右，C 医师为了促进分娩，在实施一次宫底压迫后，由 B 医师切开产妇会阴，但在并用宫底压迫，进行 3 次真空吸引术后产妇仍无法顺利娩出胎儿。此时 B 医师改采取紧急剖宫方案，于 18 时 10 分将患者移入手术室。18 时 35 分胎儿以新生儿假死状态娩出，最终留下脑部疾病的后遗症。

患者以医师未在适当时机选择剖宫产等方式，导致胎儿以新生儿假死状态娩出，产生脑部疾病后遗症，对 A 医院提出约 1 亿 8000 万日元的损害赔偿要求。

判 决

判决的主要争议点为医师选择以真空吸引术作为强制分娩的方式是否有过失。一审（横滨地方法院）由两位鉴定人提出鉴定意见。

鉴定人 1 认为"若子宫口全开、胎头下降至 ±2cm、矢状缝和纵径一致的情况下实施真空吸引术是可能的，但结果不成功。若要更顺利地让胎儿娩出,可使用比真空吸引术牵引力更佳的产钳助产,或考虑采用剖宫产"。

鉴定人2认为"不能说选择真空吸引术不适当。……但从真空吸引术最终不成功这点来看,这个手段变成不适当的选择","虽说子宫口是全开大小,但胎头在17时30分时位置在±0cm,且有产瘤形成,从母体BMI值为30以上的肥胖情形等来看,应该可以推测实施真空吸引术会比想象中困难得多。此时若选择剖宫产,……在18时过后应可娩出胎儿,且因可能避免真空吸引术对胎儿带来的负荷,进而避免胎儿产生后遗症的可能性也很高"。

基于上述鉴定结果,地方法院作出"选择了最终没有奏效的真空吸引术,且之后的处置太迟,未接着采取如产钳助产等更适当的处置,因此认定为不适当"的判决,认定医师有过失,裁定A医院须赔偿约1亿4000万日元(2007年6月26日判决)。对此医院方提起上诉。

东京高等法院撤销一审判决,患者方的请求被驳回,理由如下：

在真空吸引术实施之际的内诊观察结果为产妇子宫口全开,胎头位置包括产瘤为 ±1cm。从文献来看,即使胎头位置在 ±0cm 以下的情况,也不能认定为欠缺真空吸引术的实施要件。

又因剖宫产的准备需要时间,本案件产妇的分娩是在夜间假日之人员配置下进行的,和日间比起来需要更多的准备时间,可认定为无法期待快速娩出的状态,因此 B 医师在满足真空吸引术实施要件的状况下,对于尽可能在进行剖宫产准备的时间内进行一次真空吸引术的尝试,属于医师的裁量权范围,可认定为在此时间点以最适当的选择做出相当程度的行为,因此 B 医师没有违反应该选择适当的分娩方法的注意义务（2009 年 5 月 31 日判决）。

患者方虽然再次提起上诉,但最高法院仍驳回该上诉,确定东京高等法院的判决（2009 年 12 月 1 日决定）。

解　说

本案件为二审取消一审判决所认定的高达约 1 亿 4000 多万日元之高额损害赔偿,最高法院亦确认该判决之案例。妇产科领域的诉讼一般有两个特征：（1）和其他诊疗科比起来诉讼频率高；（2）在败诉情况下赔偿金额有增高倾向。赔偿金额增高是因新生儿留下障碍后遗症而提起诉讼的例子很多,提出赔偿要求时,会将未来的照护费用包含在内。

本案件一审判决不得不说是犯了很大的错误。鉴定人基于真空吸引术未奏效这样的结果而做出医师当初所做的选择不适当的意见,要知道赔偿责任不单只以最后不好的结果来认定,应该追究的是基于该时间点所发生的事情、所实施的医疗行为,从医疗水平来看是否有不适当的状况。

在为医疗判决作鉴定时,鉴定人应该重视的是医师判断的过程而非结果。法院在研讨鉴定书时,也应对那些就观察结果而做出的意见作慎重的斟酌、考虑。

比起一审,二审的判决可以说是妥当的。基于如上述赔偿责任的本质,从内诊观察结果及鉴定报告、可对当时的医疗水平进行确认的可供参考的部分、当时的文献资料等,判定实施真空吸引术没有问题。特别是将医院夜间、假日体制等分娩时的实情也纳入考虑后,作出使用真空吸引分娩的选择是妥当的认定,可以说是极为公正的判决。

假使一审判决被认可而留下了判决先例,就会使医师在实施高危险性的医疗行为时产生犹豫,造成对医疗界及全体社会来说都极为严重的问题。从这点来看,被告方医院不轻易妥协而提起上诉,进而逆转判决,可以说是很值得的。

Q&A
判决的关键

 赔偿金难道不能由医疗赔偿责任保险全盘负担吗?

在大部分的情况下,医疗机构投保的保险上限为单一事故最高 1 亿日元的保额。民事诉讼赔偿金的相关迟延损害金以年利率 5% 计算。这样一来,若将在此之前审理期间的迟延损害金加起来,医疗机构投保的保额恐怕不够。又如果再上诉的话,审理期又会变得更长,这点应该特别留意。

2009 年日本国内创设了"产科补偿制度",在收取此制度的补偿金后,赔偿金额如何计算?

患者方即使收取了"产科补偿制度"的补偿金,仍可能提起诉讼。患者方胜诉之际所得到的金额,为赔偿金扣除"产科补偿制度"补偿金后的金额。

Q:医疗诉讼的鉴定人士是如何被选定的呢?

 A:过去大多是由法院独自调查后选定鉴定人,但在被指出其弊病后,近期一般的做法是法院会与地区的大学医学部等合作,通过该医疗网推荐选定鉴定人。

抗凝疗法不妥善导致患者脑梗死，医师有怠忽危险性说明之过失

心房颤动患者自己要求出院后，因未充分施行抗凝疗法，于第二天并发脑梗死。法院以患者出院时院方未充分说明脑梗死危险性即让患者出院等事由，认定医师有过失。

（石黑敏洋）

事件概要

男性患者（当时54岁）于2003年10月29日于A医院被诊断为心房颤动，为了对心脏疾患进行精密检查入院。从胸部X射线照片看有显著肺淤血，左心室射出分率为24%，有心包囊积液潴留，诊断为重症心功能不全。收缩期血压为16～171mmHg，左前降支动脉内径（LAD）为53mm，脉搏为68次/分。同日使用抗凝血药Heparin，第二天（30日）使用抗凝血药Warfarin。

患者的负责医师B医师于11月4日取得患者同意后，为患者进行治疗心房颤动的电气烧灼术。

第二天（5日）患者心房颤动持续，左心室射出分率为21%，肺淤血改善，左前降支动脉内径（LAD）为55mm，左心室舒张末期内径为64mm，脉搏为78次/分。

10月29日，患者的凝血酶原国际标准化比值[①]（以下简称INR）为1.15，11月4日为1.14，6日为1.15。在7日术前检查，做经食道心脏超声波时发现画面呈现烟雾状（因血液淤积滞留可见旋涡状的像烟雾飘散的超声波图像），B医师以"左心房内没有明显的血栓，但为容易形成血栓的状态"的判断，诊断为扩张型心肌病变。

同日患者接受B医师的去颤治疗，此时心脏恢复正常窦性心律，虽然之后频繁出现房性期外收缩等心律不齐的状况，患者仍于10日出院。出院之际B医师将Warfarin的剂量从原本的4mg增量至4.5mg。

出院第二天（11日）晚上7时30分左右，患者在自家欲起身时忽然出现右上肢麻痹无法站立的情形，患者妻子呼叫救护车于同日晚上9时10分左右将患者送至A医院。

A医院的C医师诊断患者为疑似脑梗死造成右半身麻痹、失语，未实施血栓溶解疗法，认定患者的左中大脑动脉区域有范围广泛的脑梗死。又出院当日（10日）患者的INR为1.2，再入院（11日）时未测定，13日时为1.21。患者从25日开始复健，但仍残留右半身不遂、语言障碍等后遗症。因此，患者以以下原因，对A医院提起诉讼：（1）非电气烧灼术去颤之指征；（2）B医师在脑梗死发作危险性极高的状态下仍实施去颤；（3）B医师在去颤后的抗凝血剂疗法不适当。

[①] 凝血酶原时间（Prothrombin time）检查不但可以检查出血倾向，还可以用来判定治疗血栓性疾病所使用抗凝固药物的疗效。此外，以凝血酶原为主的凝血因子是由肝细胞制造的，所以也被用于检查肝功能。当肝功能不好时，凝血酶原时间会延长。

国际标准化比值INR（International Normalized Ratio）是用来评估凝血功能的，INR值越大则越易出血。正常人INR为0.8~1.2，病人服用Warfarin后，INR应介于2至4之间，如果剂量过多（INR>4）则会造成身体组织出血的危险，如果剂量过少（INR<2）则会造成血液凝固的危险。病人服用Warfarin后，应每个月测试一次INR。

判 决

首先，关于第一点，法院从日本循环器学会于2001年制定的指南中，指出如下记载："有重症心功能不全持续心房颤动的情况，应施行电气烧灼术去颤。"患者从入院（10月29日）到接受去颤时（11月7日）的约10天间，持续出现心房颤动，可认定为去颤时为重症心功能不全的情况，因此，B医师施行去颤可认定为在医师的裁量权范围内，并无不适当的情况。

其次，关于第二点，B医师在低于抗凝血的管理目标值（INR为2~3）相当多的情况下仍实施去颤，法院认为"从栓塞症的危险性来看，不能说是没有疑问的"，但因B医师遵从上述指南中关于"亚急性去颤方针"的记载，在做了食道心脏超声波检查，确认左心房、左心耳内没有血栓，并用药Heparin后才考虑进行去颤。从这点来看，关于"INR值未达到2"的程度就实施抗凝疗法这一点，不能说是进行去颤应有的注意义务。

再次，关于第三点，法院认定B医师有以下过失：B医师在让患者出院之际，虽然将Warfarin的剂量从原来的4mg增加至4.5mg，但患者出院时的INR值为1.2，比指南中的建议值（INR为2~3）低了相当多。且患者脑梗死发病时的INR值亦可推认为1.2左右，又从患者并发出现重症心功能不全等事实来看，脑栓塞症发生的危险性相当高。

因此，尽管B医师有观察患者的状态是否达到抗凝疗法程度的义务，但从去颤后3日即让患者出院，因而中止使用凝血剂Heparin的事实来看，认定B医师有未充分实行抗凝疗法的过失，判令医院方面支付约7900万日元的赔偿金。

院方虽然主张"因患者出院愿望强烈才无法继续住院"，但法院认为"患者通常都会希望早日出院，若患者了解危险性后仍要求出院，那样医师可以无责任"，认定"没有充分证据可证明B医师对原告充分说明了出院后可能发生的危险性"，"或者可以说

B医师因患者的窦性心律维持正常,因此,没有制止患者的出院要求",故驳回医院方的主张(岐阜地方法院2009年6月18日判决)。

解说

近年来抗凝血药物的品种一直在增加,对心房颤动患者的脑梗死预防变得更容易了,但出血性副作用的新问题有显著化趋势,可预见今后也会陆续出现与抗凝血药物相关的医疗纠纷。本案例可作为相关案件的判决参考。

本案例的重点是患者自己要求出院后并发脑梗死这点。医院方或许会认为这是患者自己的责任,医院方没有过失,但患者会提出早点出院的要求是人之常情。患者在提出出院要求的情况下,医师必须制止其出院,且必须对患者出院后可能发生的危险尽到充分说明的义务,这样才能被认定为无过失。如果患者在听取说明之后仍坚持要出院还说得过去,但本案例并没有医师对患者做了充分说明的证据。

关于对危险性的说明，必须将结果的严重性及发生的可能性做具体明示。又因患者对此内容必须充分了解，所以必须使用患者能理解的方式，且必须对患者家属说明情况。为了使该说明过程能成为日后纠纷发生时的证据，应要求护理师一同出席。在病历及护理记录中除了说明内容以外，包括日期、时间、说明场所等也都要具体记录下来。

本案例若将"去颤后因血液会变得不光滑，有可能会引发脑梗死，若不幸引发脑梗死，可能会导致半身不遂、无法说话等无法复原的后果"的说明留下记录的话，那可信度就很高了！

虽说本案认定医院方面有未充分施行抗凝疗法（INR=1.2）之责，但即使 INR 值为 2~3，栓塞症的发病率也并非是零，因此可能产生将脑栓塞症的发病完全归咎于医院方是否妥当的疑问。在决定赔偿金额时，常会将这点考虑进去。

本案在计算患者的逸失利益[①]之际，参照日本政府"赁金构造基本统计调查"数据，关于男性全职者／全年龄的平均年收入，将金额压低在低于患者上一年度年收入的金额。又考虑到扩张型心肌病变可能会使患者的就业期限缩短为健康人的 2/3，再依后遗症的程度将后遗症慰问金／看护费用的金额做删减，结果赔偿金额约为患者方请求金额的一半。

---

① 应该得到的，却因为事故的发生而无法实现的利益。

Q&A
判决的关键

Q 为什么否定医师在 INR 值未达 2 的状态实施去颤的相关注意义务,却判定在术后同为 INR 值未达 2 的状态让患者出院有过失呢?

A 前者是因医师的行为遵循了指南,后者是因明显未遵循指南规定。B 医师在实施去颤术时遵循了指南的规定,在做经食道心脏超声波检查,确认左心房、左心耳内没有血栓并用药 Heparin 后才进行的。有关后者术后管理的情况,指南中的建议为 INR 值应为 2~3 的水平,持续 4 周时间,又 Warfarin 的增量效果要数日时间才会出现,但医师没有对该效果进行确认。虽然是患者要求出院的,但若违背指南的规定,至少也应该充分说明,让患者正确理解。

Q 关于本案患者再次入院后未实施血栓溶解疗法这点如何评价?

A 本案在患者脑梗死发作后的早期 CT 征(Early CT Sign)观察结果中发现,豆状核构造不鲜明,中大脑动脉区域 1/3 以上的脑沟消失,认定为血栓溶解疗法的除外基准。鉴定意见也表示从患者入院时的头部 CT 检查结果来看:(1) CT 右侧的豆状核(包括核壳/苍白球部位)的轮廓变得不鲜明;(2) CT 左侧的侧头部脑沟(外侧沟)部分的皮髓质交界区(脑的皮质和髓质的交界)变得不鲜明,在 Early CT Sign 中广泛可见。由此可以判断,若实施血栓溶解疗法可能会造成梗死内出血,恐怕会使病情更加恶化,因此,未实施血栓溶解疗法这点得到适当的评价。

患者消化道穿孔医师未进行开腹手术，法院判定选择保守疗法并无过失

接受内镜下黏膜切除术的患者，因引发迟发性的消化道穿孔死亡。家属以未立即进行开腹手术等理由对医院方提起诉讼，但法院判决医师的判断并无过失。

（平井利明）

事件概要

男性患者（60岁）于2006年7月接受健康检查时，被诊断出患有十二指肠腺瘤。A医院消化内科的B医师对患者说明治疗方案：十二指肠腺瘤的癌化率高，癌化部位的外科手术危险性也非常高。虽然治疗方案为早期进行内镜下黏膜切除术（EMR），但也有约1%产生穿孔出血的可能性，也有必须进行胰头十二指肠切除术等高危险性手术的可能性等。医师将上述内容告知患者，并提示患者亦可选择不进行手术，仅进行观察。最后患者选择了EMR治疗。

患者在10月4日接受B医师的EMR治疗。B医师考虑到患者的病灶相当大，为了避免牵连固有肌肉层，只切除了约3成。术后B医师虽确认切除面没有出血或穿孔，但从照片来看，手术区固有肌肉层变成可透视、非常薄的程度。B医师判断若要将长约10mm程度的溃疡面（宽20～30mm）以止血钳进行缩缝，在物理

上不可能，因此，没有进行以预防穿孔为目的的止血钳缩缝。

患者在术后不久即主诉腹部有扩张性疼痛，但 B 医师回应"是因腹部扩张，空气进入的关系，克服之后会比较轻松"，但患者之后仍对护理师主诉腹痛、恶心及心窝部有压痛感。

因此，C 医师在同日对患者施行了腹部 CT 造影检查，发现十二指肠下行部周围的管外后腹膜侧有空气漏出，肠管弥漫性扩张，确认右侧后腹膜内有若干渗出液，推测可能引发迟发性穿孔。考虑到露出空气量约 20mL，穿孔应该很小，又腹腔内没有空气或腹水，因此，C 医师期待穿孔可自然闭锁，在禁食、插入胃管、输液、使用抗菌药及质子帮浦阻断剂（抗胃酸药）后进行观察。考虑到若再插入内窥镜使用止血钳进行穿孔部位的闭锁手术，可能会造成消化管细菌感染，或因空气压力使穿孔部位有扩大的危险，因而未采用。

10月5日C医师再度为患者进行CT造影检查，未观察到气肿增加或穿孔部闭塞，但从白细胞数及CRP值上升来看，判断有发炎恶化的情形。消化外科的D医师为患者施行了经皮胆囊引流术。又此阶段B医师未选择开腹手术的理由为：（1）有发炎扩大或产生术后并发症（胰脏炎、缝合不全）的可能性；（2）因后腹膜为闭锁空间，发炎扩大的危险性很小；（3）未观察到气肿增加或穿孔部闭塞等情况。

但之后穿孔仍然没有闭锁，患者的病情渐渐恶化，于12月9日死亡。解剖结果认定直接的死因是败血性休克，该原因为持续一周的肺炎，更进一步说，肺炎的原因为持续约两个月的十二指肠穿孔。患者家属以患者的死亡是因B医师的手法技术失误引发患者消化道迟发性穿孔为由，以怠忽对穿孔的治疗等原因向A医院提出6100万日元的损害赔偿要求。

判 决

判决的争议点包括作为治疗方针的EMR的选择、实施EMR的手法技术、未实施止血钳缩缝、各时间点未实施开腹手术、违反说明义务等多方面。关于未实施开腹手术这一主要争议点，法院作出下述判断（广岛地方法院2009年9月11日判决）。

关于10月4日在确认为迟发性穿孔后未立即实施开腹手术这点，本案件的鉴定人所做的鉴定意见，基于以下两点：（1）十二指肠周围的空气潴留是有局限的，可认为空气量为少量的；（2）未有明显的胆汁或胰液漏出。

对此，法院基于当时的医学文献，对实施开腹手术和保守治疗的选择方面进行了研讨。文献指出在穿孔小、症状未达恶化的情况采取保守治疗，以经鼻胃管导管手段减压已足够。法院基于上述内容作出"开腹手术的实施与否应以患者的全身状态恶化到何种程度、发炎的范围大小、穿孔的大小情况来考虑判断。本案件可认定与 2006 年当时一般的医学见解的判断相当"。

承上,最初确认患者迟发性穿孔时,未观察到患者有肌性防御或腹膜刺激征等症状,从体温、血压、血液检查结果皆无异常等来看,也并非全身状态恶化的情况,且空气的漏出局限于十二指肠周围,未观察到腹水潴留,后腹膜漏出的空气量少,未见大穿孔时会出现的胆汁或胰液漏出,因此,法院指出,"从鉴定人对是否应该实施保守治疗的判断来看,可以说是将必须考虑的要素与本案的事实关系加以整合考虑所做出的,因此,鉴定人的意见为合理的,足以作为证据",判决 C 医师无过失。

关于其他争议点,法院亦基于鉴定人意见的合理性,及文献考察的研讨结果,判定皆具妥当性,做出医师的所有判断皆无过失的结论。

解 说

实际上,医疗诉讼中法官未对鉴定人的意见做详细的研讨就直接采用的案例很多,但本案法院未对鉴定人的意见照单全收,而是基于医学文献的内容,研讨了当时医学的见解后才认定鉴定结果的合理性,可以说是基于非常适当的过程所做出的判决。

除了上述判决部分介绍的以外,这样的态度在本案判决中随处可见。例如,关于 2006 年 10 月 5 日为患者实施的后腹膜引流,鉴定人认为以当时观察到的大穿孔情况,虽然应该考虑进行开腹手术,但关于应该选择保守治疗或开腹手术这点的见解在医学上仍未确立,因此,未选择开腹手术也不能说是不适当的。对此,法院以"为了探讨鉴定结果的合理性,关于'对大穿孔应对处理的见解与 2006 年当时的医学见解是否一致'这点,有分析的必要"为由,对医院方所提供的作为证据的许多医学文献进行审查,结果认定虽然其中有两个文献的论点为选择开腹手术，但也有一个文献认为先进行保守治疗是可容许的，在这样见解存在分歧的状况下，法院做出鉴定结果合理的结论。

一般来说，若当时对于某疾患有多个研讨治疗方法的医学文献，就表示在医学上尚未确立某种特定的治疗法为第一选择，这也是法院追求这样客观的证据的原因。

在法律上，关于医疗行为过失的有无，可认为应该基于"诊疗当时在临床医学实践上相关的医疗水平"来做判断。倘若鉴定人未基于这样的前提，却基于专门领域最前端的见解或个人的意见提出鉴定意见，那就可能造成因法院全盘接受该鉴定意见而产生误判的后果。为了避免这样的情况，对于鉴定结果是否确实反映了当时的医疗水平，法院有审慎斟酌的必要。

更进一步说，鉴定人也应从多数的医学文献中对事实做客观的认定，基于当时的医疗水平做出鉴定结果。

Q&A
判决的关键

 法院像本案例这样,对鉴定结果做如此斟酌的情况很少见吗?

 像这样的案例还是很少的。感觉法院总以无法独立进行医学上的专门判定为由,有回避对文献进行精确查证,或对鉴定结果审慎斟酌的倾向。又因为是法院自己选出的鉴定人,还是会尽可能重视鉴定人的意见。

 本诉讼中原告提出许多争议点,其目的是什么?

 若争议点涵盖多方面,会加重医疗机构或法院方面的负担。一般来说,一连串的诊疗行为中有很多过失的状况是难以被认可的,法院也会尽可能将争议点减少,但因不少原告都抱持着"乱枪打鸟"的心态,所以,留下许多争议点的诉讼也不少。

以笔者的经验,像这样原告未对事件做充分研究的情形非常多。争议点一大堆的结果是主张或证据变得涣散,未充分讨论完毕就这样结束的诉讼也有。某法官有以下个人意见:"当原告方提出的主张太多时,从经验来看会觉得其中并没有什么正经的主张,给人的第一印象很差。"

产妇因脑出血死亡,
判定医师未实施 CT 检查亦无过失

产妇因并发脑出血后迟迟未进行开脑手术而死亡。家属以医院发现患者脑出血后未实施 CT 检查有过失为由提起诉讼,但法院认为进行检查或转院至高级医疗机构等需要时间,否定医院有过失。

(莳田觉)

事件概要

患者(当时 31 岁)于 2005 年 12 月 20 日至 A 医院妇产科就诊,诊断为怀孕 8 周 2 天。之后定期复诊,无妊娠高血压综合征等异常。2006 年 8 月 7 日 9 时 20 分左右,在超过预产期后入住 A 医院,用药催产剂 Prostarmon(一般名 Dinoprost),随后从 18 时开始出现有规则的阵痛。

第二天(8 日)0 时左右,患者主诉"太阳穴疼痛",有发汗和呕吐情况。血压 155/84mmHg,脉搏 74 次 / 分。0 时 10 分左右,患者对呼唤能睁眼应对,但 0 时 14 分左右,患者突然失去意识。JCS(Japan Coma Scale,日本昏迷指数)为 III-100~200,血压及呼吸稳定,瞳孔未放大,认定对光有反射,无共轭偏差、颜面麻痹及发绀,胸部听诊也无异常,A 医院判定为心因性意识丧失。

1 时 37 分左右,患者发生痉挛,血压为 200/100mmHg。妇产科医师怀疑是子痫症引发的强直性痉挛，开始输入药物 Magnesol（硫酸镁葡萄糖注射液）。此时医院开始考虑转送高级医疗机构。

1 时 50 分左右，赶到的内科医师对妇产科医师表示，从患者失去意识状态已持续约一个半小时来看，应该进行 CT 检查以查明脑部状态，但妇产科医师认为直接转院比较恰当，为了电话联络高级医疗机构讨论转送事宜，妇产科医师离开阵痛室走向护理站。当天 A 医院没有当班的脑外科医师，所以进行夜间 CT 检查的准备时间约需要 40~50 分钟。

患者从 2 时左右呈现瞳孔放大、对光无反射的状况，开始出现间歇性的痉挛。在这段时间，妇产科医师们用县内的周产期医疗信息系统等，寻找可能接受患者的高级医疗机构，但每家都以床满等理由拒绝。4 时 30 分，决定转送至县外的 B 医院，从 4 时 49 分开始转送，5 时 47 分送达。

在 B 医院实施头部 CT 检查后发现，患者从右被壳区到右前额叶有巨大脑内血肿及显著正中偏位，胎儿胎心率基线为 180，基线细变异减少，因此，B 医院对患者进行开脑去除血肿手术和剖宫产，8 时 04 分胎儿出生。手术虽然除去了患者大部分的血肿，但患者仍瞳孔放大，意识未恢复，于手术过后 8 日死亡。

患者的家属以"从 0 时 14 分左右在之后数分钟后的时间点内，若实施 CT 检查，在 1 时前就能明确知道是脑出血，在 4 时左右，实施开脑手术，就有充分救治的可能性"为由，对 A 医院及妇产科医师提出约 9000 万日元的损害赔偿要求。

判 决

从鉴定结果看，患者 8 日 0 时左右右脑产生剧烈出血，至 0 时 14 分左右突然失去意识，这一阶段，出血量相当大，可判断该状态为脑疝进行中，因此，2 时左右的状态相当于脑疝进行过程中非可逆的"中脑—脑桥上部期"，患者的病情发展快速，若没有在

数十分钟内进行开脑手术是不可能救命的。

承上述事实，即使在 0 时 14 分左右进行了头部 CT 或 MRI 检查，虽然观察到相关状态的可能性很高，但从除了意识消失以外，患者的全身状态并无其他问题来看，不能说 A 医院没有做妥善的观察，或有判断不适当之处。加上 1 时 37 分左右的情况，虽然通常应该直接实施 CT 检查，但因考虑到 CT 检查需要时间，因此，优先考虑尽可能迅速转送至高级医疗机构，并立即请求对方接收患者的做法，不能说是不适当的。

虽然以结果而言，转院共花费了约 3 个小时，但以之前的经验来说，决定转院最长也仅需要 1 个小时。虽说实施 CT 检查的同时决定转院的可能性也很高，但考虑到实施 CT 检查也可能妨碍早期转院，因此，选择早期转院的妇产科医师的判断有充分的合理性。

虽然实施 CT 检查就可得到脑出血的诊断，但因患者正处于分娩过程中,妇产科医师不能随意改变紧急措施。基于本案具体事实,很难说决定同时实施 CT 检查比寻找疑似子痫症的转院处容易,因此,否定医院方存在该过失。

法院也指出若患者为心因性意识丧失,通常症状不会持续 30 分钟以上,因此,若能在 0 时 14 分之后的 30 分钟再次进行诊察,对脑部有何种异常做出诊断,或立即开始转院,可以说是 A 医院能采取的最妥善的措施,但法院最后判定即使采取该措施,考虑到转院或准备手术等皆需要时间,仍无法在 3 时 30 分以前进行开脑手术,又即使在该时间点进行紧急开脑去除血肿手术也无法挽救生命,因此,否定医院行为与患者死亡间的因果关系,驳回患者方的请求(大阪地方法院 2010 年 3 月 1 日判决、确定)。

解 说

本判决的附带意见指出了现在存在的医疗危机及关于急诊医疗应有的状态。以法院来说,提出如此政治色彩浓厚的建议是否适当,褒贬不一。

法院会破例提出这样的建议,是因"大淀町立大淀医院(奈良县)事件"被媒体大肆报道,像这样患者难以找到接收医院的实际情况因此浮出水面,掀起议论热潮。

关于对于损害赔偿的认定,必须具备以下条件:(1)有过失;(2)发生不良结果;(3)前两个案件之间存在因果关系。欠缺任何一项都会被否定有法律上的责任。关于有无过失这点,会以当时临床医学实践的相关医疗水平来做判断。

但医疗水平并非基于全国统一的标准,而是对"该医疗机构的性质、所在地区医疗环境的特性等各种情况"综合考虑后做出决定(最高法院 1995 年 6 月 9 日判决)。本判决关于过失的评鉴,当然也必须以这样的理解作为前提。

本案虽说若在 0 时 14 分左右对患者进行头部 CT 或 MRI 检

查，观察到相关状态的可能性很高，但优先考虑迅速转送至高级别医疗机构，并立即请求对方接收患者的做法也不能说是不适当的。

之后转至他院处花费了约3个小时，事后看来似乎有充分时间进行CT检查，但在决定治疗方针的阶段，并无法对此经过做具体的预测，若要求医师在预定的转院时间内实施CT检查，可以说是加重了医师的义务。患者死亡这样严重的结果并未对判决带来影响，可被评价为是基于诊疗当时的具体情况进行的有无过失的判决。

又因即使进行了最理想的处置也无法避免死亡的结果，法院做出关于因果关系的判断。确实，本案若光从事实经过或医学的角度来看，患者当然有被救的高度可能性，但从另一方面来看，也可能被认为救命的难度相当大。法院以即使尽力实施理想的医疗，也无法让患者被救的明确理由，希望家属能接受。结果家属未上诉，本判决生效。

Q&A
判决的关键

 即使是夜间也有非实施 CT 或 MRI 检查不可的必要吗?

 在夜间要实施 CT 或 MRI 检查不仅需配备医疗机器,还需有相关技能的放射科技术人员,必须有相应的值班体系,因此,不应以一致性的医疗水平来决定,而是因医疗机构的性质而异。若无法在夜间实施 CT 或 MRI 检查,就没有非实施不可的义务。

 疑似脑出血之际,没有进行 CT 造影检查等就决定转院至高级别医疗机构,在法律上无责任吗?

 在本案判例中,未实施 CT 造影就决定转院至高级别医疗机构并无不适当,但这是因该医院处于通常最迟可在 1 小时之内转送至高级别医疗机构的"周产期医疗信息系统"的医疗环境下,又是在分娩中产生脑出血的特殊案例,法院才会做此判断,也就是说并非一般结论。

例如若处于转院需要 2 小时的医疗环境下,可能就会判断在做向高级别医疗机构的转送准备的同时必须实施 CT 检查。

锁骨骨折患者在医院死亡，判定医院观察不适当

因骑脚踏车跌倒造成锁骨骨折的患者，在急救医院的观察期间死亡。法院接受了关于负责医师疏忽必要检查的鉴定意见，判定医师违反注意义务，判令医院支付损害赔偿金。

（平井利明）

事件概要

男性患者（当时72岁）于2005年4月9日骑脚踏车跌倒，于15时10分左右被送至被告医院急诊。负责医师（外科）诊察时，患者主诉左肩疼痛，医师发现患者左颈部及锁骨周围有肿胀情形。听诊结果显示呼吸音清楚，无左右差别，患者也没有主诉呼吸痛苦。医师安排为患者输液并将患者锁骨部分以绷带固定。

根据CT造影扫描结果，医师判断患者为伴随第三骨片的锁骨骨折，又确认了头部左侧有数百克以上的血肿，且因血肿造成气管被压迫错位了1cm以上。随之患者因左锁骨骨折、左第五肋骨骨折、左肺挫伤及左血气胸入院。

患者从左锁骨到胸部有轻度肿胀，表示疼痛且不断呻吟，晚餐无法进食，但未主诉呼吸痛苦，两肺亦无杂音。20时30分时因从左锁骨到侧胸部的疼痛增强，医师为其使用镇痛药Pentagin（一般名Pentazocine）15mg。

10 日 0 时左右，患者未主诉呼吸痛苦。0 时 30 分使用安眠药 Lendormin（Brotizolam）。1 时 40 分左右，护理师用小手电筒照射检查确认患者脖子四周有严重的血肿和紫色的内出血。此时患者表示背部疼痛，护理师在确认之前给予的是安眠药后，为其使用了镇痛药 Voltaren（Diclofenac）。

4 时 30 分，护理师听到呼叫铃赶到病房，患者坐在床上表示左背部疼痛、起身时会晕眩。虽有因感觉不舒服而呕吐，但呕吐后不舒服的感觉有缓和。4 时 45 分，患者表示背部疼痛，护理师为其使用镇痛药 Pentagin。此后仍可看到患者有呕吐及残留痰渣的情形。6 时左右，患者的体温为 35.6℃，血压偏低。患者呈现坐立难安的样子，不时有起身，有想将固定锁骨的绷带解除的动作，又再度表示左背部疼痛，家属替他冲洗了背部。

6 时 40 分左右，患者丧失生命体征。值班医师在实施气管内插管、心脏复苏等处置后虽有一时苏醒，但 22 时左右，再度丧失生命体征，后确认死亡。

负责医师对家属说明病情急遽变化的原因，疑似左锁骨骨折和血肿造成的气道闭塞。又因为是夜间，血肿变大，推测可能因此切断变得脆弱的血管。遗体鉴定书上写的直接死因是左锁骨骨折、左肋骨骨折、左肺挫伤及左血气胸引发的出血性休克。

家属以患者的死亡是由于负责医师未认知到呼吸停止及出血性休克的可能性，疏忽观察的注意义务，对医院方提出约 7400 万日元的损害赔偿要求。

判　决

法院认定医院医师违反注意义务，判令医院支付患者家属总额约 4000 万日元的损害赔偿金。

法院大体上是根据第三者医师做出的鉴定书及有关医学书籍的记载而认定医师有过失的。

首先，发生在第三骨片的剧烈骨折通常伴随着高度损伤，若造成动脉损伤就有陷入出血性休克的可能性。锁骨损伤可能会造成锁骨下动脉损伤，从而引起持续出血与血肿，进而造成对气管的压迫及呼吸困难。这应为外伤处理的基本知识。

其次，法院指出负责医师为了预防出血性休克或气管压迫造成的呼吸困难，应该在进行呼吸功能等检查的同时持续观察，于情况恶化时立即实施气管内插管等措施。医师有尽可能预先采取可回避危险的措施的注意义务。本案件医师在患者生命体征消失前的措施仅止于胸部的视诊、触诊及听诊，未实施是否贫血等检查，未在考虑到出血性休克或呼吸困难的可能性后实施检查，也未做出应观察的指示，因此，认定医师有过失。

法院认定最迟在10日4时30分的时间点，若能够根据生理学的检查对病情有所掌握，进行气管内插管以确保气道畅通，针

对出血性休克做一般性的治疗，患者生命得到挽救的可能性是极高的（前桥地方法院2010年4月30日判决、确定）。

解　说

本案可以说是第三者医师提出的鉴定书影响了判决结果。从鉴定书的内容来看，会给人留下"一概为医生责任"的印象。

出具该鉴定书的是某大学医院的急诊中心长，概要如下。

患者的直接死因为左锁骨骨折造成临近血管破裂（想定为左锁骨下动脉），引发持续性出血，造成血肿增大，血肿从后方压迫血管，造成呼吸停止（窒息死亡），因此，出血性休克状态与全身状态的恶化有很大的关系。这也意味着本案骨折为极强外力造成的骨折，从CT的观察结果可预见血肿为大血管破裂出血的危险性，又从气管的移位是因持续出血伴随的血肿对气管造成了压迫，亦可预见呼吸困难发生的可能性。又从骨折部位皮肤色调的变化或肿胀的增大，可观察到有持续出血的状况。

鉴定人又指出，针对患者出血的危险性，应该在确认贫血的程度后，考虑输血或实施血管缝合手术。对于血肿造成气管压迫导致呼吸困难的可能性，应该进行动脉血液气体分析，或以血氧饱和度监视器等持续监测呼吸状态的变化，且要有能立即施行气管内插管的机制。关于血管的破裂和持续出血问题，应该进行血液成分/尿量/动脉血液气体分析等有关呼吸功能的检查，以对数据变化有所掌握。生命体征的变化、主诉及局部症状的变化数值，也必须依时间轴顺序列出，妥善进行观察。

因此，医院被指出未实施贫血、呼吸功能（动脉血氧饱和度）、尿量、动脉血液气体分析/血液成分等检查，以及对呼吸状态恶化等的观察/检查，治疗方面有不适当的过失，所以，法院作出如下结论：最迟在10日4时30分的时间点，若能以当时的急诊医疗现场一般性的知识和技术来应对，若能够根据生理学的检查对病情有所掌握，对患者进行气管内插管以确保气道畅通，针对患者出血性休克的可能性做一般性的治疗，患者生命得到挽救的可能性是极高的。

这样的鉴定内容，会让人产生医院的应对有所不足的感觉。但鉴定书所指的应该进行气管内插管的4时30分的时间点，患者是有意识的，且未主诉呼吸痛苦。在这样的情况下，进行气管内插管真的适当吗？让人不禁产生这样的疑问。

鉴定书虽提到这些各式各样的检查，却未具体说明预计在何时得到什么样的结果，也就是说鉴定书只叙述了"若实施了怎样的检查就可以救命"这样抽象的结论，并赋予这点"有高度的可能性"，这不免让人觉得有点勉强。

一般来说，法官不会判断医学上的妥当性，因此，医师的鉴定书会变成左右判决的关键，以此作出严厉判决的判例随处可见。期待诸位医师在书写鉴定书之际别抱持着"理所当然论"，应该设身处地地思考面临实际状况时可能的应对处理方式，然后再作出判断。

Q&A
判决的关键

 书写鉴定书时应该注意什么?

医疗诉讼中关于医师的注意义务的基准为"诊疗当时的医疗水平",因此,不应抱持理想论,而是必须基于通用的实践水平做具体的论述。医疗水平不应以一致性的标准来判断,应该要考虑医师的专业领域、所属医疗机构的性质、地区的医疗环境等,这点必须特别注意。

 鉴定书的影响有多大?

有的法院会直接采用鉴定书的内容来作出判决,所以鉴定书具有强大的影响力。鉴定书也可能使用在其他案子的诉讼上。曾有某件医疗诉讼案,大学医院的医师以就当时医疗水平而言相当高的要求出具了鉴定书,没想到日后该医师自己也卷入类似的事件中,自己以前出具的鉴定书,却被患者方拿来作为证据提出,反倒危及自己的立场,因此,将自己置身于当事者的立场,依现实状况书写鉴定书是很重要的。

做输精管结扎术后，妻子怀孕被疑不贞，判定医师有赔偿责任

接受输精管结扎术的男性之妻怀孕了。该男性在听取医师说明后强烈怀疑妻子不贞，但做 DNA 检查后证明孩子确为该男性之子。夫妇因而对医师提起诉讼，法院认定医师违反了说明义务。

（水泽亚纪子）

事件概要

夫 A 和妻 B 夫妇有两个孩子。考虑到 B 今后必须为了生活工作，且已接受过两次剖宫产手术，A 为了不想再有孩子决定接受节育手术。

A 至 X 医师经营的泌尿科专门诊所就诊，接受输精管结扎术。但手术后约 1 年 8 个月后，B 怀孕 7 个月。当 A 要求 X 说明情况时，X 表示："这个小孩 99.9% 不是 A 的小孩。"

B 被 A 怀疑不贞，但仍剖宫产生下第 3 子，经 DNA 鉴定，确认为 A 之子。X 支付 A 和 B 作为生产费用及今后生活费等共约 318 万日元。

A 和 B 对 X 以"手术有医学上的不适当""A 误解 B 因不贞行为怀孕，对 B 口出恶言甚至殴打"等手术上的过失及违反说明义务为由，提出损害赔偿要求（A 为 500 万日元，B 为 1400 万日元）。

判 决

法院认定 X 虽无手术上的过失，但违反了说明义务。但关于造成的损害这部分，X 已偿还了 A 和 B 约 318 万日元，因此，判定不须再次支付赔偿金。法院的判决概要如下。

第一，关于手术的适当性。

避孕手术不同于其他具有紧急性或必要性的手术，不实施不会危及生命或对身体产生损害。

患者为达到避孕的目的，选择做避孕手术，作为患者有自己的决定权，因此，医师在实施避孕手术时，除了在治疗之际尽力达到最好的结果外，也包括尽力实现避孕效果。

本案虽然未达到避孕效果，但 X 按照几乎等同于一般医学书籍所记载的手法，以非常谨慎的方法进行了手术，不能说有不适当之处。即使实施了输精管结扎术，仍有 0.01%～0.1% 的可能性让女性怀孕，这点是不可能避免的。

第二，关于手术前后的说明。

患者自己选择实施避孕手术，是为了提高生活质量、实现家庭计划，这种选择直接伴随着今后无法再有孩子这样重大的结果，而且这并不是紧急需要的手术，医师若只提供关于手术的内容及危险性等这样的信息是不够的，应该让患者正确地行使自己的决定权，术后亦能适当地做应对处理，所以，医师应善尽术前术后的说明。

X 在手术前对 A 等人表示，不管是难易度、时间，还是术后怀孕的可能性都非常小，并说明术后若没有实施精液检查，确认没有残存精子，是不能保证不会怀孕的。但关于输精管再开通的问题和未接受精液检查情况下的怀孕可能性，都没有作具体的说明。

实际上 A 从一开始就未充分理解 X 的意思，认为术后一个月残存的精子就会消失，亦不会令人怀孕。X 应该不止于做抽象的说明，应该将有关怀孕的可能性，以让 A 等人能够理解的方式作出说明，因此，X 在说明上是不充分的。

第三,关于发现 B 怀孕后的说明。

发现 B 怀孕后,X 给出"这个小孩 99.9% 不是 A 的小孩"这样的结论,缺乏正确性,且这样的说明容易让人怀疑 B 不贞。鉴于此说明对之后 A 等人的生活所产生的影响,可认定 X 的说明不充分。虽然 X 主张"不是 A 的孩子"并非事实,但 <u>99.9% 可能性这样的说明,对一般患者来说,无疑等同于断定,故该说明是失当的。</u>

第四,关于夫 A 的损害及因果关系。

即使手术前后的说明充分,A 也未必不会接受手术,因此,法院认定此起因不能产生损害。发现怀孕后,A 对 B 口出恶言,数次殴打等情况,难以认定为通常可能发生的事态,这种损害很难预见,因此,与违反说明义务间无因果关系。但 X 在发现 B 怀孕后疏忽说明义务的结果,让 A 和 B 平稳的婚姻生活遭受了损害,同时也侵害了夫妇间的信赖关系。造成这样结果的损害慰问金金额大概相当于 150 万日元。

第五，关于妻 B 的损害及因果关系。

即使手术前后的说明充分，（可设定 A 接受手术这点情况不变）也并不意味着就不会发生与第 3 次剖宫产有关的痛苦及生产等造成的财产损害。是产下第 3 子还是终止怀孕，这是基于妻 B 个人的综合性的判断，难以认定是因发现怀孕后医师 X 的说明义务不当，才使 B 不得不生下小孩。

关于生产的结果（与剖腹有关的痛苦等）无特别预见的可能，因此法院认定与妻 B 生第 3 子所产生的相关的财产损害间无因果关系。但在发现 B 怀孕后，X 违反说明义务，可能侵害了一般夫妇间的信赖关系，慰问金金额大概相当于 150 万日元（仙台地方法院 2010 年 9 月 30 日判决）。

解　说

本案是想采取输精管结扎术避孕的夫妇，因遭遇罕见的避孕失败而向医师提起诉讼的案件。

判决虽认定医师在造成避孕失败的手术上无过失，却认定医师在手术前后及发现患者怀孕后的说明上有过失，并判定医师有支付慰问金的义务。

此判决有意义的点在于："本案不是以治疗疾病为目的，非紧急需要，而是作为提升患者生活水平或自己有权决定的诊疗行为"，其性质异于通常的诊疗。从另一方面来说，"需得到一定的结果"本身亦包含于契约中，也就是所谓的"结果债务"（实现结果本身成为债务的一部分）。

通常的诊疗契约上，医师方的债务为"手段债务"，即医师"施行符合医疗水平的诊疗"便可认为是采取了适当的手段。若单从产生了坏的结果来看，不能说债务不履行。但若为"结果债务"的情况下，"得到一定的结果"会成为医师方的债务，因此，若结果为坏的，原则上可认定需负债务不履行的责任。

话虽如此，在这种情况下医师若能依"并非因自己的过失而产生坏的结果,这样的坏结果是无法避免的"这样的原则举证的话，亦不会产生责任。本案因能对手术上的适当性举证，因此，结果认定医师不需履行手术不成功的责任。由此看来，我们或许会认为对"手段债务"和"结果债务"下判断的点是相同的，但从诉讼上来看，对医师方产生的负担有相当大的不同。

从手段债务的情况看，患者方为了让法院认定医师方有责任，必须对"实际的诊疗有违原本应有的医疗水平"这样的主张举证。但是，从结果债务的情况看，产生坏结果会被认为是医师方的责任，因此，会变成只有在医师方能对"已实行适当的诊疗，没有过失，不可避免"这样的主张举证，才会被认为是无责任的。虽然争议点都是关于诊疗的适当性，但对医师方来说，在结果债务的情况下，诉讼带来的负担会大得多。

又如，主要以审美为目的进行的整形美容等手术，对患者来说，治疗成功与否也是他们最关心的事情，因此，可以说异于一般医疗行为，治疗的成功亦会成为契约上的义务。

Q&A
判决的关键

 Q 为何尽管医师说明了术后有怀孕的可能性，但仍被认定违反说明义务？

A 关于可能性的说明，只做到这种程度来说是不充分的。像节育手术这样由患者自己决定，作为提升自己生活水平的治疗，重视的是结果，因此，在说明上有特别高的要求。即使患者接受了只有 1% 的怀孕可能性的说明，恐怕仍会自认为"我一定没问题吧"，因此，关于术后怀孕的问题或精液检查的意义等，应该要做更加具体的说明。

 Q 即使医师做了详细的说明，但患者仍无法充分理解的情况，也会被认定为说明不充分吗？

A 的确有这样的担忧。实际上本案判决中，因 A 等人误解了术后精液检查的重要性，因而造成法院认定医师方违反说明义务。为了提高患者的理解程度，需注意应该以容易理解的方式来做出说明。对医疗机构来说，至少要做到"即使患者未能理解，我们实际上也做了如此详细的说明"这样最低限度的证明，因此，留下说明数据或宣传手册等的记录是很重要的。

过量使用药剂，
主治医师有责，上级医师无责

医院过量使用抗真菌药造成患者死亡，法院认定开药剂的后期研修医师[①]及担任药剂调剂及监督工作的药剂师有过失，督导该后期研修医师的上级医师无过失。

（水泽亚纪子）

事件概要

男性患者（死亡时 66 岁）被诊断为肺腺癌第 9 时期，于 2005 年 8 月入 A 医院接受治疗。患者的主治医师为胸腔中心内科的 B 医师，负责医师为 C 医师（当时临床经验第 3 年）。10 月 26 日到 11 月 5 日期间，B 医师因出席某会议，改由同为胸腔中心内科的 D 医师代理主治医师职务。

通过观察，医院怀疑患者患的是肺囊虫肺炎（一种酵母真菌引起的肺炎），在 10 月 28 日的病例研讨会中，胸腔中心内科部长 E 医师决定使用抗真菌药 Benambax（一般名 Pentamidine）对该患者进行治疗。C 医师向 D 医师询问药物的使用剂量，D 医师回答："依一般的做法来做。"C 医师又问："照（药物说明书）所

---

① 日本医师在大学毕业后的前两年间称前期研修医，从第三年开始称后期研修医。

写的没错吧？"D医师回答："没错。"D医师因有事，于病例研讨会中途离席。

C医师查阅药品集，在Benambax字段处见处方剂量依患者体重而异，为了让书维持在该页不变动的状态，故将药品集反过来放置，然后前去确认患者的体重。但在回到原处，再度翻阅药品集之际，却误看了对侧药品Bactrim（Sulfa + Trimethoprim，ST合剂）的参照字段，依照该药品字段所记载的内容计算后指示了药物用量。

之后的29日和30日，给患者一日用药三次，每次300mg。31日亦用药两次。在之后患者状态恶化，医院方对所用药品进行检查时才发现将原本应该使用的药剂量180mg/日（4mg/kg/日）以900mg/日过量使用。虽然立即中止了用药，但患者仍因肾、肝功能不全于11月10日死亡。

当时A医院采用的是医师将处方内容输入终端机的计算机处方系统。该系统对药剂的过量使用设定了单次量的警告，却未设定1日量的警告，但药剂师对这点并不知情。

患者的家属主张指示使用过量药物的C医师、代理主治医师D医师、胸腔中心内科部长E医师及F、G、H三位药剂师皆有过失，A医院的开设者I亦需担负责任。家属对被告们提出总额超过1亿日元的损害赔偿要求。

判 决

关于C医师的过失这部分没有争议。争议点是D医师、E医师及F、G、H三位药剂师是否有责任。法院作出以下判断。

D医师身为患者的代理主治医师，有对患者进行观察、实施主要治疗的义务。作为主治医师，当实习的C医师前来讨论有关药剂的问题时，C医师期待能得到具体的使用量及次数等信息，特别是这是C医师很少用到的药剂，且可能产生严重的副作用，D医师应该更慎重地应对。

但是 10 月 28 日 D 医师要外出，因此，在 C 医师前来讨论有关药剂的问题之际，以"依一般的做法来做"这样概括的方式表述要求按药物说明书等记载的量使用，对 D 医师来说，若没有特殊的情况，当然可以期待 C 医师在参照药品集，确认使用量后，依照该量使用，因此，无法认定 D 医师可能预见会发生像本案这样的过失，亦没有应该具体指示使用量的注意义务。

E 医师作为胸腔中心内科部长，在每周两次的病例研讨会中，需听取约 95 人次以上的有关患者的报告并讨论治疗方案，并担任对各医师进行一般性的指导监督及教育等工作。E 医师在 10 月 28 日的病例研讨会中，听取了患者状态的相关报告之际，虽然指示用药 Benambax，却未具体指示使用量。但是在以极为有限的时间内，必须研讨全体住院患者病例的场合下，一般来说难以认定有"应该具体指示药剂使用量"这样的注意义务。

C 医师为第 3 年的后期研修医师，可以自行开处方，也不限制所开药剂的种类，用药时必须确认与药品集等内容符合是理所当然的。E 医师会有这样的期待也可以说是正常的。看错药品集的页数这种事，是常理难以推想的，不能说因为 E 医师能够预见这样的过失，所以应该直接指示关于药物的使用量或副作用等内容。

药剂师若对医师的处方有疑问，有向医师提出询问的义务。这样的疑问询问义务包括药剂的用法、用量适当与否，以及药物之间互相作用等实质性的内容。本案的药剂师们应该在查阅药品集或 Benambax 的说明书等，确认药物的用法、用量后，有对本案处方内容向处方医师提出疑义询问的义务。

虽然药剂师以信任计算机处方系统为由，主张不需负起疑义询问的义务，但关于相信计算机系统设定了关于药剂 1 日量的警告这点，并没有从系统设定者或责任者处得到过明确说明，可见这只是药剂师们单方面的想法，因此，否定药剂师"信任计算机处方系统"的理由正当。

法院以上述认定事实，判令 C 医师和 F、G、H 三位药剂师，以及医院的开设者 I 等，共同支付 2400 万日元的赔偿金（东京地方法院 2011 年 2 月 10 日判决、生效）。

解 说

本案法院认定直接指示开出过量药剂的 C 医师有责任，代理主治医师的 D 医师及诊疗科部长 E 医师无责任。做出此判断的原因是：该指示医师的过失与身为医师应有的经验等没有直接关系，仅是初级过失；主治医师及诊疗科部长皆无法预料该负责医师会出现这样的过失，因此，判定 D 医师与 E 医师无直接指示负责医师关于药物的使用量或副作用等内容的义务。

判决本身可以认为是妥当的，但在实务上须留意，法院的判决书中在关于D医师责任的部分提到"若没有特殊情况，主治医师当然可以期待C医师在参照药品集，确认使用量后，依照该量使用"，如负责医师只是研修中的实习医师，若被认定为对处方及使用方法等未能充分理解或理解程度不明的情况下，可能就会做出"因有'特殊的情况'，主治医师应该对负责医师指示药物具体的使用量"这样的判断。

若不是像本案这样单纯的工作内容，而是专门性更高的工作，在委托负责医师进行时，若预期有在某种程度上发生疏失的可能性，恐怕就会判定"主治医师有对负责医师做出更加具体的指示的义务"。实际上可能会依状况而决定，例如生命维持装置的设定等就属于此类，是做概括的指示就好呢，还是必须对具体的内容作出指示？作为主治医师，应该在综合考虑负责医师的经验或能力后作出判断。

Q&A
判决的关键

Q 若不是在医院，而是在没有药剂师的诊所发生医师处方错误的情况，该如何判定责任？

A 假如药剂师不在，由医师自己开具处方并配药的情况，很明确是医师的责任。但若是护理师等人在医师的直接指示下，协助开具处方的医师进行实际上的配药工作，那么处方本身的错误就是医师的责任。若发生错误的是实际上进行配药行为的护理师，因终究护理师只是协助医师进行工作的，考虑到医师也有监督责任，所以基本上仍会判定医师有责。

Q 因相信计算机处方系统而引发问题，也会被认为有过失或责任吗？

A 未必如此。若使用者能充分理解系统性能，也可能被认定为无过失。判决中提到若系统用户能充分理解该性能，在正常运作条件下，且有技术上的保证，那就可以"信任该系统"。若有此正当理由，使用者只要履行自己应尽的义务便已足够。本案药剂师们对计算机系统仅设定了单次量的警告这点没有明确的认识，因而判定"信任计算机处方系统，不能作为正当理由"。

最高法院对期待权的解释，仅限于极端不适当的医疗行为

患者术后以残留后遗症为由向医院方提起诉讼。针对是否侵害期待权这点，高等法院认定有基于此而产生的慰问金，但最高法院以本案没有显著不适当的医疗行为，驳回患者诉求。

（莳田觉）

事件概要

从事木工工作的男性患者于1988年10月29日因左胫骨平台骨折，于同年11月4日入住A医院，接受整形外科B医师的骨接合术及骨移植术。患者1989年1月15日出院后，仍继续于A医院复诊及复健。当时患者虽对B医师主诉过左足肿胀等问题，但B医师并未进行检查或治疗。

患者于1989年8月于A医院拔出骨钉后自行决定中止复诊。在之后的1992、1995、1996年间虽因肋骨痛及腰痛至A医院就诊，但在B医师为其诊疗之际并未表示有左足肿胀的情形。

1997年10月22日，患者至A医院就诊，表示从1988年做完手术后左足就持续肿胀，B医师为其进行了X射线检查及足周径测定。结果显示，左足周径比右足周径大了3cm左右，左膝的可动角度为0～140°，可以说1988年所做的整形外科手术达到了治疗上的要求，因患者无压痛感且能持续从事木工工作，因此，并

未特别采取什么措施。

患者在 2000 年 2 月发现左踝稍上部位出现鸡蛋大小的红色淤青，之后从左膝下到足部前方多处出现红黑色淤青，且皮肤变色，又至 A 医院就诊。B 医师建议患者转至皮肤科就诊。

2001 年 1 月 4 日，患者左足肿胀及皮肤变色的情形并未好转，再度至 A 医院就诊。皮肤科医师诊断为淤血后用药治疗，B 医师只为患者做了单纯 X 射线检查。之后患者于同年的 4 月至 10 月间至两家大学医院就诊，被诊断为左下肢深静脉血栓症或左下肢静脉血栓症后遗症。

患者以"因不适当的医疗行为造成残留后遗症"，加上侵害了"以当时的医疗水平来看，患者所期待接受的适当的医疗行为的权利"（期待权侵害）为由，向 A 医院和 B 医师提出损害赔偿要求。

一审认为在 1997 年 10 月的时间点，B 医师有懈怠转介专门科医师的义务，但因该时间点已无适当的治疗法可用，即使施行治疗也无法期待效果，故判决驳回患者要求（山口地方法院 2007 年 2 月 22 日判决）。

二审亦否定 B 医师的过失和后遗症间的因果关系，但针对期待权，认为"患者在约 3 年间因不了解造成症状的原因，在该时间点仍处于未能接受应有的治疗或指导的状况，可以说蒙受了精神上的损害"，判决 B 医师因侵害期待权支付 300 万日元的慰问金（广岛高等法院 2008 年 10 月 10 日判决）。

对此医疗方提起上诉，最高法院作出异于二审之判决。

判　决

最高法院作出如下判决，驳回二审判决及患者的损害赔偿请求。

患者虽然在拔出骨钉前复诊时曾主诉左足肿胀，但在骨钉拔出后到 1997 年 10 月的约 9 年的时间内,都未主诉左足肿胀。在之后的 2000 年 2 月、2001 年 1 月就诊之际,也仅主诉左足肿胀及皮肤的淤青变色。

对此,B 医师进行了 X 射线检查及提出转至皮肤科就诊的建议。又患者诊察当时,虽说下肢手术伴随深静脉血栓症的发病率高,但当时日本国内的整形外科并未普遍对此有所认知,因此,<u>即使 B 医师未对深静脉血栓症的发病起疑,未转介专门科医师,也不能说有显著不适当的医疗行为</u>。

关于患者以"接受适当的医疗行为的期待权受到侵害"为由要求医师承担责任这点,<u>仅限于该诊疗有显著不适当的事实才可能成立。本案非此性质之事例,因此,针对这点,无讨论余地</u>(最高法院 2011 年 2 月 25 日判决)。

解　说

本案因最高法院针对有关医疗诉讼中的"期待权受到侵害"的问题作出解释而受瞩目。

所谓"期待权"是指就算认定过失和结果间没有因果关系，亦可以"以当时的医疗水平来看对接受适当医疗的期待"为由提出赔偿要求，可视为保护患者权利的一种手段。

一般情况下，即使医疗方有明确过失，若无法证明和不好的结果间有因果关系，就会出现患者方败诉的情况。但若因无法证明因果关系，使有违反重大义务事实的医疗方不需承担赔偿义务，就可能会在社会上产生不好的影响，因此，在下级审判中随处可见以侵害期待权为由判定的损害赔偿案例。

然而，认定有关期待权侵害造成的损害赔偿，恐怕会把法律变成基于患者的主观意见来保护患者利益的武器，因此，也招致了强烈的批评，同时也产生了是否尽管没有（恶）结果发生，只要是过失就必须负起损害赔偿责任这样的疑问。

关于这点，最高法院在判决前例中（2000年9月22日判决，2003年11月11日判决）曾做出解释，以"对人来说维持生命是最基本的利益"为前提，因未施行符合医疗水平的适当医疗行为，造成患者"有在死亡时间点时相当程度的存活可能性"或"有避免重度后遗障碍的相当程度的可能性"，这种情况受法律保护。可见，最高法院企图客观化、具体化地呈现该内容。

在最高法院作出该判决解释之后，有关即使有明确过失，却无法证明过失和坏的结果间存在因果关系的医疗诉讼案例，皆演变为以"有无相当程度可能性"（20%～25%程度的可能性）为核心争议点的情况，带来的影响是以侵害期待权为由判令损害赔偿的判决几乎消失了。

本案既非患者死亡，也非残存重度后遗障碍的案例，又因1997年10月22日的时间点对此情况并无适当的治疗法，即使施行治疗也无法期待效果，属于前述最高法院两件判例的适用范围之外，因此，二审才会作出以侵害期待权为由判令损害赔偿的判决。

对此最高法院指出，"患者以'接受适当的医疗行为的期待权受到侵害'为由要求医师承担责任这一点，仅限于该诊疗有显著不适当的事实才可能成立"，承上述，本案医师行为无法被确定为"有显著的不适当"，因此，判决针对侵害期待权这点无讨论余地，驳回二审判决。

由此可见，<u>若非在谁看来都是明显粗糙的诊疗之极端不适当的医疗行为，侵害期待权这点就无法成立</u>。

再说，若是有显著不适当的医疗行为，基于侵害期待权产生的损害赔偿要求又该如何认定？关于这点，最高法院作出"有讨论可能"这样非常慎重的表示，可见最高法院对侵害期待权造成不法行为成立这点仍然持保留态度。现阶段，"期待权（侵害）"仅被认定为独立的法益，仍未成为确立的法理论，因此，仍需关注今后的判决案例。

Q&A
判决的关键

 "期待权的侵害"和"相当程度的可能性"的理论，彼此间有着怎样的关系？

 有关期待权的具体内容尚不明确，因此，最高法院不使用这样的说法。"（若无过失）有相当程度的存活可能性"这样的概念，是最高法院企图将侵害法益的内容客观化、具体化地呈现出来而提出的。之后在认为有相当程度可能性的情况下，可判令数百万日元的损害赔偿，在实务运用上可作定论，因此，若无"相当程度"的可能性，仅有"极小"可能性的情况，是否能包含在法律的保护对象内会成为有关期待权问题议论的核心。

若在诊疗行为明显粗糙的情况下，有可能依以侵害期待权为由判令损害赔偿吗？

关于期待权在法律上是否值得保护这点，仍没有定论，依此为由的损害赔偿成立与否是今后仍需讨论的课题，现阶段无法作出说明。假设将期待权置于法律保护下，"患者所期待的"内容广泛且主观要素过多，要客观地算定损害金额是很困难的。

有关"期待权侵害"的赔偿应以慰问金为主，以不产生高额赔偿金来考虑会比较好吧！

医师未能清除患者结石引发胰腺炎及糖尿病，法院未考虑医疗水平就判定医院有责遭质疑

接受结石清除手术后仍因结石嵌塞导致重症胰腺炎及糖尿病的患者，以未能除去结石为由，对外科医师提起过失诉讼。法院并未考虑当时的医疗水平就作出外科医师有过失之认定，成为留下疑问的判决。　　　　　　　　　　（平井利明）

事件概要

女性患者（当时 47 岁）于 2001 年 6 月 27 日至民间医院内科就诊，主诉上腹部、背部疼痛，疑似闭塞性黄疸、胆总管结石，住院治疗。做超声波检查后，医师对胆囊结石及胆总管结石的诊断持有疑问。7 月 3 日为患者施行内窥镜逆行性胆胰管造影术（ERCP），确认从胆囊管掉落直径约 8mm 的结石，之后实施内窥镜十二指肠乳头气球扩张术（EPBD），但仍无法清除结石。

第二天（4 日）患者胰腺炎发作，经保守治疗后为了实施根治手术转至外科。外科主治医师于 13 日进行手术，切开患者胆囊管插入细径光纤内窥镜，尝试取出总管内的结石，但未能如愿，结石嵌塞入胆总管下部。医师又为患者开腹摘出胆囊后切开胆总管，使用碎石钳子、气球等手段皆未成功，且结石嵌塞得更深了，因此，放弃清除结石，留置 T 型管后结束手术。

8 月 8 日，医师为了确认结石，以 T 型管为患者实施了造影检查，

但因患者表示疼痛而中止。12日患者上腹部、腰部疼痛。13日医师依患者上、下腹部疼痛及血液检查的结果诊断为急性胰腺炎，开始对胰腺炎的治疗。14日，从腹部CT判断为第4级的重症急性胰腺炎，开始对动脉内注射治疗。16日，虽然诊断为坏死性胰腺炎，但之后认为有改善倾向，于20日终止动脉内注射治疗。25日，从腹部CT检查观察到虽然胰腺炎病症有改善，但也因重症急性胰腺炎并发了胰腺假性囊肿。之后为患者所做的胆道光纤内窥镜、胆管造影检查皆未发现有残留的结石。

10月3日，医师从患者胰腺假性囊肿引流管的造影结果发现囊胞腔与主胰管相通，因此，从4日开始为减少胰液量及让囊胞腔闭锁，皮下注射Sandostatin。结果31日的瘘管照影显示囊胞腔为闭锁状态。2002年1月26日，患者再复诊时做了腹部超声波检查，发现胰脏尾部又有假性囊肿形成。

又患者的空腹血糖值于2001年7月4日时为143mg/dL，之后持续高于基准值，糖化血红蛋白值（HbA1c）从2004年8月19日到2005年1月8日间，在10.4%～11%间变动，之后呈持续升高状态，因此，患者在2004年10月23日被诊断为糖尿病。患者以胆结石清除失败引起糖尿病等后遗症为由，提出连同慰问金等共约4000万日元的赔偿要求。

判 决

法院指出外科医师实行的经胆囊管插管法为一般性的手法。至于在实施胆囊切开手术后仍无法清除结石的情况是罕见的。从该医师过去的案例来看，也完全没有像本案同样结果的案例。同时，医师取出结石的操作过程所花的时间比通常更长，在询问该医师理由时也仅得到"嗯……只能说是因为无法顺利取出的关系吧"，这样无法清楚说明原因的回答。由此看来，难以认定是因为本案结石清除手术本身的困难程度等，才导致了不得已的失败结果，因此，可认为是该外科主治医师因操作上的失误所导致的结果。

承上，医院方对一切因果关系等都未能做出具体的主张或提出证据，且从外科主治医师亦不能清楚说明当时的状况来看，虽未能查明具体事态，但仍然可认定"因操作上的失误导致胆总管结石嵌塞入胆总管下部"为造成手术失败的主因，因此，判定外科主治医师在手术的实施上有过失。

关于过失和重症胰腺炎之间的因果关系，法院判定重症胰腺炎造成胰腺组织相当程度的坏死。又从患者入院前空腹血糖值正常，及在 2004 年之后，血糖值和 HbA1c 值才持续处于非常高的状态来看，可推认患者的重症胰腺炎和糖尿病间有因果关系，因此，可认定手术的过失和患者的糖尿病间有因果关系，判定医院方支付剩余共约 2325 万日元的后遗症障碍慰问金（那霸地方法院 2011 年 6 月 21 日判决）。

解　说

简单来说，本案作为一般的手术，本应该能取到结石却失败了。法院仅以医院方无法明确作出说明这一点就判定医院方有过失，整体给人的感觉就是只要结果是坏的就问责，这样以几乎无法动摇的"结果论"所作出的判决，难以让人信服。

换句话说，在产生无法令人满意的结果时，必须分"原因论"和"过失论"来考虑。本案首先要分析胆总管结石嵌塞"是什么原因造成的"。大体上可分为：（1）执刀医师手术以外的因素；（2）执刀医师手术的因素（包括手术和手术外的因素有复合关系的情况）。本案因无法否定结石嵌塞和手术间的关联，因此，可以说是因为外科医师的手术问题。

在手术为要因的情况下，必须接着讨论该手术过程是否有过失。因无法保证医疗行为100%的成功率，所以，即使坏结果发生的可能性很低，也有一定程度的发生可能性，判定是否因此违反注意义务（有无过失），必须对上述手术内容是否符合当时的医疗水平作严密的判断。

但本案的法官以"因手术造成结石嵌塞的不良结果，因此有过失"这样简单的分析作出结论，不得不说这样的结论是粗暴的。要客观地确定手术过程是否违反医疗水平，不应以医院或医师的说明充分与否这样的理由直接作出结论。

本判决对这些重点的理解极为不足。如果要肯定有过失，就应该对"何种手术技术"等有更积极的认定，并指出其违反之处，不应该在完全欠缺这些的情况下就认定有过失。

Q&A
判决的关键

Q 有即使造成坏结果也未被推断为过失的判决吗？

 有的。例如患者为了清除胆结石在接受乳头括约肌切开术之际，产生十二指肠穿孔、后腹膜脓肿后因肺炎死亡的案例。青森地方法院认定因穿孔发生率极低，因此医院有过失（2005年10月4日判决），高等法院却认为穿孔有数百分比的概率，死亡率可达0.49%~1.4%，不能说是概率很低，因此，无法推断为因穿孔发生率极低所以有过失，驳回地方法院判决，驳回患者方的全部请求（仙台高等法院2008年1月25日判决）。又最高法院不受理患者方的上诉请求，因此，事件以患者方败诉结案（最高法院2009年5月8日判决）。

又在另一个案例中，患者被诊断为胃癌，接受胃全切除手术后却发现并非胃癌。法院亦以"仅仅依患者的病变结果并非癌症这点，在没有其他确实根据的情况下，无法直接推断有违反癌症诊断的注意义务"为由作出判决（东京地方法院2011年5月19日判决）。

Q 若外科主治医师或医院在诉讼中,对结石嵌塞的原因作充分的说明,判决会变得如何?

 黏膜表面长时间下来容易造成水肿,造成结石嵌入更深,判决文中记载了外科主治医师的证词:"因手术操作会有刺激性,且结石与水肿部位接触会导致结石无法取出的状况。"但可能因法官缺乏医学知识,故难以理解该内容。

顺带一提,大阪律师会医疗委员会对本案进行讨论后指出,"一般而言,有关外科的结石清除手术,因胆囊、胆管的内部(背侧)为胰腺,若硬要把深嵌入内部的结石取出的话,可能会伤及胰腺,因此,在手术上需要特别慎重。本案是在慎重尝试取出结石的过程中造成胆总管水肿,变成难以清除结石的状况的,因此,针对结石的取出困难等具体情况,若做出相对明确的说明,或许就能否定法官'有回避结果的可能性'的看法。反过来说,'未充分说明'这点就成为本判例中判决过失的关键点"(《大阪律师会月刊》2012年12月号第41页)。再说,内窥镜手术是通过监视屏幕进行远程操作的手术,原本就依赖直觉,若能对法官说明此事实,应该能加强法官的理解。

施行神经阻滞注射疗法患者产生后遗症，判定气管切开过迟

接受星状神经节阻滞术（SGB）的面部神经麻痹患者，因颈部和纵隔血肿导致气道狭窄，结果造成缺氧性脑病变的重度后遗症。法院判定医师气管切开过迟有过失。

（北泽龙也）

事件概要

76岁的女性患者于2004年11月30日，为接受左面部神经麻痹的治疗入院X医院耳鼻喉科。12月6日10时15分左右，患者接受麻醉科A医师为其施行的星状神经节阻滞术（SGB）。

患者于14时30分左右对护理师表示喉部有异常感，16时左右表示觉得颈部肿胀。B医师诊察过后发现有轻度肿胀，但未观察到血肿，使用喉头镜也未观察到声门部位肿胀。

18时左右，因患者表示"脖子非常肿"，耳鼻喉科的C医师进行诊察。颈部虽没有非常明显的肿胀，但左颈部有皮下出血和压痛感，右颈部和后颈部都有压痛感，因之前B医师做喉头镜检查未观察到异常，因此，暂时继续观察。

20时左右，患者再度询问"颈部的肿胀真的没问题吗？"此时从患者颈部可观察到右侧为轻度，左侧为中等程度的肿胀。21时患者强烈表达"水无法通过喉部，这样无法入睡，觉得呼吸困

难"，为轻度呼吸困难状况，医师进行诊察后发现颈部的肿胀情况比 18 时更加恶化，可观察到患者端坐呼吸及流涎，转换卧位时呼吸困难增强，且前胸部和背部均疼痛。

<u>C 医师做喉头镜检查确认患者咽后壁肿胀，声门部的后壁亦严重肿胀到无法确认两梨状窝的状态，显示呼吸道变得狭窄</u>，怀疑因 SGB 造成血肿，故预约 CT 检查。21 时 30 分左右，C 医师去电患者家中向家属说明状况。21 时 51 分左右，实施 CT 检查，确认从颈部到纵隔存在连续性的血肿，特别是声门部正下方的呼吸道变得狭窄。

22 时 30 分左右，耳鼻喉科的 D 医师进行诊察。在开通呼吸道确认声门后，因喉头镜可通过声门部位，故确立对血肿的处置方案为第一确保呼吸道畅通，若试行气管插管失败就必须执行气管切开术。

医院方除了对患者说明确保呼吸道畅通的必要性之外，还以电话联络了患者在家中的女儿。23 时 20 分左右，对抵达病房的患者的另一位女儿进行了说明。患者在 23 时 50 分左右进入手术室。当时患者仍可自行如厕，虽有轻度呼吸困难，但意识清楚，呼吸状况也没有太大问题。手术有 A、B、D 三位医师在场，0 时左右，A 医师开始使用全身麻醉的镇静药 Propofol，并在自发呼吸下试行右鼻腔的插管，虽然可确认声门，却因体动、反射、呼吸道狭窄，导致难以通过声门部位。

试行数次后，因左鼻腔仍无法顺利插管，改成经口插管，并从 0 时 20 分到 25 分左右增加 Propofol 的用药量，同时增加肌肉松弛剂 Suxamethonium 40mg。

A 医师虽然尝试经口插管，但喉头镜的刀片一接近声门附近的部位，就因剧烈的体动、反射等使软管无法进入。在以人工急救苏醒球施行氧气供给后，从 0 时 30 分到 35 分左右追加用药 Suxamethonium 30mg，并再度试行经口插管，但仍因同样的情形无法插入软管。

持续试行经口插管的同时，从 0 时 35 分到 40 分左右又追加用药 Suxamethonium30mg，但用药 2 到 3 分钟后，原本进行供氧的氧气袋突然变硬，发生供氧困难，接着患者出现心率减慢，陷入无法测得血氧饱和度（SpO_2）的状态。医师之后虽在 0 时 45 分左右改施行气管切开术，并在气管切开术开始 5 分钟后的 0 时 55 分左右插管，但患者仍未恢复意识。

判 决

患者家属对 X 医院的开设者提起诉讼。诉讼的争议点之一是医院方有无违反关于确保呼吸道畅通的注意义务。

东京地方法院于 2012 年 1 月 26 日的判决中，考虑到以下两点：（1）在 6 日 22 时 30 分左右，从喉头镜仍可轻松通过声门部位，且当时仅为轻度呼吸困难的状态来看，并非是紧急而需分秒必争的状态；（2）之后也并未有症状明显恶化的状态。因此，以当时的状况来说，虽然期望能尽早进行确保呼吸道畅通的手术，但医师在对患者及家属进行说明后的 23 时 50 分左右，才着手进行这点不能说不适当。

法院也指出，因血肿造成呼吸道有进行性狭窄的倾向，难以想象血肿有缩小的可能，亦可能产生窒息或有血肿急遽恶化的危险性。虽不能说是分秒必争的超紧急事态，但在时间上也不该犹豫，应作为紧急事态来处理，从 0 时左右就应该开始做相关处置，负起确保呼吸道畅通的注意义务。

因此，医师们应根据患者的状况及医师的技术、设备等状况，对继续进行插管操作的成功可能性或危险性及选择气管切开术的不利因素等作比较，<u>有至明显无法继续进行插管操作的状态时，就应立即实施气管切开术的注意义务</u>。

承上，在第一次给患者用药 Suxamethonium 后，因体动等导致经口插管失败时，就应评估为几乎不可能进行经口插管的状态。

此时可明确判断经口插管成功的可能性很低，应考虑改为实施气管切开术。在第二次用药 Suxamethonium 后，从软管无法进入可判断之后即使继续进行经口插管也几乎没有成功的可能性，应放弃插管改为实施气管切开术，但医师又进行了第三次 Suxamethonium 的用药。因此，认定在此时间点有延迟实施气管切开术的违反注意义务事实，且与后遗症间有因果关系，判赔 5800 多万日元的损害赔偿金。本案被告方虽提起上诉，但被驳回。

解　说

　　本案患者在接受 SGB 后产生颈部肿胀恶化，在患者表达轻度呼吸困难并确认呼吸道狭窄后，确保呼吸道畅通的时机——特别是由气管插管改为气管切开的时机，成为判决的重要事实。依此状况分析，案件本身有高度的个别性，<u>对医师所要求的注意义务，必须在考虑造成气道狭窄原因的疾患、患者症状的具体情况及根据这些事实所能预期到的病情发展过程等才能做出判断</u>。

本案有关医师的注意义务，用一般的医学文献直接作为参考有一定的困难，因此，法院选定三位专业医师担任提出第三者意见的鉴定人，并以在法庭上口头叙述鉴定意见的"研讨会"方式实施。

被告医院的医师虽然根据 CT 检查及 22 时 30 分左右采用喉头镜检查的结果，确立了若施行气管插管失败就必须执行气管切开的治疗方案，但进入手术室时已是 23 时 50 分。22 时 30 分左右的状况判断为本案判案所考虑的重点之一。

在诉讼过程，虽然原告方主张 22 时 30 分左右，医师有确保呼吸道畅通的注意义务，但判决结果指出，从患者的症状程度等来看，在对患者及家属进行说明后的 23 时 50 分左右才着手进行这点不能说不适当，但由于之后处于时间极为有限的状况，因此，有确保呼吸道畅通的注意义务。

因此，关于由气管插管转换为气管切开术的时机，法院判定基于"有至明显无法继续进行插管操作的状态时，就应立即切换为气管切开术的注意义务"，从具体的经过来看，应该不要进行第三次的 suxamethonium 用药，立即转换为气管切开术。

在有侵入性更低的方法可选择的状况下，气管切开术可以说是最后的手段。从这方面来看，认定在什么时间点有应该实施气管切开术的注意义务，可以说是非常微妙的。这是医师身处紧急状况下所做出的极限判断，因此，应对改为气管切开的合理时机做出判定。通过这样的案例，我们更清楚地认识到，在需要确保呼吸道畅通的情况下，与时间赛跑的同时，也应当对是否为可能继续进行插管操作的状况，做出确切的判断。

Q&A
判决的关键

Q 通常使用喉头镜插管超过3次，10分钟以上的情况，可能被定义为"插管困难症"。在考虑转换实施气管切开术时，是否能以这样的基准做判断？

A 在关于延迟转换实施气管切开术的诉讼中，这样的文献数据曾被作为判断的证据提出。但事实上插管困难与否，应该以个别案例的具体状况来判断。本案亦未以插管次数及所需时间这样的标准作为认定理由。

Q 除了因SGB后造成血肿以外，有其他关于呼吸道狭窄治疗的诉讼吗？

A 常见的是急性会厌炎。患者的状况常是来医院急诊或在诊所被诊断为感冒、喉头炎、扁桃腺炎等，但回家后或在急诊输液留观时，病情发生急遽变化。急性会厌炎的病程进行得很快，最重要的一点是刚开始时是否能对此存疑，因演变成必须确保呼吸道通畅的紧急程度极高，需要在短时间内做出确切的判断。

25年前做的手术中遗留纱布，
法院否定医院方追诉期已过之主张

接受胃切除手术的患者，术后腹腔中残留纱布，在25年后接受其他手术时才发现。被告医院方主张患者的损害赔偿请求权时效已过，但遭法院驳回，命其赔偿约1100万日元。

（田边升）

事件概要

患者（24岁）于1983年因十二指肠溃疡于A医院接受Billroth I式胃切除手术。2008年时为了对血尿进行精密检查，在接受腹部CT造影时，发现与脾脏接邻处有肿瘤性阴影，故至另一家B医院接受开腹手术，切除肿瘤及脾脏。在此之际才发现<u>当年A医院在为患者手术时忘了取出腹腔中留置的纱布，并产生与脾脏愈合的情况</u>。

患者自从在A医院接受手术后换过各式各样的工作，于2008年手术后被公司解雇，因此，对A医院提出10年约1亿2379万日元的损害赔偿要求。

患者方主张在A医院接受胃切除之际留置的纱布，因与脾脏、横隔膜等愈合，对肠管造成压迫，导致持续性下痢等，丧失了56%的劳动能力。加上在B医院接受脾脏切除后全身产生倦怠感，又丧失了20%的劳动能力，因此，提出了约9000多万日元的逸失利益要求。关于慰问金方面，亦提出了比死亡情况下高出甚多的 3000 万日元的要求。

诉讼的争议点除了患者的症状和留置纱布间的因果关系外，另一点为手术后经过 25 年才发现纱布，追诉时效是否已过。

患者方所主张损害赔偿的根据为：（1）A 医院术后在患者腹腔中残留止血用纱布违反债务不履行义务（《民法》第四百一十五条）；（2）因残留纱布的过失所导致的不法行为（《民法》第七百零九条）。

A 医院以基于胃切除的债务已履行，且从手术开始至时效结束的 10 年期间已过，因此，患者方所主张基于债务不履行的损害赔偿请求权时效已过（《民法》第一百六十六条第一款中，一定期间内若没有行使权利即无效）。对于不法行为的请求权部分，同样也因从行为当时到现在已经过了 20 年已上，超过《民法》第七百二十四条所示的除斥期间（至权利消灭为止），因此，主张权利已消灭。对此，患者方主张有关债务不履行及不法行为的请求权的时效及除斥期间，皆应从发现纱布的时间点算起。

判　决

患者方提供了急诊医学教授的意见书，主张因纱布刺激肠管造成持续性的下痢等症状，但法院根据患者的体重从 1983 年到 2008 年间持续增加，最近就诊的医疗机构处之诊疗记录中记载排便为一日一回，在 B 医院所做的手术可见纱布未与肠管愈合，且实施脾脏切除前使用大肠内窥镜也未见异常等事实，<u>未采信原告有关因持续下痢造成劳动能力丧失的主张</u>。

法院认定脾脏切除使患者劳动能力丧失了 9%，以丧失期间 17 年计算逸失利益为近 700 万日元，又慰问金为 300 万日元，律师费为 100 万日元。

针对侵权行为请求权的除斥期间，法官引用了 2006 年 6 月 16

日最高法院第 2 小法庭判决（民事诉讼集 60 卷 5 号 1997 页），说明加害行为时间的持续，<u>本案从事故日开始到提起诉讼为止已经过了 25 年</u>，判定超过除斥期间。但是，<u>基于债务不履行的请求权的时效应"自可行使该权利时起算"（《民法》第一百一十六条第一款）</u>，上述"可行使该权利"这点在法律上并非抽象的，引用 1970 年 7 月 15 日最高法院大法庭判决（民事诉讼集 24 卷 7 号 771 页）"在权利的性质上，应从实际上可行使该权利时（<u>本案为患者于 B 医院接受脾脏切除术，知道纱布留置之际</u>）起算"，因此驳回医院方时效已过的主张（东京地方法院 2012 年 5 月 9 日判决）。本案之后于东京高等法院达成和解。

解　说

比起其他因交通事故切除脾脏的案例，本案患者方提出的赔偿金金额异常高，因此，法院会怀疑患者提起诉讼的意图。

经常可见手术过程中忘了取出纱布，将纱布留置患者体内，经过数年才发现的报道，但不幸中的大幸是大部分事件都未对患者的健康造成特殊危害，皆在医疗机构支付适当金额的赔偿金后落幕。本案亦如同判决内容，实际上并未对患者造成严重的伤害，不禁让人感觉患者方的律师和出具意见的医师有过度夸大事实之嫌。

也因这类事件很多，甚至有年代久远，搞不清楚是在哪家医院进行手术的案例。因手术记录本或病历早已不存在，在没有记录的情况下，很可能就轻易接受了患者的诉求。

根据案例的不同，亦有像本案患者这样将所有身体不佳的状况皆归因为遗留物所致，并以此提出巨额和解金要求的情况。医院方轻易承认了手术遗留物，却在患者提出巨额和解金要求时因吃惊而拒绝。之后患者提起诉讼时医院方只好主张时效已过，结果只好承认该债务，像这样粗糙的应对方式经常可见，因此，必须对此进行慎重的判断。

本案经常出现"时效"和"除斥期间"这样的名词，这两者都是以时间为要件，与权利行使有关的问题。"时效"指在一定期间内未行使权利，该权利就会无效。"除斥期间"为应该行使权利的确定期间。共同点为经过一定期间权利就会无效。

不同之处在于期间起算的点。① 举例来说，债务者承认债务之际，债权者提出诉讼之际，或进行调停之际，时效可"中断"。但调停不成立时，限于债务人不承认债务的情况，从不成立时算起，一个月内若未提起诉讼就不能保留对时效的"中断"。当事人提起诉讼（主张自身利益）是必要条件，也就是说，要"中断"时效，必须在提出要求的 6 个月内提起诉讼。

---

① "时效"自权利可行使时起算，有"中断"或"不完成"之规定。"除斥期间"自权利发生时起算，为不变期间，除法律另有规定外，自权利发生时起算，并不得延期。

"除斥期间"的目的是为了能快速确定纷争中的权利关系，是经过一定期间权利即消灭的制度，因此，期间的进行不得中断。可说无关当事者的意思，只是作为法律上认定之用。

更进一步说，期间长短也有所不同。一般来说，"债务不履行"的时效期为从"可行使请求权时起算"10年，"不法行为"的时效期为从"知道损害或加害者时起算"3年。另外"除斥期间"如同本案引用之最高法院判例，为"自该行为发生时起算"20年。

顺带一提，诊疗报酬中对患者负担部分的请求权的时效为3年（最高法院2005年11月21日第2小法庭判决，《民事诉讼集》59卷9号2611页），因此，对于患者滞纳的情形，在第二年半年左右的时间内就应在记载支付义务的书面文件上取得患者签名，但即使记载了支付期也无法强制执行，仍需提起诉讼，因债务有时效中断的问题，所以，就算再经过两年提起诉讼仍有效。

又以刑事案件的时效来说，例如因业务上过失致死的案件，依《刑事诉讼法》第二百五十条按患者死亡与否的条件区分为死亡时10年、死亡以外5年。

Q&A
判决的关键

Q 医院若一直保留着病历,以往做的手术可能会成为问题。法定的义务保管期为 5 年,5 年期满,是不是马上作废比较好?

A 这样说也有道理。在血液制剂造成的肝炎事件中,虽然有"留存旧病历在患者救济上是重要的"提议,但倘若是在很久以前接受了普通的诊疗,事后被判定是问题诊疗的情况,从救济的必要性来说(留存病历)并不能说是重要的。

以往医疗机构依照《医师法》规定保管病历 5 年,即使是敏感的诊疗信息也认为应该保留。考虑到持有这些敏感的诊疗信息的危险性,只要保存期一过,就立刻作废或清除,可以说是明智之举。身为医疗从事者,并不认为 20 年前的病历有能在现在诊疗时派上用场的机会。

Q 留置纱布这样的过失,赔偿金额一般来说是多少呢?

大致上没有残留特殊症状,于日后取出纱布的案例赔偿金额约为 200~300 万,最高 500 万日元。若残留手术针等可能会稍微高些。但需注意的是,若时效不会成为问题,也就是立即被发现(5 年以内)的情况,有可能会演变为刑事案件。警察或检察官即使看到"手术时切断动脉"也未必会认为手术做得乱七八糟,但只要有残留纱布这类事情,就马上会认定是重大过失,对此医学会应该有所坚持,并推动免责条款的设立。

在关腹前探察有无纱布残留时,有诱发涌出性出血的危险。在清除纱布之前也应对患者说明这点,另外也必须在指南中记载关于并发症的内容。

因"病历的记录不自然"，产科诉讼中医师方败诉

新生儿因心脏疾病死亡，双亲对妇产科诊所提起诉讼。是否篡改了病历成为主要的争议点。法院判定"病历记载的内容极缺乏可信度"，判令医师方支付损害赔偿金。

（石黑敏洋）

事件概要

2007年5月1日，原告A于怀孕后至医疗法人B会经营的妇产科诊所就诊。在怀孕过程中接受B会的代表人C院长和D副院长的诊察和健康检查，皆未说明胎儿有异常。

9月29日上午2时13分，A在C院长的协助下产出胎儿E。E在10月5日出院前接受了新生儿诊疗，出院后亦在同诊所复诊。

同年的11月5日晚上，E出现大量呕吐母乳、体温低的情况，第二天（11月6日）早上5时，<u>当A试着抱E哺乳时，E呈现全身无力、无反应、呼吸停止的状态</u>。虽紧急送至F医院急诊，仍于上午7时01分死亡。

东京都监察医务院对遗体进行解剖，发现直接死因为短时间内发生的急性左心功能不全。原因是已发病一个月时间以上的主动脉瓣、二尖瓣狭窄及闭锁不全。

检案书记载：心重量 43g，为接近标准 2 倍的重量，从横断面来看，右心室肥大；左心室内侧有内膜的纤维增生，心肌细胞空胞变异；残存坏死的心肌纤维、小血管周围纤维化、瓣膜纤维化、肥厚。E 的双亲以下述主张对医疗法人 B 会提起民事诉讼：（1）因诊疗上的过失未发现 E 从出生之后不久即出现的主动脉瓣狭窄症；（2）在 E 出生满一个月做健康检查时未能对体重增加不良等全身症状恶化的状况有所掌握，从而作出心脏疾患的诊断，且有将 E 立即转送至专科医院接受适当治疗的必要，对此有怠忽之责。E 的父母更加主张院方曾两次篡改病历，对 B 会提出基于债务不履行及不法行为的损害赔偿要求。

对此被告 B 会反驳原告所主张的篡改病历是"绝对不可能"的。关于 E 的死因，则表示是因主动脉瓣狭窄症产生的心室颤动以致猝死，否认在 E 出生后的诊察或一个月的健康检查时，曾发现有心杂音等异常，所以主张要怀疑有心脏疾患是有困难的。

判　决

东京地方法院否定了病历的可信度，并参照解剖所见，认定如果仔细听诊应可诊断出主动脉瓣狭窄症，并对 E 全身症状恶化的状况有所掌握，且应该将 E 立即转送至专科医院，因此，认定负责医师违反注意义务。基于债务不履行及不法行为，判其支付约 5800 多万日元的损害赔偿金（东京地方法院 2012 年 10 月 25 日判决）。

在判决中作为前提的有关病历的可信度问题，法院指出，"在详细检查医院方所提供的病历后，认为病历中有相当多不自然、不合理之处"，基于此，暂且不论被告是否有篡改意图，这部分内容的可信度都是极为缺乏的，在对本案做判断之际不应将该部分置于重要地位。

对此法院的着眼点为：（1）关于原告所主张 C 院长在 E 的

病历中的疑似篡改之处，与相近时期母亲 A 的病历内容做比较，发现在基本的记载方式上有极大的差异及不自然之处。（2）此部分对比繁忙的妇产科医师所作的其他病历记录来说，以极为仔细、易于判读的字体做详细记载，予人格格不入的感觉。（3）在给 E 所做的出生一个月的健康检查中，D 副院长虽然认为有体重增加不良的异常情况，却未记载在病历上；C 院长虽表示该记录是事后听取 D 副院长以口头或电话中所描述的诊察内容所做的记载，但对照当时的状况可以说是不自然的。（4）对照同一时期记载的亲子手册上的孩子出生一个月的健康检查栏的内容，亦缺乏一致性。

特别是关于第一点，在 E 的病历中，疑似篡改之处，几乎全以日本语记载，并以很小的字体整齐地写在画线的行间；比起在母亲 A 的病历中以德语或略语为主，以极为简单的方式书写的记载方式，其差异之大可说是"一目了然"。

因此，法院认为无法采信疑似篡改之处的记载。法院基于解剖观察的结果做出这样的判示："E 的主动脉重度狭窄，经一段时间后发展为心肌及心内膜面肥厚及纤维化，主动脉狭窄产生的症状亦随时间的因素逐步显现，导致出现低心排出量综合征、心功能不全等症状，以致死亡。这样的推论是合理的。"

关于能否诊断出来这点，主动脉狭窄及心功能不全等产生的症状有程度上的轻重，随时间因素会产生相对的症状。即使是经验尚浅的医生，<u>只要在实际听诊时能认真听取有无心杂音，就应该能听出异常，并诊断出主动脉狭窄的病症</u>。

对此法院判定医疗方懈怠诊断义务，最迟也该在 E 出生后一个月的健康检查时，对体重增加不良等其他全身症状进行精密观察，对全身恶化的状况有所掌握，作出心脏疾患的诊断，且有将 E 立即转送至专科医院接受适当治疗的注意义务，因此，医疗方有怠忽诊断及转送之责。

有关因果关系，法院作出如下结论："在 E 出院时，若医疗方诊断出 E 患有主动脉狭窄症，可以肯定地说挽救生命的可能性很高，在 E 出生后一个月的健康检查时，虽可推测比起出院时挽救生命的可能性减小，但考虑到至死亡还有一周的时间，可以肯定仍有相当程度的挽救生命的可能性。"

解　说

一般来说，有关医疗诉讼的讨论是以客观的数据为前提的，在得到相关人员的意见后，对照医学上的定论，来判定该诊疗行为是否符合当时的诊疗水平，因此，病历记录以其数据的客观性扮演着相当重要的角色。本案被告方认为"从病历来看，没有可认为是异常的记载"，主张 E 是因心室颤动猝死，该死亡是不可抗的。因此，病历的该部分记录有无篡改之虞就成为最大的争议点。

法院针对病历中有问题的部分，比较同一时间 C 院长在 E 的母亲 A 病历中有关的记录，及被告方所提出的 C 院长所做的乳儿病历等记录，仔细研讨了记载形式及内容的合理性。

如前述，法院认定该部分有许多不自然、不合理之处，暂且不论被告是否有篡改意图，该内容的可信度都极为缺乏。在对本案做注意义务的判断之际，不应将该部分置于重要地位，因此，当法院在对是否违反注意义务进行研讨之际，解剖观察结果就成为受重视的部分。

对此，法院基于解剖结果，认为 E 因重度的主动脉狭窄，经时间原因进展为低心排出量综合征、心功能不全等症状，最后致死亡，这样的推论是合理的。在此过程中应可凭借听诊及对全身症状的观察做出适当的诊断，因此，驳回被告有关 E 猝死的主张。

在医疗实务上，常有诊察后补充记录病历的情况，但在这种情况下不要轻率地做补充，对于在何时、以何种理由需要补充记录这点也应该明示。如同先前所述，病历极为重要，一旦被怀疑有篡改病历之嫌，即使是正当记载的部分恐怕也会被认为是有问题的。

本案医师方虽然不服判决提起上诉，但东京高等法院驳回了上诉。医师方提起申诉，最高法院亦于 2014 年 3 月决定不受理该申诉，判决生效。

Q&A
判决的关键

 经常有因篡改病历而发生的诉讼吗?

 的确处理过很多这样的案例,也遇到过感觉"很奇怪啊……"这样的医疗记录。律师大森夏织氏对以往的妇产科诉讼判例进行分析,结果发现"在 43 个对象(45 个判例)中,有约 14%,也就是 6 个判决认定有『篡改』医疗记录的行为。可见有关妇产科的医疗诉讼『篡改』的比例很高,显示了该科事故所隐含的特征"①。

 为何本判决未清楚指出病历被篡改,仅用"可信度极为缺乏"这样的说法?

 从法院方面来看,虽然似乎有明确认定本案有篡改病历的可能,但本判决却以"暂且不论被告是否有篡改意图"这样的说法,对篡改病历之实的确切判断持保留态度。

因本案并非可进行强制搜查的刑事案件,也没有所谓的"自白",对篡改的确切范围或时间、手法等也并不明确,但即使没有直接认定为篡改,只要明确区分"证据价值"的有无,且有其他可作为判断有关民事诉讼的损害赔偿要求正当与否的充分的证据就足够了。在另一个案例中,固定来院复诊的精神科患者,因过量服用镇静药物而死亡,大阪地方法院在 2012 年 3 月 30 日的判决中提到,"认定上述各病历记录中所附加的内容有篡改之实",判定为有意图的篡改。

---

① 节录自医疗问题辩护团 2008 年出版的《分娩事故判例分析——从判例中学习事故原因及预防再发的对策》(2008)。

有关动脉穿刺的医疗纠纷，法院判定医师有过失

因抽血接受右鼠蹊部大腿动脉穿刺的患者主诉疼痛，之后亦残留后遗症，因而对医院开设者提起诉讼。是否有强烈疼痛或神经损伤成为本案的争议点，最后，法院认定医师有过失，判其赔偿。

（桑原博道）

事件概要

2010年5月30日夜晚，主诉胸痛和呼吸困难的患者A（当时为35岁男性）至B市立医院就诊。当班的C医师为患者实施了血气分析检查，进行了右鼠蹊部大腿动脉穿刺。

当时注射针的根部已几乎完全刺入但仍无法抽到血。A表示当时"全身好像有蚯蚓爬过一般的麻痹疼痛感"，瞬间身体不由自主地站起来，同时感到"很痛"。C医师再将针头抽回至接近皮肤的地方，微调后再度刺入注射针，并顺利抽到了血。A在抽血后问C医师："真的很痛，通常会这么痛吗？"

第二天，5月31日，A至B市立医院内科就诊，主诉无法遏止的胸痛、步行困难等，穿刺部位亦有压痛感，并表示"造成疼痛的原因可能是昨晚的穿刺"。

该日A也至B市立医院的整形外科就诊，主诉"抽血时非常疼痛，虽然是这样还是忍下来了。之后穿刺部位的周边产生疼痛，

长时间步行后,整个右下肢都变得麻痹痛苦"。

对此该科的 D 医师因无法确诊便在病历中记载有针尖擦过大腿神经的可能性,可能因此造成些微的神经损伤或断裂,并诊断为"右下肢末梢神经障碍"。同日实施了 MRI 核磁共振检查,并未观察到有穿刺后的假性动脉瘤或血肿形成。

A 于 6 月 3 日至他院的整形外科就诊,主诉在对右鼠蹊部抽血之际,感到右足上方有疼痛感,以致右足无法着地。该科的 E 医师认为,针刺入时足部上方的疼痛感为刺入部位的"Tinel sign"现象(当产生障碍的末梢神经干在遭受压迫或敲打时,神经所支配的皮肤区域会有瞬间放射性的麻痹或疼痛感),诊断为右大腿神经损伤。

判 决

A 以 C 医师违反大腿动脉穿刺抽血手法上的注意义务(过失),对 B 市立医院的开设者提起约 400 万日元的损害赔偿诉讼。对此仙台地方法院于 2013 年 2 月 14 日判决 C 医师有过失,判其支付约 375 万日元的损害赔偿金。

争议点之一,是否真如患者所述有强烈的疼痛感?在诉讼中,被告方基于 C 医师的证词内容,主张最初刺入时的疼痛,仅止于动脉抽血时的普通程度。

针对此点,法院判断原告方所主张的剧烈疼痛实际上是存在的。

关于该理由,首先举出的是原告对穿刺时疼痛感的表达方式。最初刺入时,A 表示"全身好像有蚯蚓爬过一般的麻痹疼痛感",这样的描述可以说是独特的,不像是编造的,可以理解是因感受到电击般的强烈麻痹感,以自己独有的表达方式做出的具体陈述。

其次,法院指出 A 供述的内容前后是一致的。加上 A 在本事件发生后，因产生后遗症被现在的公司解雇了。

如果实际上神经未受到损伤，却以虚伪的供词让自己遭受解雇，这实在让人难以想象，因此法院认为A所主张的剧烈疼痛实际上是存在的。

被告方在诉讼中途曾改变主张，也对法院的判决产生影响。被告方当初主张A在抽血时没有主诉任何疼痛，对此，被告方提出的证据为，当时在场的护理师F所作出的书面陈述书中有"抽血时未表示疼痛"这样的内容，但护理师F作为当时最能掌握客观情况的人士，却在对方提出申请证人作证时，未现身法庭。

之后被告方虽提出C医师作出的书面陈述书有"虽然抽血时有表示疼痛，但为经常可见的程度"的内容，但法院依上述经过等来看，认定C医师的说法不可信，被告主张不采用。

有关神经损伤及过失的有无问题，法院判决认定C医师有违反注意义务的过失。法院指出因抽血的手法产生剧烈疼痛，之后其神经支配区域亦有麻痹感及疼痛感，只要没有其他原因，就可认为是神经受到损伤。

对在大腿动脉上抽血来说，因血管较粗，所以只要能将针从感受到血管跳动的部分垂直刺入，可以说穿刺是很容易的；和对上腕动脉抽血的情况有所不同，在一般的医学文献中，并未记录关于大腿动脉抽血可能导致的神经损伤并发症。依上述内容，以对大腿动脉抽血的手法来说，只要能将针从感受到血管跳动的部分垂直刺入，就可以有达到应有的手法上的注意义务，几乎不会造成大腿神经的损伤。

虽说如此，本案件最初医师用针刺入时A表示有剧烈的疼痛感，且从抽血后的第二天，就产生了右足疼痛麻痹的后遗症。之后医师亦诊断是因穿刺产生的右大腿神经损伤。由此可认为，C医师有因抽血造成右大腿神经损伤的事实。

关于C医师的手法问题，法院指出以针头未完全拔出，在抽回至接近皮肤的地方进行微调整后再度刺入即可顺利抽到血的事实来看，即意味着就算不用变更刺入之处，只要当初是垂直刺入的就应该可以成功抽到血。反过来说，可认为 C 医师最初刺入注射针时未正确触知大腿动脉的跳动部分，且未将注射针垂直刺入，在最初刺入时有违反与大腿动脉穿刺相关的注意义务（过失），故作出这样的结论。

解 说

如同这次介绍的案例，因抽血造成神经损伤的医疗纠纷可以说是层出不穷。本案的重点为：（1）患者这种"疼痛"或"麻痹"的主观的感受，是否真能相信？（2）确实造成了神经损伤吗？（3）医师抽血的手法技术确有过失吗？

有关第一点，如患者主诉的内容与神经损伤之际产生的痛感（电击痛等）有所出入，或抽血时或抽血之后不久未主诉症状，患者在诉讼中供述的内容前后缺乏一贯性的情况下，就无法采信患者的说法。本案件的患者供述身体因疼痛不由自主地起身，在这种情况下假使将针头拔出，重新插入后再抽血是否可行？关于这

点判决书中并未提及。

有关第二点，要针对该神经的支配区域和出现症状间的整合性、肌电图检查结果、有无"Tinel sign"现象等来作判断（关于其他医师作成的诊断书的处置将在 Q&A 部分详述）。

有关第三点，依实际上医师实施了怎样的手法技术来决定。本案件中法院基于若"垂直刺入"就应该可以从大腿动脉抽到血这点，以最初的穿刺无法抽到血，在针持续刺入的状态进行微调后即可顺利抽到血来看，认定最初的穿刺"并非垂直穿刺"。

这样的判断或许在逻辑上是对的，但无视了医疗上的不确定性及个别性，因此可以说，诉讼是逻辑上的战争。能够意识到这点，在诉讼情况下，身为被告的一方，练就这样一致性的逻辑推理是有必要的。

Q&A
判决的关键

 "因抽血造成ⅩⅩ神经障碍",提出整形外科医师的诊断书作为证据,法官会如何处置呢?

对法院来说,很可能会作出"是专业的整形外科医师作出的诊断,因此,应该是事实吧"这样的判断。但在这样的诊断书中,不只未实际进行肌电图检查,也未充分探讨该神经的支配区域和症状间的整合性,对患者所述抽血时的状况照单全收,不禁让人觉得是完全依照患者要求记载下来的内容。

当整形外科医师被要求作诊断书之际,应该考虑到诊断书会对诉讼带来极大的影响,所以应慎重地选择表达方式。

 对医疗者来说,若患者方没有主诉疼痛等,通常不会记得抽血时发生的事,也不会留下记录。这样是否会造成关于抽血时发生的事,最后全认定为患者单方面说法的结果?

不会这样的。当然若在抽血时或抽血之后不久,患者有主动表达的情况,趁着记忆清楚时详细留下记录是必要的,但若患者没有特别说些什么,没有记录或记忆也是很自然的事。以前的判例中曾有虽然医疗方对抽血时发生的事有记忆,但在诉讼中却有证词反复的问题,结果演变为法官改为采信患者方证词的情况。

使用抗癌剂后患者猝死，医师被判定无过失

子宫癌术后患者，在二次使用抗癌剂后因过敏性休克猝死。患者家属以首次给药后已产生药疹，但仍第二次给药，主张医师有过失，并提起诉讼，但法院最后判定医师无过失。

（蒔田觉）

事件概要

患者 A（当时 61 岁）于 2010 年 1 月 29 日为治疗子宫癌接受了子宫全切除手术。X 医师根据病理组织检查结果，判断有淋巴管及静脉浸润的情况，认为适合采取并用 Paclitaxel+Carboplatin 的 TC 疗法，并对 A 作出以下说明：（1）最好做化疗但有副作用；（2）虽然可能性很低，但仍可能产生重度副作用；（3）亦有 1% 的人因使用抗癌剂死亡。医师虽然说若站在患者是自己家人的立场上会希望他接受抗癌剂的治疗，但最后接受与否仍交由 A 自己作判断。

在和家属会谈后，A 决定不接受化疗。X 医师询问理由时，A 表示是因为没钱。对此，在对转介社工、对相关医疗费用减免制度及手续等问题进行说明后，A 决定接受治疗，于 3 月 13 日入院。

同月的 16 日，TC 疗法（第一疗程）开始，之后于 24 日患者的前胸部及两腕有出疹情况，24 日同院的皮肤科接诊后诊断为湿疹。皮肤科医师向 X 医师表示，无法清楚确认湿疹是因使用

Paclitaxel 而造成,因此,若在化疗之际再度出现皮疹的话,可并用抗过敏药持续进行治疗。

28 日后,出疹状况改善。基于 TC 疗法为第一选择,保守估计并无急性过敏反应,且皮疹可用类固醇或抗过敏药进行治疗,综合以上几点后,医师决定于 4 月 14 日开始 TC 疗法第二疗程。

在同日的 10 时 02 分左右,患者在使用 Paclitaxel 后,出现过敏性休克症状,于 10 时 07 分左右按呼叫铃表示"无法呼吸"。在实施人工急救苏醒球直接供氧、注射 Bosmin、气管插管,以及心脏复苏措施后仍不幸死亡。

对此,患者家属方提起损害赔偿诉讼,原因如下:(1)违反说明义务;(2)于第二疗程仍使用 Paclitaxel。

关于第二点,Paclitaxel 药物说明书(2010 年 1 月改订)的"警告"栏中记载,"对于发现有重度过敏症的病例应不要再使用","禁忌"栏中亦提及"有过敏史的患者"。原告因此主张 A 的出疹是对 Paclitaxel 过敏所致,应该视为禁忌,不宜再给药。对此医院方提出反驳,认为考虑了药物说明书中"禁忌"栏中所提及的过敏症及"警告"栏中禁止再给药的"重度过敏症"的意思,A 的皮疹症状非为重度的,因此,再给药的判断并未有误。

判　决

本案有诸多争议点,大阪地方法院于 2013 年 2 月 27 日判决,驳回患者方一切请求。法院的判断如下。

关于有无违反说明义务的问题,法院指出,虽然医院方对抗癌剂的使用目的或效果以外的其他危险性亦有说明的义务,但就"接受治疗与否"这点来说,一般而言,只要针对患者"必须要考虑"的内容作出说明就足够了。本案件没有必须针对个别的重度副作用作出说明的特别情况,<u>因此,不认为有"产生过敏性休克的副作用,且有因此致死的可能性"这种程度的说</u>

明义务。

关于医师表达接受抗癌剂治疗是适当的这样的意见,并借此希望说服患者接受治疗这点,亦不应该被责难。在自己的患者表示不愿接受抗癌剂治疗的情况下,听取该理由可以说是适当的处置。

更进一步说,不能认为 X 医师等人故意再度给药使重度休克症状的危险性增大,产生这样的结果只能说是无可奈何的。况且既然已经对相关的危险性作了一般程度的说明,因此不认为在再次给药之前,又有重新说明发生重度休克症状的可能性的义务。

关于第二疗程仍使用 Paclitaxel 的情况,法院基于当时临床医学实践的相关医疗水平,判定有其合理的理由,不应基于药物说明书的记载作过失推定,也不能说有避免再给药的义务。

法院举出下列根据:(1)患者的皮疹是在使用 Paclitaxel 超过一周后才产生的,因此,皮肤科才会诊断为湿疹,判断可再给药;(2)假设真为 Paclitaxel 所产生的药疹,作出并用类固醇后

仍可再给药这样的判断是有其根据的；（3）可将药物说明书"禁忌"栏中所提及的"有过敏史的患者"，明确解释为"若发生'重度过敏症'的情况禁止再给药"，该解释是有其根据的；（4）皮疹并非所谓的"重度过敏症"；（5）就算真的是延迟性的过敏反应，从医学上来看，也不能说再给药之际，就必定会产生急性过敏反应。

关于第三点，法院嘱托 Paclitaxel 的制造商进行调查，得到禁忌栏的"过敏症"所指的"不光是和休克、过敏同样的症状"，尽管法院依此判定医院方所主张的"过敏症所指的是重度过敏症"是有其根据的，但这点仍受到关注。

关于 Paclitaxel 给药后的处理问题，因异常发生后，患者立刻按动呼叫铃，可推认假使护理师当时正在病房，经过观察仍无法证明有能够避免造成死亡结果的高度可能性（因果关系）。

解　说

关于基于诊疗契约的医师说明义务，从过去的判例来看，只要没有特殊情况，应该对以下情况进行说明：（1）该疾患的诊断（病名和病状）；（2）预定实施的治疗方案；（3）治疗伴随的危险性；（4）其他可能选择的治疗方法，该内容及利害得失；（5）预后等情况。本案件中有关第三点的判定，针对发生频率低的重度并发症危险性，只要作概括性的说明就足够了。

只要对死亡或重度并发症危险性作概括性的说明，就算不了解具体的细节，患者方也应该可以依此作出接受治疗与否的决定。太过细微的说明不仅会增加医疗方的负担，恐怕也会引起患者的混乱。针对发生频率低的重度并发症，实际上只要作出某种程度上概括性的说明即可，若有对此特别在意的患者质疑的状况，医疗方可再进行补充说明。

最终还是要站在尊重患者自己决定的立场上，在决定的过程中，身为专业人士的医师可对此提出相关建议或进行说服等，但要让患者有深思熟虑的机会，切实保障患者的自己决定权。

本案件法院判定医师希望说服患者接受治疗的行为是适当的，并未侵害患者的自己决定权。基于说明的当时无法对将来作确实的预测，认为医师在期待能朝着更理想的方向进行说服这点，不应予以责难。

本判决认定<u>在药物说明书上虽记载了不能对有过敏史的患者使用，但这并不意味着不论过敏症的情况或程度一律禁忌</u>。

关于有无过失则依"基于当时临床医学实践的相关医疗水平"来作判断。虽然在1996年1月23日，最高法院判决（所谓的"说明书判决"）对于采取异于药物说明书记载内容的手段因而发生医疗事故的情况，被推定为有过失，但若对此可提出合理理由的情况，可得到允许。

本案例亦遵循该判决的基本结构，认为该异于药物说明书记载内容的手段是有其合理性的。只是法院亦指出本案例有关药物说明书"禁忌"栏中过敏症的表现，有暧昧不明之处。无论如何，今后对于异于药物说明书记载内容的手段是否可被评价为有合理的理由这一点，仍有待相关判例的积累。

Q&A
判决的关键

 医师为了让患者接受自认为是适当的治疗而对患者进行说服是被允许的吗？

诊疗契约要求医师提供有利于患者自己作决定的医疗信息。基于这一点，如果医师看来是不合理的选择，是否有必须说服患者的义务，判断的准则会依对"专业人士责任"的解释方式而有所不同。只是不管到底有怎样的说服义务，只要医师能以希望患者接受自己觉得最佳的治疗方式的立场对患者进行说服，通常不会被认为是侵害患者的自己决定权。

 因采取异于药物说明书记载内容的手段而发生的医疗事故，会如何判断过失？

1996年1月23日最高法院在"说明书判决"的"解说"这项中曾作出说明，"在使用医药品时，若未遵循所记载之使用上的注意事项，因而发生医疗事故的情况，只要没有特殊的合理的理由，可推定为该医师有过失"，因此，就算采取异于药物说明书记载内容的手段，只要可证明有特殊的合理的理由，就不会被推定为有过失。

在医疗现场，人们对于"根据说明书判决"也有不少批判意见。在采取异于药物说明书记载内容的手段时要说明其必要性、合理性，并弄清该手段是否符合医疗水平，在实务上应作出这样的应对。

学生于社团活动中中暑死亡，判定医师太迟采取冷却措施有过失

高校生在社团活动中因中暑死亡。法院认定社团顾问未立即请求救护车有过失，但无需负赔偿责任；另患者有头部外伤，搬送处医师因未采取冷却措施被认定有过失。

（田边升）

事件概要

患者为大分县县立高校二年级的剑道部主力队员。从2009年8月22日的9时开始，两位分别为5段和7段的顾问教职员对队员进行指导训练。当时室外气温为28.5℃～30℃，剑道场的门窗全开，墙壁上有3台大型风扇同时运转。在进行了1小时的基础练习并休息后，队员们开始穿着防具进行面部打击练习。由于天气很热，队员们一边补充水分及以保冷剂冷却身体，一边进行练习。

<u>患者比起其他队员来说，接受了更多的面部打击练习，不断地说"已经受不了了"，且从练习中途开始就步态踉跄，手持竹刀劈砍时其手势及姿态呈现意识涣散的状态。一名教职员说"别再演了"，并以脚向前踹向患者的右腹部，患者因而再度步态踉跄地走向墙壁，导致头部撞墙出血。教职员一边说"是演的啦！不用担心"，一边打患者巴掌约10次。</u>

11时55分左右，到了休息时间，教职员让患者摄取水分并以

保冷剂冷却额头及颈部、腋下、大腿根部，但患者开始呕吐且对呼唤没有反应，教职员于 12 时 19 分左右请求救护车。救护车于 12 时 54 分到达医院。急救队测得患者体温为 37.1℃，意识程度为 JAS200（JAS 200 为接受疼痛刺激时手脚会动或会皱眉），血压 80/53mmHg，SpO_2 为 97%，脉搏为 183 次 / 分，判断为重度中暑。

入院时患者体温（腋温）为 39.3℃，血压为 106/34mmHg，脉搏为 170 次 / 分，意识程度为 III（JAS 200），供氧下（10L）的 SpO_2 为 97%，身体有淤青，左前额部有外伤，有对光反射及自主呼吸，为停止发汗状况。

抽血结果为 Alb5.8g/dL、AST73 IU/mL、ALT90 IU/mL、LDH543 IU/mL、CPK467 IU/mL、Cr2.7mg/dL、K5.63mEq/mL、Ca10.5mg/dL、CRP0.35mg/dL、空腹时血糖 131mg/dL。医师给患者输入氧气并常温输液（起初用药 Lactec G，13 时 25 分左右用药 Solita-T3，14 时 35 分左右输入 Lactec 注射液，各 500mL）。输液和使用氧气后患者有发汗，可观察到血压有改善及呼吸开始稳定，但意识仍未恢复。14 时 35 分左右医师对患者进行头部 X 射线检查，结果无异常。医师直到 15 时左右除了采取体温测定及输液等医疗措施外，并未进行冷却。

教职员们对医师表示患者并未进行什么剧烈的运动，也充分补充了水分，因有队员出现新型流感的症状，所以到当天为止练习已经中断数日了。医师于 15 时左右指示进行冷却。接受指示的护理师于患者的 4 个部位（头部、单侧腋窝、两侧鼠蹊部）以保冷剂冷却，同时间测得患者的体温为 42℃，血压为 97/46mmHg，脉搏为 171 次 / 分，大量出汗，全身痉挛发作，有便失禁，之后呼吸恶化且体温上升。患者于 17 时左右丧失生命体征，18 时 50 分左右死亡。病理解剖诊断死因是中暑。

患者的双亲接受了独立行政法人日本运动振兴中心 2800 万日元的慰问金，并以未立即中止练习对高校经营者（大分县）及顾问教职员两人，及未对中暑情况进行适当处置的医院开设者（丰后大野市）提起诉讼，提出约 8600 万日元的损害赔偿请求。

判　决

本案的第一个争议点为中暑发生的时间。原告主张患者持竹刀劈砍出现异常举止时为出现异常行为的时间点，这时教职员就该意识到患者有意识障碍，应该立即中止练习并转送医院就诊。而高校方认为患者体温未超过40.5℃，有意识障碍、发汗停止等征状，因此，转送急诊时仅为热疲劳状态，主张5段教职员所言之继续练习无责任。

原告主张若医院的医师从患者被转送医院之后，能立刻意识到中暑的可能性，及时对患者进行全身冷却，就可以挽救患者的生命。对此，医院方主张"因有头部外伤需进行CT检查，但因CT检查需要排队，故先观察头部外伤及流感状况，且患者的生命迹象等亦稳定，因此，没有需要紧急判断为中暑的过失，且患者被转入医院时若为重度中暑的话，救命的可能性也不高"。

最终法院以到达医院时患者的腋温为39℃多的事实，认定搬送时已是高体温状态，最迟在患者出现持续持竹刀劈砍产生意识障碍的时间点就已处于重度中暑状态。

从2009年6月的教职员朝会数据中对于中暑这点的提醒内容来看，剑道部的顾问们应该注意到患者的意识障碍，在患者发病后的20分钟以内就呼叫救护车，在采取降低体温措施的同时，最迟也该在24分钟内搬送至医院。

法院亦认为医师方面从患者高体温、发汗停止、意识低下等情况来看，应该立刻怀疑是重度中暑，并直接在身体的4个部位进行冷却，同时持续监测体温。即使在对教职员等有关系者询问情况后，认为患者有头部外伤或是新型流感导致发热的可能性，但医师方面并没有施行冷却措施有禁忌或不适合进行的合理根据，所以认定医院没有无法直接进行冷却的特殊情况。又从患者腋温很高可推认深部体温亦高这点来看，头部CT也没有非施行不可的必要性。

关于因果关系，判定若教职员们及早呼叫救护车就确实可救患者的命，医师的行为亦同，虽说已过发病后20分钟的"黄金救援时间"，但从搬入后并非马上死亡，且生命迹象一度稳定等事实来看，可以说若及时进行冷却就有救命的高度可能性，因此判定大分县及丰后大野市应负起连带6734万日元的损害赔偿责任（大分地方法院2013年3月21日判决）。

又教职员二人为公务员，无法直接对其请求赔偿，因此驳回原告要求。对此双亲虽再度上诉，但福冈高等法院于2016年6月驳回该上诉。

解 说

本案件让人想起以前曾成为话题，让人痛心的"大阪市立楼宫高校事件"中的体罚及自杀事件。本案件原告虽未主张教职员严苛的训练有过失，但高校生确实不应在社团活动的练习中死亡。

因为该练习是高校所举办的社团活动，因此原告对高校设置者大分县和医院开设者丰后大野市提起诉讼，但适用的条文有所差异。前者为《国家赔偿法》，后者为《民法》的使用者责任。应该负起最大责任的两位剑道指导教职员中的那位 5 段的教职员，主张 7 段上司的指导方针没问题，没有进行什么剧烈的运动，并事先将会影响医师判断的事情向医院的医师原封不动地传达了，因此自己没有法律上的责任。即使说这是律师所指导的口供，但作为一个精通武道的人来说，这样的做法怎么样呢？笔者脑海中不禁浮现出最近在柔道界发生的丑闻。

判决虽然认定医师有过失，但因中暑为环境要因造成的疾病，发病时的状况应该被认为是最重要的。急救队虽然以中暑的情况进行搬送，但因患者为高校生，且依教职员所言"不是什么大不了的练习，也充分摄取了水分"等，也难怪医师们在得到这些信息后，会怀疑为头部外伤产生的影响，或新型流感导致的发热。

倘若为新型流感导致的发热就不需勉强退烧，因为发烧会让身体产生抵抗病毒的效果，有这样的期待是正常的。以中暑就该要记得冷却这点作出明确的裁决，只会让人觉得是先下了结论，之后才附上理由。

Q&A
判决的关键

 为何否定教职员有赔偿责任？

公立学校的社团活动行使的是公权力，为《国家赔偿法》适用的对象。同法第一条指出公务员于行使公权力时因过失造成损害之际，国家或自治体应负赔偿责任，公务员本人无责任（最高法院 1955 年 4 月 19 日判决）。只有在公务员有重大过失的情况下，负赔偿之责的自治体可向其求偿。警察、法官、检察官、官员、卫生所职员等同样也不需负赔偿责任。又公立医院的医师虽然也是公务员，但从过去的判例来看，普通的诊疗并不适用同法。

 若医师也是公务员身份，是否能免除赔偿责任呢？

现今的状况无法免责，应该要早点促其实现。公司员工若因经营上的判断错误导致第三者蒙受损害，也仅限有恶意或严重过失时需负赔偿责任（《公司法》第四百二十九条）。公务员，特别是法官也有特别优惠，最高法院于 1982 年 3 月 12 日的判决提到"法官在作出有争议的判决，有依《国家赔偿法》第一条第一款规定所述的违法行为，仅以对该诉讼提出上诉等诉讼法上的救济方法证明存在应该纠正的瑕疵是不够的；若是法官有违法或抱持不当目的进行的诉讼，必须认定法官有事实上行使明显违背赋予其权限内容的特殊情况"。对于有应召施诊义务，且常被要求作出迅速判断的医师来说，在诉讼中因被溯及既往而被认定过失的危险性更高，因此享有比法官更高的免责权也是应当的。

患者脑动脉瘤手术后死亡，判定医师有违反说明义务之责

接受未破裂脑动脉瘤钳夹手术（Clipping）的患者脑梗死之后并发吸入性肺炎死亡。患者家属以执刀医师有过失提起诉讼。法院认定医师违反关于术前的说明义务，依侵害患者的自己决定权判令赔偿损失。

（平井利明）

事件概要

患者 A（女性，死亡时 84 岁）于 2008 年 1 月 24 日出现眩晕、呕吐等症状，第二天去诊所就诊时经 MRI/MRA 检查，被指出有脑动脉瘤。同日转至 B 大学医院接受头部 CT、三度空间 CT 血管造影检查。入院后于同月 28 日的脑血管造影检查中，确认脑动脉瘤位于右内颈动脉从 C3 到 C4 附近的位置，最大直径为 17mm，形状不规整，朝向内侧上方。

2 月 4 日为了接受手术，患者再度住院。同月 7 日实施脑动脉瘤钳夹手术，但夹子在推回时无法顺利进行，且悬挂上夹子后造成内颈动脉闭塞，因此未实施钳夹就结束了手术。

术后患者因广泛性脑梗死造成左半边身体偏瘫，7 月 27 日因脑梗死伴随意识障碍、吞咽障碍并发吸入性肺炎，于 28 日死亡。

患者家属对聘用执刀医师的大学以该手术为不适应症及违反说明义务为由，提起共约 5053 万日元的损害赔偿金及违约金的诉讼。

判　决

本案争议点之一是手术指征问题，东京地方法院于2013年3月21日的判决认定该手术适应。法院指出本案动脉瘤为颈动脉海绵窦瘘且突出头盖骨，有50%以上发生蛛网膜下腔出血导致死亡或产生重度后遗症的可能性。从年破裂率及84岁女性平均有8.72年的寿命来看，即使选择观察亦存在相当高的危险性。

又考虑到患者为高龄者，且脑动脉瘤的最大直径达到17mm等情况，如同执刀医师所认为的手术产生并发症的危险性在10%以上，且比一般的开脑钳夹手术有更高的危险性，因此难说手术的必要性或有效性会高于危险性，通常大多数人会选择先进行观察，但考虑到家属积极要求进行手术等事实，不能说未达到手术适应的情况。

最高法院认定医师违反说明义务，判决驳回高等法院否定违反关于脑动脉瘤手术的说明义务这点。在当时的医疗水平上已确立的疗法（术式）有多个的情况下，应针对这些疗法（术式）的不同，包括各疗法的利害得失，以让患者容易了解的方式说明是必要的。

因此，在说明作为预防性的疗法（术式）的开脑钳夹手术和保守疗法两者间的利害得失之际，必须特别注意的是不要特别偏重手术的必要性。特别是像本案这样，通常大多数人会选择先观察，但<u>因家属对手术抱持极强的期待，希望早点进行手术，那就更应对危险性等进行周全的说明</u>。

承上，有关执刀医师的说明问题，法院认定如下事实。首先，关于动脉瘤破裂的危险性问题，认定医师在手术同意书上手写记载了"右内颈动脉瘤（16～17mm大小）破裂造成蛛网膜下腔出血，蛛网膜下腔出血的死亡率高，出血、梗死造成的脑损伤，左偏瘫，感染症等"，亦基于脑血管造影的检查结果对以下事项予以说明：（1）病状或治疗的必要性及方法；（2）保守疗法或螺旋弹簧丝圈栓塞术；（3）因高龄故手术危险性高。

其次，认定同意书中有对并发症的记载，还有一些说明，"判断本次手术的必要性高于危险性，但100%安全的手术是不存在的，亦有引发除了上述记载以外的并发症的可能性，可能因此留下后遗症，视情况也有可能危及生命"。法院举出可作为根据的点包括"100%安全的手术""也有可能危及生命"。

虽然认定了这些事实，但法院指出关于"选择手术的危险性比起一般人来说更高"这点，到底为何种程度的高？若未以明示数据等方法作具体说明的话，无法判断患者是否能确实对该手术的"危险性和必要性及有效性"作出相对应的比较。

本案仅因未以明示数据等方法对手术的高危险性作具体说明，却在说明时强调了手术的必要性，就被法院方作出违反说明义务的结论。虽然在诊疗记录中有"并非容易的手术，有10%左右甚至更高的危险性，也有死亡的可能性"的记载，但因为是在术后

才补记的内容，因此否定患者方接受过这样的说明。法院判定无法认定该内容具有高度的客观性。

又法院虽然认定医师方违反说明义务，但否定和死亡间存在因果关系。该理由为：（1）患者已是高龄，可想定接受脑动脉瘤开脑手术的死亡危险性；（2）从患者的丈夫因腹部大动脉瘤破裂而死亡的经验来看，即使未违反说明义务，可想定仍选择接受手术的可能性非常高。又即使作了适当说明，因有该选择之高度可能性，难以想象会变更选择。

因此本案最后认定，被告方因侵害患者的自己决定权而需支付慰问金200万日元及律师费20万日元。

解 说

医师在进行医疗行为之际对患者进行说明是必要的。说明的目的是让患者能有效行使自己决定权，因此具体的说明内容必须以"对患者的自己决定权来说的重要程度"为基准来考虑。

特别是高度侵入性的医疗行为，因致死的危险性高，更必须向患者提供不可或缺的参考数据，以帮助做出决断。就拿本案来说，<u>因严重并发症的发生率很高，因此患者不接受的可能性也高，可以说通常大多数人会选择进行观察，因此是否接受手术的"可参考数据"，也就是"并发症的发生率"这点，可以说是关键</u>。

本案执刀医师亦理解手术有10%左右甚至更高的危险性，因此在感到有必要阻止积极想促成手术的家属之际，就应该事先将"也有10%左右会产生并发症的可能性"这样的内容传达给患者方。这样在法院作出判断时也有考虑的余地。站在患者的角度，思考自己若身处患者的情况下会希望得到何种事项的说明，可以说是非常必要的。

在提供重要的参考数据之际，必须将提供的内容以具体的形式留存，当然也可以考虑录音的方式，不过实际上一般的做法是让患者在说明文书上签名，或将说明内容记载于病历中。说明文书可反映说明内容的适当性，所以是非常重要的，必须注意不要遗漏了对重要事项的记载。

<u>若遇到说明文书的记载事项和实际说明内容不一致，有可能会被认为该说明行为不存在，或被认为是作出了有误的说明。</u>

重要的事项应该多作几份记录，假使对重要事项有所遗漏，就很可能被判断为对该部分未作说明。详细地留下记录，确认该内容的正确性，这是非常必要的。

Q&A
判决的关键

Q 本案中法院判定术后才补记的病历内容不具有高度客观性，是否代表事后才在病历中补记说明内容的做法是无意义的？

A 病历作为记载事实的记录，其原本的功能就是在之后的诊疗中派上用场，因此事后将回忆起来的内容补充记载是适当的做法。只是从作为证据来看，不能否定演变成纠纷后所记载的事项做证据的价值会降低，特别是明明是事前可以记载的内容，却在事后才记载的情况，很难不让人以怀疑的眼光来看待。

但原本在病历上进行补记的目的是与其他的记载事项互相结合，以有助于支持原本病历内容的正确性，因此建议即使是在事后补记也该附记上日期，将记载时期以让人容易理解的形式呈现。

Q 当使用包含固定内容的文书作说明之际，需要注意哪些点呢？

A 在医疗诉讼中常见到患者方主张"只是交付了说明书等文书，并未在实际上予以说明"。若可将文书中固定内容的部分以图形记号的方式圈起或用线标记，或加上手写的文字或图画等，就可成为作出过说明的有力证据。

但经常可见医师在对未备妥固定内容的疾患进行说明时，使用的是为其他疾患准备的说明书或承诺书。这种情况下除了手写的补充文字之外，可能会被认为证明力薄弱，因此希望在针对某种疾病作说明时，就该有与其相对应的说明文书，即使在不得已需要用其他文书代替之际，也必须将应该修正的点修正后再使用。

麻醉事故造成患者脑功能障碍，虽被追诉刑事责任却被判决无罪

在乳房切除手术的施行过程中，因供氧麻醉器的蛇管脱落，导致患者产生高级脑功能障碍。事件发生当时该麻醉医师为了对其他手术室中的实习医师进行指导而离开手术室，因此被依刑事诉讼法的业务过失致伤罪提起诉讼，最后法官作出无罪判决。

（水泽亚纪子）

事件概要

患者 A（当时 44 岁）于 2008 年 4 月 16 日接受左乳房部分切除术及淋巴球表面标记检测，由包括麻醉科 B 医师、执刀医师 C 医师、执刀助手 D 医师、协助交付器械的 E 护理师、外勤的 F 护理师的五人团队负责，于上午 9 时开始手术。

麻醉科 B 医师从上午 8 时 55 分左右开始实施 Remifentanil 与 Propofol 的麻醉导入，并于静脉用药肌肉松弛剂。患者 A 于事前的诊察中未发现会在麻醉过程中产生问题。

B 医师在该日除了需执行本身的业务以外，身为主管责任人，同时也需负责包括支持其他手术室的全体手术室调度，及对后期研修医师（实习医师）的指导等工作。

因此在估计患者 A 的状况稳定后，B 医师于上午 9 时 07 分左右为了对实施硬膜外麻醉的后期研修医师（实习医师）进行指导，一个人走向约 15 秒时间可到达的其他手术室。在此之际 B 医师携

带了联络用的 PHS，并对 F 护理师表示"因工作要先离开，有事再通知我"。

执刀医师 C 医师于上午 9 时 15 分左右指示 F 护理师调整患者的床，并召集除了 B 医师以外的全体人员，在确认各工作人员已完成准备等手续后即开始本案手术。在开始手术时并未联络 B 医师。

此时全体手术人员皆未注意到供给患者 A 氧气的麻醉器的蛇管脱落，造成氧气供应中断。

根据法院的事实认定，发生蛇管脱落的时间点为上午 9 时 16 分左右，虽然原因不明，但分析可能是因调整患者的床所导致。又之后监视器是否有发出警告声这点亦不明确。

关于这点，法院以从监视器的记录来看，在上午 9 时 17 分、28 分、31 分、33 分时，有四次因未从呼气中检出二氧化碳而发出"APNEA CO_2"的警告声。又血氧饱和度（SpO_2）的数值于上午 9 时 19 分时为"77%、70%"，24 分时为"15%、13%"，29 分时为"——"，认定以上各时间点均发出过警告声。

当时在手术室的 C、D 两医师及 E、F 护理师皆供述完全没有听到这样的警告声。法院表示"完全没有人听到警告声这点是否为事实，可说有不少可疑之处"。

上午 9 时 31 分左右，F 护理师注意到监视器画面未显示 SpO_2 后，改用探头指套计测仍无法测得，便于上午 9 时 33 分左右以 PHS 通知在其他手术室的 B 医师。

B 医师立刻回到手术室，在发现原因是蛇管从麻醉器脱落后采取急救措施。A 在陷入暂时无生命体征后虽有恢复，但仍导致高级脑功能障碍。B 医师被依刑事诉讼法的业务过失致伤罪提起诉讼。

判　决

横滨地方法院于 2013 年 9 月 17 日判决 B 医师无罪。

在诉讼中，检察官主张有关 B 医师的注意义务如下：（1）B

医师身为麻醉负责医师，在施予患者 A 全身麻醉后造成其无法自主呼吸的状态，因此站在维持 A 生命的立场，采取呼吸管理等手段，对 A 的全身状态进行适当的维持及管理是不可或缺的；（2）B 医师应有凭借目视身体状态或注视监视器等方法，对 A 的全身状态进行丝毫不间断的观察的注意义务。

　　法院虽认为关于第一点"一般而言是这样的没错"，却判定"欲以这样的说法导入第二点，'身为对 A 的麻醉负责医师，应该经常对手术室内的患者全身状态进行丝毫不间断的观察，有这样具体的注意义务'在理论上来说是不合逻辑的"。"以国内麻醉负责医师的现状来说，若未对该医疗机构的人员配置、患者身体状况或麻醉及手术的进行状况等作全盘考虑，就说'对全身麻醉的患者就必须在手术室内进行丝毫不间断的观察'，绝不是如此的"，以这样的理由点出医疗现状。

　　关于 B 医师离开手术室的时间长短问题（从离开后到蛇管脱落约 9 分钟，至回到手术室约 27 分钟），指出"虽说作为负责人

来说离开的时间略长，但以必须追究刑事责任的程度来看，终究难以认定有无法容许的问题存在"，因此驳回检察官所主张的B医师有应该对手术室内的A的全身状态进行丝毫不间断的观察的注意义务。

解　说

刑事上的过失指的是：（1）对于该具体的状况或事故发生的过程，以当事者的立场来说，是否可能对该结果有具体的预见；（2）站在当事者的立场，从具体的状况或当时的医疗水平来看，是否有必须追究刑事责任的无法容许的问题存在。

本案法院判定关于第一点："麻醉医师虽然可能预见不在手术室的期间可能发生供氧麻醉器的蛇管脱落等事情，但难以预见会因此造成监视器发出警告声的异变，手术室中的所有人在18分钟内完全没有注意到，因此未联络麻醉医师等异常情况。对离开手术室的麻醉医师来说，要求必须预料到可能发生这样的事情并采取行动，是极为严苛且不当的"，这可以说是依一般社会共同的认知所作出的常识判断。

在对第二点进行评价之际，法院考虑了日本麻醉负责医师的现状后，表示不可不考虑该医疗机构的人员配置、患者的身体状况或麻醉及手术的进行状况等，就断定对全身麻醉的患者必须在手术室内进行丝毫不间断的观察，因此判定本案并无追究刑事责任的必要。这点亦可说是完全基于常识作出的判断。

在业务过失致死致伤罪的情况中，因法律条文未明确定义注意义务的基准及违法性的评价方式，因此在评估是否该进行刑事处罚时，"常识"成为极重要的一点。

在此比较大的问题是，作为医疗事故，对医疗界来说是常识，对法院或一般市民来说却有理解上的困难。与医疗事业相关的各位，在阅读了本判决后或许都会觉得"无罪是理所当然的"，但对身为公益代辩者的检察官来说，实际上却无法掌握这点。

本案检察官认为该麻醉医师的行动是"该进行刑事处罚的，是不可饶恕的犯罪"，以至于提起公诉。幸好，作出本案无罪判决的法院方具有常识，但应具备高度知识性的公益代辩者的检察官，对于医疗界的常识却有着非常不同的见解，是否无法理解医疗界的常识？这是很让人不安的。

在与医疗相关的诉讼进行之际，律师无论如何都要对法院善尽传达医疗常识之责，当然医疗方也必须向一般市民讲解医疗界的常识和现状，这样才能得到理解。

医疗方为了让大众了解更多的与医疗相关的常识，必须作出努力。所有的纷争都起因于对事物的看法不同及认知差异，而医疗方所做的这些努力可有效达到避免纷争的目的。

Q&A
判决的关键

 民事和刑事诉讼中对注意义务的判断有什么何不同？

以"实际上可预见坏结果，并可回避"为前提，追究"当时是否尽到应有的避免义务"。这样的结构基本上是一样的。只是在刑事诉讼的情况下，若从"是否有必须追究刑事责任的问题存在"这样的观点来看，义务本身的基准较为宽松。

民事诉讼会以医学指南或当时的医学见解为鉴，一般来说，其"应有（理想）的诊疗"的基准是高于刑事诉讼的。即使施行的是现行大多数医疗者所"惯行"的诊疗，若该诊疗的方式与所谓的"应有的诊疗"有异，仍会被认定为是低于水平的诊疗。

 有其他关于麻醉医师被追究刑事责任的判决前例吗？

比较近的判决案例是有个麻醉医师搞反了心脏手术和肺手术的患者，导致实施了对两方来说都是不需要的手术。麻醉医师以业务上的过失伤害罪被处以罚金（最高法院2007年3月26日判决）。

此案例中法院指出，"对作为医疗行为对象的患者进行身份确认，是该医疗行为正确性的一大前提。对此期待医院全体构筑有组织性的系统，协商各负责人间的责任分担，并彻底公告周知。欠缺这样状况的本案，与手术相关的医师等各关系者，应依各自的职责所在，有确认患者身份的义务"。承上，在麻醉导入前未以口头方式询问患者，或以确认外观特征等方式依状况进行适当确认，又在麻醉导入后虽怀疑患者身份，却仍未采取确实的确认措施，因而判定有过失。本案可作为多个关系者同时进行治疗情况下的刑事责任之参考。

患者进行腰椎手术后出现缺氧性脑病变，法院认定执刀医师及麻醉医师有过失

因腰部脊柱管狭窄症接受椎弓切除手术的患者，一度丧失生命体征，出现缺氧性脑病变的重度障碍后遗症。法院判定医院方在患者术后的呼吸管理方面有问题，执刀医师、麻醉医师双方皆有过失，命其支付损害赔偿金。

（平井利明）

事件概要

患者A（女性，手术当时80岁，体重46kg）被诊断为腰部脊柱管狭窄症，于2011年4月11日为接受手术入住B医院。该院对外宣传为特色是整形外科及麻醉科的具有容纳30个病床规模的医院。第二天（12日），由理事长兼院长的主治医师，也是麻醉科的C医师担任麻醉医师，整形外科D医师担任执刀医师，为患者实施了椎弓切除手术。

同日下午1时30分，患者进入手术室。C医师为具使用了全身麻醉镇静药Propofol、麻醉用镇痛药Fentanyl及Remifentanil对患者进行了全身麻醉，并于气管内插管之际使用了肌肉松弛剂Vecuronium。手术过程中患者收缩期血压约为70~80mmHg，手术后并未使用肌肉松弛剂的拮抗剂。下午4时18分为患者拔管，4时30分患者退出手术室。

下午4时45分，患者被搬入X射线室时的腋温为34.8℃，

且出现手指发绀的症状。下午 5 时 02 分被搬入病房恢复室时已无法测得血氧饱和度（SpO₂）。下午 5 时 05 分仍无法测得 SpO₂，且呈现对呼唤无反应的状态。5 时 10 分对呼唤或拍打身体等刺激皆无反应，同时出现四肢发绀状况，于下午 5 时 12 分失去生命体征。

在实施心脏复苏，以气管内插管确保呼吸道畅通，以人工急救苏醒球进行人工呼吸后，患者于下午 5 时 30 分恢复心跳。下午 5 时 46 分恢复自主呼吸，6 时 03 分以急诊方式转送至他院。但患者仍于 11 月 27 日因缺氧性脑病变造成两上肢及两下肢的功能全废，受领 1 级身体障碍者手册。

B 医院在为患者做手术当日共进行了 3~5 项手术，本次手术排在当日第 3 个，麻醉科 C 医师在本次手术之后仍担任其他手术的麻醉医师。

判　决

关于缺氧性脑病变的发病机制，法院指出通常必须注意手术中收缩期血压不可低于 80mmHg，而本案患者为 70~80mmHg。又从术后患者呈现低体温（腋温为 34.8℃），且并未使用肌肉松弛剂的拮抗剂等事实来看，判断因 Fentanyl 及 Vecuronium 的药效延迟引发呼吸道闭塞及呼吸抑制，又因两者造成的换气不足引发缺氧性脑病变。

患者 A 于下午 5 时 05 分就呈现对呼唤无反应，且无法测得 SpO₂ 的状态，从此刻开始已为呼吸状态恶化的换气不足情况，这也导致下午 5 时 12 分失去生命体征，引发缺氧性脑病变。

又有相关情况补充如下：（1）使用 Vecuronium 0.1mg/kg 后的单收缩要恢复到 10% 的程度是需要时间的，平均于中枢温 34.4℃ 的情况延长 64 分钟；（2）因镇静药及镇痛药交互作用的影响，有造成该效果增强的可能性；（3）从之后所做的胸部 / 腹部 CT 检查可否定有肺栓塞症状,从心电图或心肌钙蛋白 T（TnT）的观察亦否定有心肌梗死,难以认定有其他可能造成缺氧性脑病变的原因——法院作出这样的判示。

承上述事实,<u>麻醉医师 C 在让护理师接手患者 A 之际虽然用脉搏血氧仪（pulse oximeter）进行了监看,但仅告知护理师要注意呼吸状况,却未指示具体的方法。且事情发生时麻醉医师 C 因正在进行其他手术的麻醉而无法脱身,因此认定有过失</u>。关于"无法脱身"这点的认定事实为,C 在下午 5 时 09 分获知异常通报之际,并未立即回到病房恢复室。

关于接手的护理师,判定其对"确认呼吸状况"这点的认知仅止于监视 SpO_2,或目视胸廓上下起伏等。在下午 4 时 45 分患者出现手指发绀症状之际,这位护理师也仅目视胸廓有上下起伏,并未以听取呼吸音或以肌肤感觉口部呼气等方式作更进一步的呼吸确认,因此未向麻醉医师 C 报告。

关于执刀医师,法院指出,在下午 5 时 05 分,这位执刀医师于病房恢复室巡房之际,对 A 呈现对呼唤无反应,无法测得 SpO_2 的状态进行了确认,因此他应该怀疑患者有意识障碍或换气障碍的可能性。<u>执刀医师应该立刻向麻醉医师 C 报告,并进行适当的呼吸确认（观察胸廓起伏、听取呼吸音、感觉口部呼气）,在必要时也应该进行一次救命处置</u>,但他仅指示护理师给予患者刺激,这样的处置是不足的,故认定有过失。

因此法院判令麻醉医师 C、值刀医师 D 及经营 B 医院的医疗法人 E 支付合计 5600 多万日元的损害赔偿金及违约金（宫崎地方法院 2014 年 7 月 2 日判决）。

解 说

法院指出虽说从 SpO_2 的数值可判断血中含氧量,但因无法判断二氧化碳的蓄积及排出,所以仅以此作为确认呼吸的手段是不

足的。又呼吸道若有狭窄、闭塞的情况就无法进行换气，因此若非有"仅观察胸廓上下起伏就可判断异常"这样的特殊状况，仅以目视胸廓有上下起伏这点，作为确认呼吸的方法来说是不适当的。

但若因窒息等造成无法供应氧气的状态，在当氧气消耗完产生 SpO_2 恶化、二氧化碳蓄积的情况时，在临床上应该可以观察到呼吸急促或颜面苍白等表征，但法院并未对是否观察到呼吸急促这方面的事实进行认定。

本案采用的是手提式的 SpO_2 测定器，又从护理师实际确认患者有手指发绀症状这点来看，应可推测护理师立即进行过近身触摸患者身体等的观察。若实际上症状产生了，通常会伴随呼吸困难而出现的异常呼吸间隔，或鼾声等异常症状，身为护理师应该不会没有观察到才对。

另外，护理师曾实际观察到患者手指发绀的症状，难以想象他未同时对患者其他部位进行观察，因此推测患者除了手指末梢有发绀症状之外应无其他重大异常变化，因此法院若要指出对呼吸状态的观察不完备的话，就应该更加仔细地对这些情况进行事实认定。

法院一方面说"护理记录是作为医疗从业者的护理师，对其进行的护理过程以规则的方式所作的记录，因此对于日后有改变的内容在认定上，只要没有特殊情况，可认为该内容与事实一致"，另一方面却未将术后约3日由护理师自己补充的部分（对从下午1时28分到下午4时45分的空白部分，及下午5时5分以后的部分）作为证据。

护理记录上从下午4时45分到5时02分间的SpO_2为"95%～97%"，因以下两点，法院判定该护理记录无法作为事实认定之依据：（1）在下午1时10分及17分时皆具体记载为"99%"，对照"95%～97%"这样有幅度范围的记载，在记载的形式上有所差异；（2）造成患者手指发绀的原因为SpO_2低下。

但对以上两点的认定可以说太过严苛了。在观察室等地方实施SpO_2的测量时，一开始的数次会在护理计录上详记每次的数据，但之后可能会将数据暂时书写在其他纸上，待汇集完成后再转记到病历上，这样的例子经常可见。以类似本案这样作出有幅度范围记载的状况也不少。

再说关于无法测得SpO_2（困难）这点，也有例子是患者因低体温造成末梢血管收缩以致手指发绀，从而产生对手指进行测量有困难的状况。在这种情况下若再次进行检查，或许就会发现实际上并非为SpO_2低下的状况。

<u>考虑到这些点后，让人感觉法院似乎轻易就认定了麻醉医师C有责任</u>，但因法官并不了解医疗现场的实情，所以才会这般轻易作出结论，因此在诉讼中对这些内容做充分说明是很有必要的。

又执刀医师D若对患者A在拔管后约50分钟呈现对呼唤无反应、无法测得SpO_2（困难）的状态进行过确认，那就应该对该原因提出明确的意见，因此可说执刀医师D有必要将已确认的事实及作为判断的根据等，对家属作出更具体而积极的说明。

Q&A 判决的关键

Q 麻醉医师也需要对患者进行术后管理吗？

A 判决引用了患者方合作医师的意见："麻醉医师只限于重症患者的情况才会进行术后管理，通常是由病房护理师进行。"原则上不能说麻醉医师本身有必须进行术后管理的责任。

又从有关麻醉医师于患者做全身麻醉手术时不在场被判决无罪的判决来看（横滨地方法院于2013年9月17日判决），判决中明确指出："若未对该医疗机构的人员配置、患者身体状况或麻醉及手术的进行状况等作全盘考虑，就不能说必须对全身麻醉的患者在手术室内进行丝毫不间断的观察，这并非实际状态。"

Q 本案对麻醉医师作出这样严厉的判决，背后有什么相关原因吗？

A 本案患者方出具了作为合作医师的大学麻醉科教授的意见书，该医师亦以证人身份出庭。推测该意见书对判决带来很大的影响。

一般来看，大学教授总让人感觉会基于大学医院的环境、丰富的病例经验、高度专业的见解等作出意见陈述。本案也是如此，但这是否是针对被告为30床规模的地方性医院所作出的意见，这是有疑问的。这种未依医院层级关系作出意见陈述的案例越来越多的话，被视为问题诊疗的案例也会因此增加。不久的将来关于非预期性死亡的案例，即使是诊所层级出具意见，也会成为事故调查义务化的对象，因此鉴定人会被要求必须基于医疗机构的条件、规模及经验等诸多要素作出意见陈述，各位医师在提出意见之际有必要对此再度进行确认。

住院患者起诉医师骚扰，判定未超过限度驳回起诉

糖尿病患者在住院期间死亡。患者家属以医院有怠忽适当治疗之过失，及对患者作出"医师骚扰"[1]为由提起诉讼，法院在全面调查一般患者与医师间的关系后，判定驳回家属方的全部要求。

（田边升）

事件概要

1922年出生的女性患者于1969年左右罹患糖尿病。1977年以后，固定于A医院就诊、住院，接受糖尿病足坏疽、糖尿病肾病、甲状腺功能减退症、心脏功能不全等疾病的治疗。2000年11月，该病患为接受糖尿病足坏疽的治疗入住A医院，并且接受了右脚趾的切除手术。

2001年11月9日，患者在A医院就诊之际因水肿入院。从10日开始，为使患者的呼吸状态稳定，医院开始为其作供氧治疗。且由于患者的血糖控制不佳，B医师增加了对患者的胰岛素用量，但在此同时，患者叫嚷着："我不是一直和你说了吗？又不是增加了胰岛素的用量就没事了！"

---

① 医师骚扰（Doctor-harassment）：医师对患者所做的言行以及举止，给患者造成不悦或厌恶的感觉。

同月的 16 日早上，患者向护理师告知她"跌倒了"，但在护理师追问跌倒次数时，病人又改口说"并没有跌倒"。因患者疑似有低血糖症状，故医师和护理师劝告患者接受频繁的血糖值检测，但患者称"你们的眼里就只看得见血糖值，只因血糖值的关系就不能喝甜的饮品，或改变胰岛素剂量，这未免也太奇怪了！"以这样的理由拒绝接受频繁的血糖值检测。

19 日 13 时左右，医院方发现了失去意识而倒卧在地的患者。C 医师为患者进行了头部 CT 检查，但未发现脑内出血。12 导程心电图检查也显示一切正常，因此 C 医师推测，昏迷的原因与心脏或脑部疾病有关的可能性较低，有可能是由于体位性低血压造成的。

B 医师于同日傍晚至病房探视患者时，和患者说："若对病房费用的减免事宜，或病房的环境有所不满的话，转院到环境设施更完善的医院去会比较好。"此时患者脸上浮现出相当不愉快的表情。

20 日一早，患者在测量体重时有非常明显的眩晕情况。21 日 20 时左右，为了重新探讨患者是否适应在家实行氧气疗法，暂时停止供氧，并测量了患者的动脉血氧含量。测量的结果认为患者不适应在家实行氧气疗法。不幸的是在 22 日的 4 时 40 分左右，患者被发现呈现心脏停止状态，在施行复苏措施后仍于 7 时 53 分确认死亡。

对此患者的家属主张 A 医院有怠忽实施"强化胰岛素疗法"和"提供适当的呼吸管理"等之过失，且 B 医师有激起患者的不安的言行（医师骚扰），造成患者精神上的痛苦的不法行为，基于上述主张提起诉讼。

具体来说，家属主张患者的死亡是由于短暂性脑缺血发作（Transient Ischemic Attack，简称为 TIA）所导致的脑梗死，或是由急性心肌梗死（Acute Myocardial Infarction，AMI）所造成的，并指出患者在住院期间的跌倒和昏迷都是 TIA 发作的症状，对此医院应确认患者的颈部血管是否有杂音，或以超声波方式确认是否有颈动脉病变,且应该让患者接受CT或MRI检查。加上若实施强化胰岛素疗法,进行对甲状腺功能减退的治疗,使用阿司匹林(抗血栓疗法),进行适当的水分及呼吸管理的话,是可以避免患者的死亡的。

就算假设AMI为患者死亡的原因,也应能根据患者糖尿病的病程作出TIA的诊断。若患者的昏迷是因体位性低血压造成的话,也应当对血压低下会伴随贫血性心脏病的风险有所认知才对。

而且,关于B医师针对由于足坏疽而接受右脚趾切除手术的患者所说的话:"到底还是要把受之于父母的身体给切除了啊!"并用自己的手指示意将要切除的部位和方法,给患者带来压力。在患者昏迷的2001年11月19日,医师还用强势的口吻和患者说:"不要(再)对护理师说任性的话""不要(再)做想要减免病房费用的事情"。

另一方面,A医院主张患者猝死的可能性相当高,而非TIA所造成的。此外,昏迷的原因是糖尿病所造成的体位性低血压。关于原告所主张的强化胰岛素疗法的施行义务这点,因为患者本身

顺从性的问题，以及低血糖可能的危险性，判断为不适应。从有跌倒等风险来看，亦不适合实施抗凝血疗法。

关于医师骚扰这点，B医师承认曾在对患者进行手术说明时，说过"身体发肤，受之父母"的话，但因足坏疽在切断脚趾后又复发，扩散至下肢上方的例子相当多。B医师是"为了避免再让患者的身体受到伤害，才诚恳地劝她接受治疗"，并没有其他的意思。对患者所作的关于病房费用等的说明，只不过是在传达经济方面减免的情况，并没有做出如同患者家属所说的发言。

判 决

法院基于如下判断，判定驳回患者家属方的全部要求。

有关死因问题，<u>欠缺局部神经症状等并非 TIA 的症状，而是如同 A 医院主张，体位性低血压导致患者昏迷、猝死的可能性较高</u>。

亦不能说有必须实施强化胰岛素疗法的义务。理由为<u>无法期待能让患者对该疗法有所理解，进而能够适当地实施血糖值测定或胰岛素注射</u>，并列举出在可预见面对不自觉性低血糖危险的情况下，患者是否能适当应对等各点。从有跌倒的风险等来看，亦否定有实施抗凝血疗法的义务。

针对医师骚扰影响患者情绪这点，法院认为，虽说催促患者转院确有不适当之处，但由于患者家属的主张里掺杂了主观评价，且在对 B 医师进行诘问，或是对本案件全部证据进行探讨后，亦无确切证据证明家属的主张为事实。承上，<u>该情况并未达到超出患者忍耐限度的违法程度</u>。

因此，法院裁定"对医师对患者的发言及对该发言当时的环境或是背景等进行评估，<u>应该将该发言的整体意图、该患者之性格或所处状况、相互的信赖程度等诸般问题纳入考虑</u>，经过综合性的考虑后才可进行。就算是医师对患者抱持不悦情绪作出发言这样的情形也一样，仅以此为由无法直接判定有违法之实"（东京地方法院 2007 年 7 月 12 日判决）。

解　说

本案有关原告所主张之死因，以及是否有治疗上的过失等各点，在患者家属方的合作医师所提出的意见中，不免让人有穿凿附会之感，而且，考虑到顺从性差的糖尿病患者在治疗上是很困难的，所以可认为法院的裁定是适当的。

另外一个焦点是有关"医师骚扰"这个词，这是已故的外科医师土屋繁裕在 2000 年左右为此命名的，和"性骚扰"这个词一样，在诉讼时经常被使用。我认为这是创造出来的无聊且无意义的词。最近又因"怪兽病患"成为话题，因此动不动就将病患称为"怪兽"，对于这种现象大家即使想抵制也无能为力，这正是现今医师所处的环境吧！

其他与"医师骚扰"有关的判例，包括东京地方法院在 2008 年 10 月 6 日之判决：医师像在接近可憎之物一样转过脸诊察，因此患者方面提出损害赔偿要求（要求被驳回）。此外，东京地方法院在 2007 年 10 月 18 日的判决：一般民众在网络留言板上毁谤中伤，声称"该医师做出医师骚扰行为"，基于网络服务商的责任限制法，认定对该发言者的信息予以开示的请求（需公开该信息的相关内容）。

如同本次判例，在认定医师对患者的应对是否属于不法行为时，"应该将该发言的整体意图、该患者之性格或所处状况、相互的信赖程度等诸般问题纳入考虑，经过综合性的考虑后才可进行，"只是本案中的医师，是否也因患者的发言而遭受过伤害呢？

Q&A
判决的关键

 Q 有因为"医师骚扰"而被认定赔偿损害的案件吗?

A 大阪地方法院在 1996 年 4 月 22 日的判决认定医师因言行举止需对患者予以赔偿。在该案例中,医师在对化疗患者复诊时,反复地说:"要不要去 C 地(有殡仪馆或墓地所在地)呢?"并在诊断或检查数据都尚无明确根据的情况下,就告知患者寿命只剩下半年。在患者开始接受化疗之后,又劝诱原告家属将新兴宗教的保护符覆盖在身体痛处。

关于这个案件,法院表示"对于罹患癌症的病患,在对预期将要进行的治疗进行告知或说明的情况下,特别是在医师对病情的预测是悲观的情况下,在考虑到患者的病状和精神状态等情况下,应该以尽量不要让病人感到恐惧,或带来不必要的精神冲击的方式告知,或者说有应该对被告知或说明的内容及程度慎重考虑的注意义务"。

 Q 相反的,有患者因为谩骂或言语霸凌而被起诉的案例吗?

A 谩骂本身即是违法行为,若超过限度的话也可能需要向对方予以赔偿。若对医师等大声地诽谤中伤的话,可依违反业务妨害罪(《刑法》第二百三十四条)或名誉毁损罪(《刑法》第二百三十一条)受罚;有关暴力行为处罚的法律为《刑法》第一条第三款(习惯性胁迫)或第二条第二款(习惯性地强请会面或交谈,从事胁迫行为),亦有因此受罚的情况。若发生患者谩骂的情况,应该尽可能地事先做好详细记录。

石膏固定引发肺栓塞，以当时的医疗水平而言医师无预防义务

定期至骨外科诊所就诊的患者，因疑似由石膏固定所引发的肺栓塞而死亡。因为本案件是在相关诊疗指南发表的四个月前所发生的，因此法院判定"以当时的医疗水平而言，医师并无采取预防措施的义务"。

（莳田觉）

事件概要

体形肥胖的女性患者（39岁，BMI31.6）于2004年6月8日在骨外科诊所被诊断出右跟腱断裂，施行以石膏固定的保守治疗。

同月25日，从17时15分开始，医师花了30分钟左右，将患者直到右膝上部的石膏切除，并将膝盖至脚趾之间的部分再度用石膏固定。

在更换石膏后的35分钟左右，患者出现发冷、发汗、脉搏微弱、呼吸急促的症状，血压低至70~80mmHg。在此之后由于患者呈现过度通气状态，医师怀疑为过度通气综合征，采取口鼻覆上塑料袋之纸袋呼吸法，2~3分钟后查看情况，但患者的症状并未改善。

同日约18时过后，患者的症状暂时有所改善，但又出现了胸闷情况。在18时10分左右，主诉除了胸痛外，又出现强烈的腹痛症状。之后的主症状为腹痛，医生在诊察时确认了腹部有剖宫产所留的手术疤痕。

18 时 12～13 分，患者的血压降至 70mmHg 的程度，接着腹痛变得更强烈。医师怀疑为急腹症，安排转送至急诊医院。虽然救护车在 27 分左右抵达，但是患者已经失去意识，心跳停止。急救队员实施了气管插管、人工呼吸、心脏复苏术，并在 51 分抵达急诊中心。虽然立刻开始心肺复苏术并进入加护病房进行治疗，但患者仍于第二日（26 日）的上午 11 时死亡。死亡诊断书上的直接死因是"疑似肺栓塞。"

患者家属认为本案发生于《肺血栓栓症／深部静脉血栓症（静脉血栓塞栓症）预防指南（2004 年版）》（2004 年 10 月 25 日，以下简称《本案指南》）发表之前，身为骨外科的一般开业医师应对肺栓塞的危险性有所认知，因此就以下原因，对医师提出约 7500 万日元的损害赔偿诉讼：（1）对肺栓塞的诊断有误（诊断上的过失）；（2）没有做到预防血栓的必要之指示和管理（违反预防血栓发生之义务）。

⚖ 判　决

首先，法院依各种证据判定患者的死因是肺栓塞。其次，有关违反注意义务（医师之过失）的判断基准，则以 2004 年 6 月 25 日当时的医疗水平来判断。法院判示："在 6 月 25 日以前，虽说在医学杂志中有介绍关于石膏固定后产生肺栓塞的案例，但'石膏固定为引发肺栓塞的危险因子'这点并未被记载于相关诊疗指南或是医学基础用书中，以当时的情况来说，这个见解为新知识。"

因此，"若要说须以这样的新知识进行诊断治疗才可以说与当时的医疗水平相当，对此必要之前提为：至少在同规模以上的医疗机构之间，皆有'石膏固定为引发肺栓塞的危险因子'之共识"。由于当时 4 所地区基础医院的骨外科负责人对石膏固定为引发肺栓塞的危险因子这点并无充分共识，因此，对骨外科的一般开业医师来说,"不能说须基于石膏固定为引发肺栓塞的危险因子这点认知所作的诊疗才被认可相当于当时的医疗水平"。

承上,针对第一点,医师诊断上的过失问题,因患者之肥胖体形为危险因子之一,故虽出现发冷、发汗、脉搏微弱、呼吸急促、逐渐地过度通气、血压 70~80mmHg 等临床症状,但上述因素或症状并不是肺栓塞特有的症状。从临床症状来看,在初期阶段会怀疑为过度通气综合征也无可厚非。

另外,在超过 18 点时,虽然为过度通气综合征的可能性降低,且患者开始出现胸闷,接着腹痛的状况,但由于腹痛并不是肺栓塞会见到的症状,且胸痛的程度较腹痛轻,从患者的既往病史来看怀疑为急腹症也不能说不合理,所以,否定了医师在诊断上的过失。

针对第二点"违反血栓预防发生义务"的问题,法院认为,虽然在《本案指南》中记载了病理学上或药物上的预防方法,且不仅对住院患者有效,但由于本案事实发生在诊疗指南发表前,无法依据《本案指南》作医疗水平的探讨,且 4 所地区基础医院中有 3 所丝毫未采取任何预防措施,剩下 1 所医院只采取了"尽量活动四肢"这样的预防方法,所以,否认医师有应该对定期就诊的患者采取预防措施的义务(仙台地方法院 2008 年 8 月 19 日判决)。

解 说

本案的案例为患者家属主张即使在诊疗指南发表前,医师也应该对疾病的危险性或预防措施的必要性有所认识,并应该按照诊疗指南作处置,故以此为由对开业医师提起诉讼。

诉讼所要求的医疗水平,并非以诊疗指南上记载的或该指南公布的时期为唯一参照标准。有关早产儿视网膜病变的光凝固疗法之见解的判例(最高法院 1995 年 6 月 9 日判决)中亦如此判示：医疗水平并非以旧厚生省研究班之报告在医学杂志内被刊载的时期作为唯一参照标准，而是"应该在对医疗机构的性质、所在地区医疗环境的特性等诸般情况进行全面考虑"后再下定论。

具体来说，"有关对治疗手法的见解，若在与该医疗机构具备类似特性的医疗机构之间皆有相等程度的共识，且认为该医疗机构也应有相同见解的情况下，若无特殊情况，应该可以说该见解为该医疗机构所应具备的医疗水平"，因此即使在医疗指南发表前，根据设施的性质、医疗环境等不同，应具备的医疗水平亦有讨论的余地。

本案的判决也沿袭了此思想，非以诊疗指南的发表时间作形式上的判断，而是基于私人鉴定人对地区性四所大医院所实施的调查，认定"石膏固定为引发肺栓塞的危险因子"这点并非共同见解，判定本案诊疗指南中所示之见解无法被认定为一般开业医

师应具有的医疗水平。

医疗水平会像这样受设施的性质、医疗环境等因素所影响。在诊疗指南发表之后该内容会被评价为"当时的医疗水平",因此在进行了与指南不同的诊疗的情况下,也会被要求提出合理的说明。

最近各诊疗科皆各自发表各式各样的诊疗指南,虽然很难全部过目,但至少也应该对与日常诊疗有关的指南内容有所掌握。

话说回来,本案患者是否为肺栓塞致死这点亦有问题(腹痛和Troponin-T为阳性等),因此死因本身也成为争议点,但法院以"并非可以想定为有其他何种具体之疾患的可能性"为由,判定死因为肺栓塞。

民事诉讼中即使自然科学的证明不够充分,但若有"高度盖然性(70%~90%的程度)"作为根据便已足够。若要推翻本次的判决,医疗机构方面必须提出其他具体的疾患名称作为反驳,但亦无法举证有其他同样病程的疾患名。

若死因不同,被要求的医疗水平也会不同,因此这在判决上极为重要。

在患者病情陷入急剧变化以致死亡的情况下,日后亦有产生纠纷的可能,因此有必要尽可能实施病理解剖,确定死因。基于2014年6月18日修订后的《医疗法》,若患者有因医疗行为造成非预期死亡的情况,医疗机构必须对第三者机构提出申报,并有接受外部专家协助调查的义务。经由这样的调查,可让死因明朗化,可期待此措施被积极利用。

Q&A
判决的关键

 在诊疗指南施行后,骨外科在面对"住院"和"非住院"患者时,皆会被要求采取同样的预防措施吗?

 由于本判例之案件是发生在诊疗指南发表之前,诊疗指南的预防内容无法作为当时医疗水平的根据。指南发表后虽然提到了该点,但由于《本案指南》是以住院患者为对象的,无法直接被认定为对非住院患者实施的医疗水平。但由于诊疗指南所示内容为一般性之见解,亦可能被用来作为关于肺栓塞诊断过失的判断根据,因此即使是只有门诊治疗的医疗机构,也应该事先对指南内容有所掌握。

 在诊疗指南发表之前,即使未以此医学见解为前提做治疗,也没有法律上的责任吗?

 医师的过失是依照"诊疗当时临床医学可实践之医疗水平"来做判断的。诊疗指南在诉讼中虽然是判断"医疗水平"的重要依据之一,但并非唯一的。即使在诊疗指南发表前,根据设施的性质、医疗环境的不同,也有将公布前的指南内容认定为医疗水平的情况。

患者慢性肝炎并发肝癌，
判定开业医师有怠忽检查的过失

患者因肝癌死亡，家属以怠忽以早期发现为目的之必要的检查为由，对长年为患者实施诊疗的家庭医师提起诉讼。法院以医师疏忽肝硬化的病情发展，且未实施必要的检查为由，判定医师有过失。

（北泽龙也）

事件概要

1935年出生的患者在1988年7月20日至A医院就诊，主诉胸痛，被诊断为急性梗死，从8月1日到6日这段期间住院治疗。出院后以每月一次的频率复诊。当时心脏科的主治医师是内科B医师。

患者于8月24日至A医院接受了腹部CT检查，诊断为肝脏肿大而非肝硬化。之后，从1989年8月起到1993年10月为止，患者以每年1次的频率，总共接受了5次由消化科专门医生所做的腹部超声波检查，并未被诊断出肝硬化。

B医师在1997年开办了C医院。患者在同年8月经B医师诊察被诊断为慢性肝炎。在此之后为了接受糖尿病、心肌梗死、慢性肝炎等疾病的治疗，至2004年6月为止以每月一次的频率复诊。<u>在此期间，虽然陆续实施了早期肝癌筛查（AFP），但是并未进行超声波等检查。</u>

2004年6月，患者在C医院接受AFP检查时，AFP值升高为

135.8ng/mL。B 医师怀疑患者可能并发肝癌,将患者转介至 A 医院。

患者在 A 医院被诊断出患有肝癌,此时已恶化至无法进行手术的程度,于七月死亡。患者家属以医师怠忽实施以早期发现为目的之必要的检查为由,提起诉讼。

法院作为判决前提的重要事实认定如下:

一、至 1997 年 7 月底为止患者在 A 医院的诊疗经过:

(一)1988 年 8 月,测定出患者的 ICG(吲哚氰绿试验)15 分钟滞留率为 17%。

(二)从 1991 年 10 月至 1997 年 6 月为止所进行的血液检查中,患者的血小板数量除了在 1992 年 8 月为 8.7 万 /μL 和 1996 年 6 月为 8.9 万 /μL 外,大多在 10 万 /μL 以上,未满 15 万 /μL。

(三)在 1988 年 8 月住院时,患者的平均饮酒量为每日大约一大瓶啤酒的程度。1989 年 10 月为每日大约两合(一合为 180ml)日本清酒的程度。

(四)自 1989 年 8 月开始至 1993 年 10 月为止,在由消化科专门医生做的 5 次腹部超声波检查中检测出有脂肪肝;1990 年 9 月检查发现"颈部壁稍微肥厚,无法描绘出清楚的边缘";1992 年 11 月,检查出"边缘钝化",有"慢性肝疾病"。

二、1997 年 8 月以后,患者在 A 医院和 C 医院的诊疗经过:

(一)在 1997 年 9 月,B 医生所进行的触诊当中,有"硬硬的""边缘有钝化"等疑似肝硬化的观察结果。

(二)B 医师从 1997 年 8 月至 2004 年 6 月为止,对病患进行了总计 18 次的 AFP 检查,但是在 2003 年 7 月之后,至 2004 年 6 月为止都没有再进行检查。AFP 值除了在 2004 年 6 月时是 135.8ng/mL 以外,此外全都在 20ng/mL 以下。

(三)2001 年 8 月、12 月及 2002 年 3 月所进行的血小板数量检查之结果分别为 9.5 万 /μL、11.4 万 /μL 和 12.1 万 /μL。

(四)定期至 C 医院复诊期间,患者的 γ-GTP 在 100 上下至 200 上下变动;2004 年 2 月时为 211/μL,同年 5 月为 377/μL,同年6月为602/μL。

（五）2004年6月，患者至A医院检查时，HBs和HCV都呈现阴性，被诊断为以肝门部为主的弥漫性肝癌。在同日的超声波检查中被认定为"肝门静脉血栓"。

（六）在C医院定时复诊期间，患者也持续相当程度的饮酒量，2004年6月的平均饮酒量为每日大约两合日本清酒的程度。

判　决

法院针对B医师无法确诊出肝硬化这点，认定患者有下述病情症状。

最初在A医院住院时，患者纤维化标记的ICG 15分钟滞留率为17%，超过基准值，且在A医院复诊时，血小板数量呈现了高度纤维化情形下会出现的低数值，超声波检查亦得到"边缘钝化"的观察结果，从以上各点可推测：患者的肝脏从在A医院门诊时

期开始就呈现一定程度的纤维化进程。A 医院的消化科医师虽然诊断出患者有脂肪肝，但是脂肪肝和肝纤维化两者间并非相反的事实。从患者的甘油三酯（TG）在 A 医院门诊时期就呈现非常高的情况这点推测，应该将脂肪肝的事实解释为"尚未达到肝硬化程度的脂肪肝"。

加上从 A 医院门诊时期开始，患者的 γ-GTP、AST、ALT 数值持续为高数值，2004 年在 A 医院诊察时，患者陈述每日饮酒量为日本清酒两合的程度，与 1989 年时的情况无异。又于 C 医院中进行的 3 次血小板数量的检查也显示有纤维化的情况，由此可以认定在 C 医院门诊时期，病患的肝脏纤维化程度正在加重，虽然还不到肝硬化的程度，但是可以推测出有高度的纤维化。此外，B 医师也供述"或许可以说是接近肝硬化的情况"，承认自己亦考虑到慢性肝炎之高度肝纤维化这点。

法院基于这样的认定，判定在 C 医院门诊时期，患者的病情已是肝纤维化加重中的非病毒性慢性肝炎。从 A 医院时期就开始担任患者之主治医师的 B 医师对此情况应该有所了解。

患者于 C 医院门诊过程中，肝纤维化并没有好转的倾向，但 B 医师没有将其视为肝癌的信号，没有履行每 2~3 个月应该实施 1 次的 AFP 检查，及 4~6 个月实施一次的超声波检查的义务。B 医师在 2001 年 8 月以后只为患者做了 1 年 1 次的 AFP 检查，超声波检查更是一次都没有做，因此以怠忽以早期发现为目的之必要的检查有过失为由，判令赔偿（岐阜地方法院 2009 年 1 月 28 日判决）。

解说

和本案类似的案件有东京高等法院在 1998 年 9 月 30 日所作出的判决。开业医师在怀疑患者有肝硬化的同时持续诊疗，尽管后来判明为 C 型肝炎，但专科医师仍被依怠忽进行腹腔镜检查或肝脏切片检查等精密检查，判定有给付慰问金的赔偿责任。

法院表示，要作出医师对病情的掌握适当与否，以及对实施检查的频率等适当与否的判断，需以医疗水平或医学上的见解为根据，因此诉讼当事人所提出的医学文献等资料都成为证据。

本案件B医师方面表示，一般来说，肝癌发病者中HBs及HCV抗体呈阳性的占了多数，但该患者两者皆为阴性，又主张在1997年所发行的《肝癌——诊断和治疗》中，有大致内容为"否定酒精本身会引发肝癌"这样的记载，因此主张自己并无过失。

但法院指出肝癌发病者中约有一成的患者HBs、HCV抗体同时都为阴性。上述所提到的那本专业书籍中亦记载了"大量饮用酒精可能会对肝硬化的进程产生影响。有关非病毒性之酒精性肝损伤和癌症间的相关性，仍是今后探讨的课题"，因此不认为"否定酒精本身会引发肝癌"这样的见解得到广泛的支持。

另外，由患者所提出的《日本医师会生涯教育系列肝疾患诊疗手册》中也指出，"不论是病毒性的还是非病毒性的，肝硬化患者都是肝癌发病的高危险人群，甚至是超高危险人群"。<u>在从慢性肝炎之肝纤维化发展为肝硬化的过程中，可能会出现鉴别困难的情况，因此就算是对还没到肝硬化程度的非病毒性之酒精性肝损伤患者，亦有一定程度之定期检查的义务</u>，故法院认定该诊疗手册的内容，驳回了B医师方面的主张。

还有，B医师方面又主张"作为C医院之所在地区的开业医师，是不会像上述手册所要求的那样频繁地为患者做检查的"，但是法院认为，至少从该地区腹部超声波检查的实施状况来看，并没有明确证据可证实此说法。

当"自行实施超声波检查"有困难的时候，判明患者的状况，并将患者转介给专科医师，可以说是开业医师应该做的。

Q&A
判决的关键

 若遇到以疑似肝硬化为由指示患者入院接受精密检查，但仍遭到患者拒绝的情况，医师可以免责吗？

 拒绝住院可认为是患者的自己决定权，但在此之际医师是否对患者进行了适当的说明，或提供了相关信息，这就会变成关键。又如果有更加需要住院接受检查的必要性，医师会被要求试着说服病人，放任患者的意愿是不被允许的，因此医师如何进行说服，及患者自己决定的经过，必须被视为重要的事实，准确地留下记录。

Q 若有"诊疗指南"存在的情况，医师有必须遵从该指南实施医疗行为的义务吗？

A 对个别患者应实施何种医疗行为，应该在和患者充分商议后，最终由医师决定。诊疗指南只不过是提供了可供参考的方案，即使对医疗行为有所限制，医师也并没有实施如同诊疗指南中建议之医疗行为的义务。

然而，由于诊疗指南一般都是由多个学会或研究会共同制作而成的，在指南公开发表后，若多数医师皆根据指南内容做处置，那么当未遵照该指南内容实施医疗行为，只要在无法被认为有特殊理由的情况下，该医疗行为就可能会被判定为超出身为医师之合理的裁量权范围。

MRSA 感染导致患者病情恶化去世，判定医师太迟进行细菌检查有过失

患者因手术后感染 MRSA 导致病情恶化而死亡，家属以医院在术后的管理和用药等方面的工作中有过失提起诉讼。法院以医院方太迟实施细菌培养检查，有违反注意义务为由，判令医院方赔偿。

（桑原博道）

事件概要

被诊断为胃癌的女性患者（63 岁）于术后发生感染症，并于转院后死亡。具体的经过如下所述。

患者在 2004 年 2 月于团体健康检查中被指出有异常，4 月 13 日至 A 医院的门诊就诊，在之后的检查中被诊断出有胃癌。

5 月 6 日，患者实施了全胃切除、胆囊切除手术。手术从 13 时 35 分左右开始至 18 时 48 分左右结束，在此之际，患者肝左叶受到了损伤。

手术做完的第二天（7 日）9 时，患者的体温上升至 38℃，中午持续升高。可从纱布上看到黄色浆液性的污染。CT 检查的结果完全否定了缝合不全的可能，因此推测可能为肝左叶损伤部分所漏出的胆汁。于是在同日的 15 时左右至 17 时左右再次进行手术，进行了开腹引流手术和肝左叶部分切除手术，并从该日开始用药美罗培南（Meropenem）。在再次手术前之血液检查中，患者白细胞数量为

7300/μL、CRP 为 2.87mg/dL，BUN 为 13.9mg/dL，Cr 为 0.75ml/dL。

再次手术后，患者的体温仍然很高，同日 21 时左右，体温升高至 39.4℃，在用药 Voltaren（Diclofenac）塞剂后体温开始下降，在 8 日的 0 时左右降至 36.8℃。

从 8 日 0 时开始到 5 时左右，患者的尿量为 60mL，尿比重为 1.030，心跳数 120 次 / 分，血压（收缩期，以下同）约为 120mmHg。在输液增加负荷后，尿量在 3 小时内上升至 60mL。虽然体温在 10 时左右降至 36.7℃，但 15 时 30 分左右又升高为 39.0℃，因此用药 Voltaren 塞剂。在 16 时 30 分左右体温下降至 36.8℃。在同日的血液检查中，白细胞数量为 2800/μL，CPR 为 18.13mg/dL，Cr 为 1.37mg/dL，BUN 为 21.9mg/dL。

在 21 时左右，血压下降至 60mmHg，且出现尿量减少的情况，在输液增加负荷后尿量仍未增加。22 时 50 分左右患者陷入呼吸衰竭的状态。但是在增加氧气使用量，输液并使用升压药等后，于 9 日 4 时 30 分左右患者的血压上升至 100mmHg。

9 日实施中心静脉置管。在上午的血液检查中患者的白细胞数量为 4300/μL，CRP 为 27.5mg/dL，午后的血液检查中白细胞数量为 3300/μL，CPR 为 32.87mg/dL，体温上升至 39℃。这天患者排泄物中出现大量的茶褐色未消化水样便。

10 日实施血压氧气检查，由于 PaO_2 值并未改善，开始对病患实施气管内插管的人工呼吸管理。实施细菌检查，并开始用药万古霉素（Vancomycin）。

11 日，B 大学医院的医师建议实施频繁的血液培养及痰培养检查，粪便培养也要做，且在初期阶段就应以预防目的用药万古霉素，因此 A 医院在 18 时过后开始使用万古霉素静脉注射。12 日进行了痰、粪便的采样。

13 日，患者转院至 C 大学医院。在同日进行了痰、血液的采样。14 日，A 医院在 12 日所采样的痰和粪便中检出了 MRSA（耐甲氧西林金黄色葡萄球菌），在前一日的痰、血液培养检查中，检出了革兰氏阳性菌（Gram-positive bacteria），开始让患者口服万古霉素。

在那之后虽然未再检出 MRSA，但患者仍于 6 月 12 日死亡。解剖记录中记载："直接死因为因 MRSA 肠炎、MRSA 肺癌所引发的多重器官衰竭（特别为肺、肝、肾）。"

患者家属以 A 医院在全胃切除手术后的管理和用药等工作中有过失为由提起诉讼。

判 决

关于本案件，大分地方法院在 2009 年 10 月 1 日认定 A 医院于 2004 年 5 月 8 日前，有应该对排液或血液等实施细菌检查的注意义务，命令需赔偿约 4750 万日元。具体的理由如下所述。

首先，法院指出，以一般情况来说，患者处于容易发生 MRSA 感染症的状态，因此 A 医院应该预先设想到该症状发症之可能性。

理由如下：（1）患者当时63岁，已为趋近高龄者之年龄；（2）5月6日下午，患者接受全胃切除等手术，7日又再次接受了手术；（3）再次手术后的约4小时后，患者出现39.4℃的高烧状态；（4）8日患者的CRP值急遽上升至18.13mg/dL；（5）患者白细胞数量减少至2800/μL；（6）7、8日时患者出现39℃左右的高烧；（7）患者出现BUN及Cr值之上升、血压急遽下降、尿量减少、休克等症状。

承上，可以说患者在实施全胃切除手术（5月6日）的两天后，从观察结果等来看应该怀疑包括MRSA等在内的术后感染症。身为主治医师，在此时间点应该怀疑感染症发病，并对排液或血液等实施细菌检查，但直到5月10日医院方都未进行细菌检查，因此有过失。

其次，对死因的判断，法院认为，虽然患者转院至C大学医院后都未检测出MRSA，但这段期间患者的病情并未改善，且亦无其他可能的死因，因此判定患者的死因为"因MRSA感染所导致的全身状态恶化"，并判示若于5月9日前进行细菌检查的话，是可以救患者一命的。

换言之，由于做细菌检查所需的时间有两日便已足够，所以医院若于5月8日进行了细菌检查的话，5月10日便可以开始使用万古霉素来治疗，或者患者在5月9日有MRSA肠炎的发病症状，若当日实施了粪便的细菌检查，那么在5月11日时便可以开始使用万古霉素。这样一来，就可以提早3到4天的时间针对MRSA肠炎进行有效的治疗（实际是在5月14日使用万古霉素），是可以救患者一命的。

解 说

在本判决中，细菌检查之实施时间成为主要问题。若病患的MRSA感染症等是在医疗机构内发病的，当发病后被追究责任时，有关细菌检查的实施时间几乎都会成为争议点，因此有注意的必要。

本判决基于上述前两条理由，判断患者为易感染状态。以二至七条理由认为医院方应该怀疑包括 MRSA 等在内的术后感染症。

首先有关"易感染状态"，法院指出患者为高龄者，并提到术后观察到的各点。但患者以 63 岁"趋近于高龄者"的年龄被判断为易感染状态这点有其特殊性。对此临床医师或许会有不同的看法。

其次，有关应该怀疑感染症这点，法院指出 CRP 值、白细胞数和高烧等各项问题。在发病后被追究责任的情况下，这些数值当然会被当成重点来看，因此对此有注意的必要。

此外在判决中也提到若在 5 月 8 日或 9 日做了细菌检查的话，在 10 日或 11 日就可判明结果，并可提早 3 到 4 天口服万古霉素来治疗，但是，2004 年 5 月 8 日为星期六，9 日为星期日，以 2004 年当时 A 医院的体制来说，周六、日的细菌检查可以进行到何种程度？在判决当中并没有对此进行探讨。

再次，本案的患者是经长时间后死亡的，MRSA 也暂时未检出。若考虑到这点，或许就无法断言"若 8 日、9 日做细菌检查的话就可以救患者一命"，因此可以说在诉讼中，只要有救命的高度可能性，就可能会被判定"可以救患者一命"。

Q&A
判决的关键

Q 有仅以患者是在院内感染 MRSA 为由,就判定相关的医疗人员有感染控制上之过失的案件吗?

A 仅以这点是难以被认定的。由于 MRSA 属于机会性感染细菌,且患者原本就处于易感染状态,另一方面也因感染途径不仅限于医疗人员,因此不太会只因感染症发病就判定医院方在感染控制上有过失或败诉。

但最近受到医疗界对感染控制措施越来越重视的影响,也有医疗人员因感染控制措施做得不够充分,而被判定败诉的例子。只是那也并非基于"是在院内感染 MRSA"这样的原因就被判定为败诉的,至少也应该基于"医疗人员在感染控制措施上不够充分"这样的理由。

Q 因感染控制措施不够充分而败诉的案件很多吗?

A 实际上并不多。姑且不论这点,若针对如感染控制对策手册的修订状况、感染控制委员会的会议记录、实施督导的状况等这类院内感染控制措施做好留存记录的话,就可成为诉讼时的有利证据。

男童因绞窄性肠梗阻死亡，判定医师违反检查义务

主诉腹痛被救护车送来的男童患绞窄性肠梗阻，结果被医师误诊为急性肠胃炎，导致男童在留观过程中猝死。法院认定医师有怠忽适当检查之过失，命令医院方面支付损害赔偿金。

（北泽龙也）

事件概要

2006年2月20日3时45分左右，8岁男童主诉心窝部分有强烈疼痛，并多次呕吐（含有茶褐色的呕吐物），被救护车送至被告医院。

A医师之诊察结果为"腹部平坦柔软,心窝至脐下部位有压痛，没有局部压痛点"。腹部X射线检查结果为"小肠积气（阴性）"。医师对患者母亲说明："腹部X射线并无异常，可能是病毒性的急性肠胃炎。先输液再看看情况吧。"

6时54分左右，男童的腹部症状有所缓解，A医师为了鉴别是否为急性阑尾炎进行了腹部超声波检查。8点半左右实施的腹部超声波检查记录为："要确认盲肠至升结肠壁是否有囊状积气的状态是有困难的(虽然看起来似乎没有明显的水肿）。扫描出少量的腹水，许多肠系膜淋巴结肿大（最大为10mm，呈扁平状），虽然在扫描范围3～4mm内的阑尾并没有肿大，但末端侧由于肠管气体和身体动

作的关系难以扫描出来。"检查结束后 B 医师对患者的双亲说明:"看起来并没有特别异常之处,应该是病毒性的急性肠胃炎。"

9 时左右,接手 A 医师工作的 C 医师(当时的小儿科部长)表示,从男童的症状以及腹部 X 射线照片中未见小肠积气,且腹部超声波检查未观察到肠道扩张、肠壁水肿或肥厚、肠管超声波呈现点状等情况,否定了肠梗阻的可能性,因阑尾并未肿大,亦否定了急性阑尾炎,最后诊断为急性肠胃炎。

B 医师对患者的母亲表示,"由于血液检查的数值偏高,且有恶心想吐、脱水症状,因此还是住院吧",并给男童办理了住院手续。

13 时 29 分左右,B 医师在诊断记录中记载"酮尿,有呕吐现象,下腹部持续痛,但没有反跳痛"。14 时 35 分左右,护理师于记录中记载"虽然想吐的状况已缓解,但仍有强烈腹痛,在床上看起来十分疲惫,没有下痢的情况"。

男童在住院后仍有间歇性的强烈腹痛,在 16 时左右蹲坐着表示:"好痛……好痛……"得到通知后的 D 医师于 16 时 10 分左右进行诊察,观察到男童腹部膨胀,脐上部有压痛情形,且没有排便。D 医师在诊断记录中记载:"腹部:软、膨胀,有脐上部之压痛,没有排便,从中午过后没有呕吐。""间歇的腹痛可能因肠道而起。以急性肠胃炎来作处置,禁食、输液中。"由于腹痛时间持续延长，C医师以疑似急性肠胃炎的并发症或续发症之细菌性肠胃炎、肠套叠或过敏性紫癜症（Henoch-Schonlein purpura），对上述疾病进行鉴别诊断。

<u>17时20分</u>左右，男童主诉强烈的腹痛，希望能止痛，因此C医师使用了镇痛剂Sosegon（一般名Pentazocine）。D医师虽然为患者注射了镇痛剂，却没有进行诊察。

19时，护理师在诊疗记录中记载："注射了镇痛剂后腹痛的情况有缓解。患者没有活力，眼睛一直紧闭。"在此之后男童虽然自己去了厕所，却一直坐在马桶上无法起身，最后由父亲把男童抱回病房。

21日1时多，男童呕吐出约100mg咖啡残渣样的呕吐物（潜血3+），此时男童血压为100/50，脉搏134次/分，唇色差，有腹部膨胀情况。虽然护理师打电话跟C医师报告了该情况，但C医师并未对男童进行诊察。

<u>2时40分</u>左右，护理师发现男童呼吸停止，于是实施心肺复苏术和供氧，但男童仍于4时40分确认死亡。经诊断死因是腹股沟疝气导致的绞窄性肠梗阻。

患者双亲主张医生们有怠忽必要之检查的过失，对当时担任小儿科部长的 C 医师和医院提起诉讼。医院方面反驳已确诊为急性肠胃炎，且未观察到有疑似肠梗阻的情况。

判　决

法院认定 C 医师有过失，命令医院方面支付约 6000 万日元的损害赔偿金。

法院在本案件中采用了三位鉴定人的意见。这三位鉴定人各自的意见如下：第一位鉴定人表示在 20 日 16 时 10 分左右即可认为患者有一般性的肠梗阻，在 17 时 20 分左右，即可认为应该怀疑有可能是绞窄性肠梗阻等重症；第二位鉴定人表示 17 时 20 分左右，患者的症状即为肠管绞窄；第三位鉴定人表示在 17 时 20 分左右，就应该怀疑患者可能是肠梗阻等除了肠胃炎以外的疾患。

基于这样的鉴定结果，法院判示："即使于确诊后的阶段，若出现以该疾患来说异于其一般性病程进展的情况，就算无法认定和确定诊断的病情有矛盾之处，也应该通过诊疗或检查，对该诊断作再次考虑。"

承上，法院表示，"特别是患者蹲坐表示'好痛……好痛……'，持续出现已达到提出止痛要求的间歇性腹痛，又观察到患者腹部已至膨胀的状态，没有排便等"，这些事实都可被怀疑为有肠梗阻，故判定"C 医师最迟也该在 17 时 20 分左右怀疑有肠梗阻，并对此有实施腹部 X 射线检查、CT 检查、腹部超声波检查的注意义务，所以 C 医师有怠忽此义务之过失"。

医院方反驳在 16 时 10 分左右检查未观察到患者有腹部膨胀的情况。关于此点，由于医师与护理师在诊疗记录中的记载有所出入，因此医院方主张"16 时 10 分左右，护理师在诊疗记录上记载了'腹部没有膨胀'，故不能断言可观察到男童有腹部膨胀的情况"，但法院以"基于 D 医师自身的判断，在诊疗记录中有'腹部：软、膨胀'

来看,可判明医师确实对男童进行了腹部触诊。此护理师所记下之'腹部没有膨胀'这点无法证明有明确的根据",故驳回了医院方面的主张(横滨地方法院2009年10月14日判决、生效)。

解 说

在与医师之诊断、检查有关的诉讼中,诊断及检查的具体内容常会成为争议点。这点在本案中亦同,即最初被诊断为某一疾患,在治疗过程中是否需要修正?这成为重要的争议点。

在诉讼过程中,医院方面强调"已确诊为急性肠胃炎"这点,对此法院提出"不应拘泥于确定诊断,而是应该通过诊疗或检查,有对该诊断作再次考虑的必要性"。

虽说这只不过是指出了医生对诊断一事应有的态度,但从实际的医疗情况来看,在确诊之后,的确有可能被束缚,因此有留意的必要性。若将所有的症状变化都仅在设想的范围内作考虑,就有可能错失怀疑为其他疾患的机会。

实际上判决中亦提到,患者住院后持续出现已达到提出止痛要求的间歇性腹痛,又从16时10分左右D医师观察到患者有腹部膨胀、脐上部压痛、没有排便等情况来看,可以说已出现疑似为肠梗阻的症状。3位鉴定人也表示在17时20分左右就应该怀疑有肠梗阻或其他疾患。

此外有关救命之可能性也成为争议点,法院判定即使在病情严重的情况下,若实施适当的检查,诊断后实施外科手术的话,患者有得以救命的高度可能性。

最初确定了诊断,但后来病情出现急遽转折,应该有不少医师有过这种经验吧!本判决让我们重新认识到"诊断的内容有适时修正的必要性"!

Q&A
判决的关键

 于本案例中,对"初期无法诊断出肠梗阻"这点是如何下判断的?

 医院方面的责任被明确地否定了。法院表示,"只能说在 16 时 10 分左右的时间点,尚未表现出可对急性肠胃炎的诊断进行修正,或有应疑为肠梗阻的观察结果"。三位鉴定人亦表示 17 时 20 分左右的时间点为可合理怀疑的时间,因此有关应修正诊断的时间点,以诸见解来看并无太大的不同。

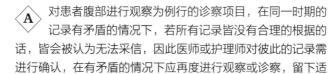 **有关医师和护理师在观察过程中对腹部膨胀的记载有矛盾之处这点,有需要注意的地方吗?**

对患者腹部进行观察为例行的诊察项目,在同一时期的记录有矛盾的情况下,若所有记录皆没有合理的根据的话,皆会被认为无法采信,因此医师或护理师对彼此的记录需进行确认,在有矛盾的情况下应再度进行观察或诊察,留下适当的记录是非常重要的。

另外,医院方面虽然主张"不能说(医师有)观察到有腹部膨胀的情形",但判决表示"直到 21 日上午 1 时左右再度确认腹部膨胀的情况前,皆没有看到(医师有)通过触诊确认男童腹部状态的迹象,因此不能认定在 20 日 16 时 10 分左右时已确认腹部膨胀消失",若腹部是否膨胀这点为诊断或病情观察的重点的话,当观察到有改善时也必须确实留下记录。

患者精神发育迟滞，医师问诊有困难，但仍被判定有肠梗阻鉴别方面的过失

　　精神发育迟滞导致对话困难的患者因肠梗阻死亡。患者家属以医师有鉴别诊断的过失为由提起诉讼。法院判定即使问诊上有困难，但从镇静药无效且患者持续出现不稳定的行动等来看，医师应该怀疑患者患有肠梗阻。

（北泽龙也）

事件概要

　　19岁的患者因精神发育迟滞而对话困难，固定至某间以身心障碍者为对象的日间照护机构接受照料。从2007年6月12日白天开始，患者出现身体状况恶化的情况，之后持续出现呕吐、左侧腹部疼痛的症状。19时25分左右，由双亲陪同至被告医院急诊处就诊（初诊）。

　　患者母亲对消化科科长A医师的护理师表示，患者从白天开始身体状况就很糟，从日间照护机构回家后持续出现呕吐、左侧腹部疼痛的症状。A医师进行了腹部短暂触诊，发现腹部柔软，认定无肌性防御症状。

　　患者从2000年左右到死亡期间，除了在1998年因慢性扁桃腺炎接受过手术外，以及因吞气症及认知障碍接受治疗及在他院留观外，没有接受过开腹手术，亦无谵妄等精神疾患病史。

　　患者在初诊时很兴奋，奔入诊疗室内，看到床时亦飞扑过去

坐下。在候诊室和诊疗室时虽呕吐过两次，但皆以液体为主，且量少。A医师因患者的身体动作激烈，无法对有无压痛症状进行判断。

　　A医师考虑到患者的状态，判断以立位进行X射线检查是不可能的，因此做了腹部卧位的正面X射线检查，于21时19分左右进行。对比该X射线照片与患者在2002年8月14日的腹部X射线照片，发现两者并无显著变化。A医师亦进行了抽血、超声波检查等，依此诊断为疑似因气体潴留导致的腹痛症，又此时患者的身体动作也稳定下来，因此让患者回家观察状况。

　　患者在回家后不久再度持续呕吐，因此于6月13日0时10分左右，再度在双亲陪同下至被告医院急诊处就诊。在此之际，A医师从患者双亲方面听取了患者的症状，并进行了腹部触诊。患者腹部柔软且无紧绷感，认定无肌性防御症状，诊断为因肠管气体过多导致的腹痛症。为改善腹痛及呕吐等症状指示住院1～2周。0时30分因患者的身体动作激烈，给予镇静药Dormicum（Midazolam）10mg。从12诱导心电图中未观察到有疑似心脏疾患的特殊情况，

从可携式机器所作的胸部卧位正面 X 射线照片中，亦未观察到有疑似胸部疾患的情况。

患者于 6 月 13 日的早上到中午间，出现自行拔掉输液管，将床栏折弯投向护理师等的举动。15 时 30 分左右，A 医师为患者复诊，在此之际患者虽有呕吐出胆汁性黄绿色呕吐物的情况，但腹部触诊亦无变化。A 医师在患者入院期间除了此次复诊之外，未实施其他的直接诊察。

6 月 14 日 3 时左右，患者母亲按护理站呼叫铃，发现患者失去生命体征，并于 4 时 57 分死亡。病理诊断指出死因是绞窄性肠梗阻。患者的双亲以 A 医师在初诊、复诊、入院后皆怠忽"应留意对肠梗阻的鉴别诊断及治疗的义务"为由，提出损害赔偿要求。

判 决

判决中对 6 月 13 日 0 时 10 分以后（入院后）A 医师有无怠忽"应留意对肠阻塞的鉴别诊断及治疗的义务"之过失这一点进行了讨论。

首先，法院指出患者 13 日早上到中午间做出自行拔掉输液管，将床栏折弯投向护理师等异常举动，且从即使使用了镇静药亦无法抑制患者激烈的身体动作这点来看，药物已无镇静效果。又考虑到患者除了入眠期间皆持续出现不稳定的状态，不得不说已出现异常。

其次，法院又指出患者因精神发育迟滞导致无法向医师传达症状，在这种情况下医师应妥善观察患者的症状及状态，听取家属意见。承上述，考虑到患者长时间持续出现异常行动，患者母亲从初诊开始就不断主诉患者腹痛等情况，法院判示 A 医师应该在认知到患者身体动作异常与精神疾患或脑部、心脏、胸部有关的可能性很低时，就应怀疑异常行为可能起因于强烈的腹痛。

再次，患者的腹痛已达到镇静药无效的程度，且长时间持续，这点与肠梗阻的症状一致。又 A 医师在复诊时已直接确认有胆汁性的黄绿色呕吐物，对此观察结果应强烈怀疑是肠梗阻。加上从初诊时的腹部卧位 X 射线检查确认有气体滞留，且白细胞数为 15400/μL 等，基于上述事实，法院判示 A 医师在患者住院后，最迟也该在复诊时，就应该怀疑患者患有肠梗阻。

若为"绞窄性肠梗阻"就有实施紧急开腹手术的必要性，因此迅速作出鉴别诊断是很重要的。法院指出若对本案患者实施腹部 CT 检查，观察到绞窄性肠梗阻的可能性极高。又回顾整个过程，可想定在入院期间患者的绞窄性肠梗阻的情况仍在进行中，在这期间若实施超声波检查，观察到肠管扩张等画面的可能性极高。承上述，A 医师最迟在复诊时若能诊断出患者患的是肠梗阻，就有可能避免患者死亡，因此判定 A 医师有怠忽鉴别诊断义务之过失。（仙台地方法院 2010 年 5 月 24 日判决）

解　说

本案例的特殊性在于患者因精神发育迟滞而对话困难这点。在这种情况下，询问陪伴在旁的家属，从家属口中得知患者详细的情况就变得极为重要。

法院对 A 医师有无违反注意义务这点，依照下述步骤进行调查：首先讨论是否有应怀疑是"一般性肠梗阻"的义务。其次，在认定有该义务后，再讨论是否有应该作出"绞窄性肠梗阻"这样的鉴别诊断的义务。

本案中患者出现"激烈的身体动作"，虽然若以"绞窄性肠梗阻"这样判明后的结果再回过头来看整起事件，指出"腹痛"与这些动作的关联性可以说是很容易的，但在考虑患者有问诊困难的事实，若没有将其他原因纳入考虑，就作出"激烈的身体动作与腹痛有关"这样的判断，可以说是强人所难。判决中亦对"怀疑激烈的身体动作与腹痛有关"这点作出以下解释："若从患者死因是绞窄性肠梗阻这个角度回过头来看整起事件，有无法否认的过失之处，但考虑到 A 医师要对急诊，且为初诊，又因激烈的身体动作导致对话困难的患者进行充分的问诊是有困难的，又从 6 月 13 日 2 时左右，患者激烈的身体动作有缓和且能入眠来看，A 医师对造成患者异常的身体动作的原因存疑，怀疑'除了腹痛，是否有其他原因'，因此先进行观察这点，不能说不合理。"

本判决的重点在于对其他可能造成患者"持续出现激烈的身体动作"的原因（精神疾患、心脏疾患、胸部疾患等），医师是如何针对其间的关联性作出判断的？在哪个阶段就应该怀疑是"一般性肠梗阻"？判决紧扣着这点。

判决指出：患者既没有谵妄病史，急诊及住院时又都有双亲陪伴，难以想定持续出现激烈的身体动作是因环境变化造成的，A 医师显然也有此认知。从心电图检查及胸部 X 射线检查的结果来看，亦认定 A 医师认知到患者身体动作异常与心脏疾患或胸部疾患有关的可能性很低。从 A 医师并未要求做脑部 CT 检查来看，亦认定 A 医师未怀疑与颅内病变有关的可能性。

结果，法院判定 A 医师应该在认知到患者身体动作异常与精神疾患或脑部、心脏、胸部疾患有关的可能性很低时，就应怀疑异常行为可能起因于强烈的腹痛，且根据患者持续出现胆汁性黄绿色呕吐物，在患者住院后，最迟也该在复诊时，就应怀疑患者患有肠梗阻。

Q&A
判决的关键

 在关于急腹症的鉴别问题上,肌性防御的有无在腹部的观察问题上是很重要的。基于本判决结果,在日常临床上有什么要注意的地方呢?

本案中A医师虽在诊察记录中记载了"有轻度腹胀",但法院以腹部膨胀或肌性防御的有无主观判断的程度较大,在判定上有困难为由,认定无法当作绝对的证据。由此内容可推测,A医师在诊察记录中并未针对判断急腹症的重点——是否有肌性防御等腹部观察结果(特别是阴性的结果)作出明确的记录。若认为有除了绞窄性肠梗阻之外其他可能的原因的话,应该用让人容易理解的方式作出明确的记录,并非只留下记录,还要留下持续的诊察记录,这点非常重要。

 有关患者因对话困难导致医师问诊困难这点,在判决时被考虑进去了吗?

本判决中提到,从最终不得不依赖患者的抱怨作出腹痛诊断的这点来看,难以否认对话困难是造成A医师无法正确掌握腹痛的程度、性质或部位等的原因。但基于此,对于无法得到关于腹痛的正确信息,进而造成对绞窄性肠梗阻的鉴别带来一定程度的影响,法院认定损害赔偿金应减少三成。

医师的过失与患者的死亡虽无因果关系，仍因侵害患者诊疗期待权被判令赔偿

长年至门诊复诊的糖尿病患者因肝癌死亡。法院虽认定长年未进行肝癌检验的医师之过失和患者的死亡间无因果关系，但仍以对患者接受适当诊疗的"期待权"造成侵害为由，判令医院方赔偿。

（水泽亚纪子）

事件概要

79岁的女性患者于2006年死亡。从1968年开始，患者为接受糖尿病的治疗，于A医院的糖尿病代谢科门诊复诊。该患者除了患有糖尿病之外还有心脏功能不全、食道静脉瘤、肝硬化等疾患，亦于A医院的其他科就诊，但主要还是在糖尿病代谢科复诊。从2000年9月开始，由B医师担任主治医师。

B医师于患者2000年7月入住A医院糖尿病代谢科时，确认患者有食道静脉瘤，同年9月，在考虑患者肝功能及血小板数的数值后，诊断为初期肝硬化，但之后直到患者2006年住院期间并未进行任何癌症早期检查或超声波检查。

患者于2006年8月倒卧家中，被送至A医院的急诊处。实施CT造影检查后发现患者的肝脏内有肿瘤性病变，诊断为原发性肝癌。患者于2006年10月23日因多发性肝癌死亡。

患者家属以B医师在对患者作出肝硬化诊断的同时，长期未

对患者进行任何以早期发现肝癌为目的的检查这点有过失为由，对 A 医院提出损害赔偿诉讼。

判 决

法院基于以下判断认定 A 医院有责任。

法院指出："医疗契约的本质为准委任契约，与所谓的'结果债务'比较起来，该契约的本意并非要保证结果的实现，而是保证善尽对治疗的责任，从这点来看，在性质上属于'手段债务'，因此，该医疗机构在实施符合当时的医疗水平，考虑到所属医疗机构的性质、所在地区医疗环境的特性等，若在未做出被评价为脱离社会一般期待的合理行动的情况下，就不需负起基于不法行为的过失责任。"

承上述，B 医师在诊断患者患有肝硬化后，医师本身也同意无法否定有肝细胞癌的可能性。肝癌诊疗指南中提到，非病毒性肝硬化有发展成肝细胞癌的高危险性，鼓励应 6 个月作一次超声波检查或癌症早期检查。虽说考虑到必须尊重医师的裁量权，且肝癌诊疗指南并非绝对的基准，<u>但 B 医师一次都未对患者做过超声波检查，这很难被评估为没有过失</u>。

法院考虑此点后表示医师应该 6 个月为患者实施一次以早期发现肝癌为目的的超声波检查或癌症早期检查，且在怀疑有异常之际应为患者实施 CT 造影检查，<u>所以认定 B 医师有过失</u>。

但法院否认该过失与患者死亡间的因果关系，作出如下判示："从 2006 年 2 月所做的 CT 检查（因呼吸困难症状进行胸部 CT 造影检查时亦照到一部分肝脏）的结果来看，当时的状况难以判断是否有肝细胞癌，"因此，"自然可以想定血液检查的变化从 2006 年 2 月至同年 7 月间从安定倾向转变为恶化倾向，<u>无法否定患者的肝细胞癌是从 2006 年 2 月后发症，之后急速恶化的。</u>"

承上述事实，"<u>即使 6 个月实施一次癌症早期检查或超声波</u>

检查,在发现患者罹患肝细胞癌之际是否就有救命的可能性,这点无法判明",因此,法院判示:"即使B医师无过失,亦无法认为有高度的可能性,或相当程度的可能性,可能避免造成患者于2006年10月23日死亡的结果。"

同时,法院依以下所述,承认患者方关于"侵害期待权"的要求,命令医院方支付100万日元的赔偿金。

法院指出:"以一般患者的意愿来说,期待医师尽可能采取救命可能性高的治疗方法这点可以说是理所当然的,且从'生命、身体'是生而为人最基本,也是最重要且密切相关的利益这点来看,患者这样的期待亦可得到社会上一般程度的认可。"

依此想法,"所谓接受符合临床水平的适当诊疗之期待,为'生命、身体'在该时间点存活的'相当程度可能性',该可能性本身可视为独立之法益来解释"。

因此,法院判定,参照医疗行为的性质,只要诊疗之际身为专业人员的医师所采取的行为不符合社会上所期待的"合理行为",不法行为即成立。也就是说,B医师未实施诸项检查这点并非"合理行为"。

基于上述事实,B医师侵害了患者对接受符合临床水平的适当诊疗之期待,判赔100万日元的慰问金(仙台地方法院2010年6月30日判决)。

解 说

因未施行符合临床水平的适当诊疗造成患者死亡的情况,也就是说,该有过失的诊疗与死亡间有因果关系的情况下,会产生医院方对死亡损害的相关赔偿义务。即使未施行符合临床水平的适当诊疗,只要未因此导致死亡,也就是说该有过失的诊疗与死亡间没有因果关系的情况,以往的判例会依过失行为和损害间无因果关系,否认有赔偿义务。

但在2000年9月22日最高法院裁定的判决中,即使在上述情况下亦判定:"倘若可认定'若实施了符合临床水平的适当诊疗,在该时间点有存活的相当程度的可能性',因该'可能性'本身可视为独立之法益,因此认为有对造成之侵害支付慰问金之义务。"

即使过失行为与死亡间没有因果关系,"就算没有过失行为,只要实际上在该死亡时间点有相当程度的存活可能性",上述对法益造成的侵害就已达到金钱赔偿的标准。自此许多下级审判的判决皆以侵害相当程度的存活可能性为由,判赔200万到1000多万日元不等的赔偿金。

本判决将上述最高法院判例的论点更推进了一步,也就是"即使没有'相当程度的存活可能性',只要该诊疗过失侵害了'患者对接受适当诊疗之期待',即产生慰问金赔偿义务"。

以本案因无法证明该有过失的诊疗与死亡间有因果关系,又因患者接受了该有过失的诊疗而导致死亡的结果,或许很容易会被依上述考虑认定,但若在其他状况下,例如一方面认定未对患者实施以发现肝癌为目的的检查的医师有过失,但之后患者却因肝癌以外的其他疾病死亡,是否也应该以"侵害患者对接受以发现肝癌为目的的适当诊疗之期待"为由,认定有损害赔偿的义务呢?

以本判决来说,在理论上没有可以否定的理由,但无法认同在一般的情况下,这样的理论皆可成立。这样所谓"(期待权)造成的侵害可成为金钱赔偿对象"的概念,是否能扩大解释?这里留下一个大问号。

假设这样的论点得到承认,难以避免患者方在得知不管诊疗结果如何,都可以多少得到一些慰问金后,为了得到慰问金会想尽办法钻诊疗的漏洞,造成因"侵害期待权"要求慰问金的诉讼层出不穷。

又二审亦基于"即使没有过失行为,实际上在该死亡时间点有相当程度的存活可能性"认定了地方法院所判决的慰问金。有关纯粹的"侵害期待权"及今后持续引发的议论、法院的判决结果等是值得我们继续关注的。

Q&A
判决的关键

 本判决对医疗实际情况会带来什么影响？

本判决为下级审判判决，因此不至于像在"解说"中提到的最高法院判决那样造成强大的影响，但有关过失行为和结果间的因果关系这点，在无法举证有相当程度的存活可能性的案件中，可能会被患者方援用，致使今后主张"纯粹以侵害期待权为由要求慰问金"的案例可能会增加。

 从本判决的思考方式来看，是否有不适当地加重医师责任的倾向？

笔者也有此同感。该背景为当前社会上出现对拥有专业技能的医师进行责任追溯的倾向，因此一般而言，有部分律师在背后推波助澜，似乎也有这样的一面。

不仅是针对医师，今后对各种专业人员进行责任追溯的倾向可能会依旧持续下去，这样的矛头亦有可能会指向和医师同样基于专业知识执业的律师们，可以预见，这样的时代已不远了。

忽视急性心脏疾病导致患者死亡，判定非该科医师无过失

消化内科医师忽视主诉为胸痛患者的急性冠状动脉综合征，导致患者因心肌梗死死亡。一审判定因医师非该专科医师，但有违反转院义务之实；高等法院以该症状掌握困难为由，否定医师有过失。

（莳田觉）

事件概要

42岁男性患者于2005年11月18日的15时左右，因自觉食道、胃部疼痛及反胃等症状自公司早退，于同日17时50分左右独自步行至A医院就诊。A医院虽配置有3~4名内科医师，但该时段仅有1名医师出诊，因此若需对疑似急性心肌梗死等的疾患作紧急处置，照惯例必须转至更高层级的医疗机构。

患者的诊疗由消化内科一般内科医师B医师负责。因在护理师进行问诊之际，患者主诉"从喉咙到胸部都感觉疼痛。从15时左右持续到现在"。B医师在诊察时询问："胸部现在还会疼痛吗？"患者回答："现在没有特别的感觉。或许是我多心了。"又补充，"午休被同事叫醒时，感觉心脏突然停了一拍"，"之后就开始觉得疼痛"，对于疼痛的描述则为"好像胆汁突然涌上一般，不由得产生胸部不适感那样的疼痛"。

B医师为鉴别是否为心脏或肺部疾患进行了胸部听诊，但并未

听到异常音。为了鉴别是否为急性心肌梗死等心脏疾患亦实施了心电图检查，但未能确认有明显的 ST 上升，自动解析亦判定为正常范围内的"无异常"结果。

B 医师综合了心电图结果无异常、该胸痛并非心肌梗死的典型胸痛、患者的表情神态等，诊断为疑似逆流性食道炎。开药物后即让患者回家。

患者于 18 时 35 分左右走出医院，之后被发现倒卧在距离医院约 500 米远的某餐厅停车场，于 19 时被救护车送至高层级的医疗机构。

救护车抵达医院时，患者有心室颤动，在救护车内共实施了 3 次去颤。抵达医院后做心导管检查发现患者右冠状动脉完全闭塞，虽进行插管治疗，患者仍因持续的休克状态于第二天 13 时 33 分死亡。

患者的家属以 B 医师有怠忽和心脏科医师讨论及转送他院等诊疗上的义务之过失为由，对 A 医院提起损害赔偿诉讼。

判 决

一审地方法院依患者的心电图中 Ⅱ、Ⅲ、avF 诱导约有 0.1mV 的 ST 上升情况，判定"B 医师忽视了心电图显示的异常结果，轻易地排除了急性冠状动脉综合征的可能性，可以说怠忽应该将疑似急性冠状动脉综合征的患者适时转送至更高层级的医疗机构接受适当检查及治疗的义务，以漠然的态度就这样让患者回家，因此有过失"。法院认为"若在明确得知心电图检查结果后适时办理转院至更高层级的医疗机构的手续，患者在 18 时 30 分前就可转院，并接受适当的检查及治疗，得到救命的可能性很高"，命令 A 医院支付约 5100 万日元的损害赔偿金（大分地方法院 2009 年 10 月 30 日判决）。对此医院方提起上诉。

二审高等法院认为患者一个人徒步来院，且就诊前后的言行动作皆与正常人无异，可见患者的胸痛症状是比较轻的，缺乏重症感，并非急性心肌梗死的典型症状——灼热痛或紧缩般的激烈疼痛感。

承上述事实，B 医师在为患者做胸部听诊时未听到肺部、心脏有杂音，因此认定包括心房收缩音的 IV 音，及显示左心室收缩不全的 III 音两者皆不存在。心电图自动解析结果为正常范围"无异常"这点，也不能说是违反了解析程序的判定基准因而产生误判，所以说至少该情形并不属于指南（日本心脏学会所做出的急性心肌梗死诊疗指南）中所谓的"典型的持续性 ST 上升"状况。

高等法院考虑以上各点后，判定 B 医师在对患者胸痛的强度、性状、发现时期等问诊的同时，进行过确认意识状态及体温、听诊、心电图等的检查，对于主诉胸痛的患者来说，在处置上并无不合理之处，且从诊察时可掌握的信息来看，无法认为 B 医师有怀疑患者为急性冠状动脉综合征的可能。

一审的鉴定人指出,"对于是否能要求一个非心脏专科的医师诊断出本案心电图'有异常'这点,是难以下定论的"。医院方的私人鉴定人亦表示,"即使是心脏专科的医师,仅凭本案心电图的观察结果亦无法确认急性心肌梗死"。高等法院对此极为重视,因此高等法院作出下述结论:"对非心脏专科的医师来说,在临床上要从本案心电图中对疑似急性心肌梗死的征候(有轻度的 ST 上升)有所掌握,是有困难的","要求 B 医师做出与心脏专科医师同等程度的判断这点可说过于严苛,只能说忽视了心电图中疑似心肌梗死症状的问题,这是不可避免的情况",判定撤销一审判决,驳回患者方的请求(福冈高等法院 2010 年 11 月 26 日判决)。

解 说

关于医师被要求的注意义务,以往是与"诊疗当时的临床医学可实践的医疗水平"相当,直到 20 世纪 90 年代中期,即使在医师实施其专科以外的诊疗时,该义务也基本上未能减轻。

但从 20 世纪 90 年代中期以后,在最高法院追究早产儿视网膜病变的诊疗义务之姬路日赤医院事件的判决(1995 年 6 月 9 日判决),及医师未遵从药剂说明书造成事故的责任归属争议之麻醉剂"PERCAMINS 事件"的判决(1996 年 1 月 23 日)中皆提到:"医疗水平不应该以全国一律的绝对标准作为考虑基准,应该在对当时诊疗的医师的专门领域、所属医疗机构的性质、所在地区医疗环境的特性等诸般情况综合考虑后再下定论",阐明了医疗水平应依照个别实情作判断的见解。自此之后,即使是地方法院、高等法院等下级审判,在考虑医师在诊断其专科以外的疾患时的注意义务内容时,已有某种程度的逐渐减轻的倾向。

本案亦判决非心脏专科的消化内科医师忽视了心电图疑似心肌梗死的征候并无过失,可以说是沿袭上述思想所做出的判决。

但法院对本案心电图的自动解析结果无异常这点的评估，是基于一审鉴定书及私人鉴定人提出的意见书，认定该情况即使是心脏专科的医师也难以下定论，需要高度的专门知识才能做出判断。也就是说，<u>法院认为本案心电图所涉及的是属于需要极高度专门性医学知识的急性冠状动脉综合征，因此仅凭"非该专科"的理由企图减轻注意义务之责，未必适用于所有案例</u>。

有关可能危及生命的严重疾患，鉴别诊断会摆在第一位，因此即使是非专科的医师也会被要求有适当的诊断能力。不仅是本案疾患，在面对其他如脑中风、急性心肌梗死等疾患时，至少也应事先具备掌握典型案例的诊断能力，这点是必要的。

Q&A
判决的关键

 因诊察时患者的胸痛已有缓解，当时若未怀疑是心肌梗死而未做心电图，是否就能否定 B 医师有责？

A 虽说若是对非该专科的疾患所做的诊疗，有对医师的注意义务减轻的倾向，但怠忽必要检查的情况亦无法免责。特别是关于心肌梗死等可能危及生命的疾患之鉴别诊断，法院对鉴别诊断的要求有"感觉比事发当时更加严格的"倾向。例如本案一审判决亦指出："在排除诊断时必须更慎重（本案医师如果不是该专科之医师，应该会被要求更加慎重）"。

即使像本案这样，在诊察时患者的胸痛虽已有缓解，但亦要考虑该情况可能是一时性的。要对主诉胸痛的患者做排除心肌梗死的诊断，假如未实施心电图检查，仍无法充分排除该可能性，这种情况下医师也可能会被认为有责任。

 法院的鉴定人和私人鉴定人两者比起来，哪一方的鉴定意见作为证据的价值性更高？

A 一般来说，法院进行的鉴定，是法院委托立场中立的医师提出意见，所以，法院有尊重该意见的倾向，但结果仍由法官依据自己的想法来判断，因此价值性无法一概而论。医学意见的价值会依照提出者的专门性、经验，更进一步说还有内容的客观性、理论性等各种要素来看。

本案二审会有如此大的变化的重要原因，推测是因医院方提出了私人鉴定书。因法院不具备专业医疗知识，对医学上的意见也可能产生误解。为了让法院方能有正确的理解，备妥具有客观性、理论性的私人鉴定书，对医疗机构来说是一种有效的诉讼策略。

忽视高龄患者消化道穿孔问题，判定医师怠忽 CT 检查有过失

因腹痛至急诊就诊的患者因消化道穿孔合并腹膜炎死亡。法院认为若实施腹部 CT 造影检查，患者得以救命的可能性很高，因此判定医师违反注意义务。

（石黑敏洋）

事件概要

男性患者（当时 76 岁）于 2005 年 7 月 4 日 18 时 55 分左右，因主诉腹痛被救护车送至该地区医疗中心，即本案被告医院。19 时 33 分左右，急诊主治内科医师诊察时，患者体温为 35.3℃，心跳为 76 次/分，SpO_2 为 96%，收缩期血压为 165mmHg，合并实施血液检查及生物化学检查。

19 时 53 分左右，医师对患者进行了腹部 X 射线摄影检查（卧位），结果无特殊异常。此时主治医师在病历上记载下腹部观察结果："hard？（腹部紧张）""肠音微弱"。血液检查的结果是 CRP0.23mg/dL，白细胞数 6600/μL，未观察到发炎反应，因此治疗方针为输液、禁食并继续观察。

20 时 40 分患者左下腹部疼痛，以甘油灌肠后排出少量粪便。主治医师确认患者的口腔内呈现茶色状态，于是在输入的药物中加入 Gaster（一般名 Famotidine）。

主治医师指示患者就近至消化科就诊，因此患者于22时50分左右返回家中。

患者回家后仍呈现痛苦的状态，因此于23时15分左右，家属再度至急诊处告知主治医师上述状况。主治医师劝患者住院治疗，但家属希望能在急诊处等到早上，因此患者在急诊处的病床上接受了输液治疗，第二天早上才至消化内科就诊。

<u>在那之后患者吐出少量茶褐色的呕吐物。医师询问患者哪里痛，患者只能发出"嗯"之类的声响，并持续不断地呻吟。</u>

7月5日7时左右，主治医师观察患者情况，确认了茶褐色的呕吐物。紧急抽血发现白细胞数降为1100/μL。7时30分左右开始输入抗菌药 Carbenin（Panipenem／Betamipron）。此时消化内科医师诊察发现疑似有腹部隆起的情况，指示实施从腹部到骨盆间的 CT 检查。

8时06分左右，摄影所得的 CT 画面显示有腹水及游离气体，因疑似为消化道穿孔导致腹膜炎，主治医师请求外科医师协助诊断。外科医师诊断为消化道穿孔。

10时30分，<u>患者虽紧急入住医院外科，却因全身状态不佳评估为不适应实施开腹手术。虽以抗菌药等进行保守治疗，仍于第二日（6日）的8时11分死亡。直接死因是穿孔性腹膜炎。</u>

患者家属主张急诊主治医师有怠忽考虑消化道穿孔或穿孔性腹膜炎的可能性，及有应该实施腹部 CT 检查或左侧卧位的腹部 X 射线检查之义务等过失，对身为被告医院开设者的地方自治单位，提起约4100万日元的损害赔偿诉讼。

医院方则主张因患者具有单侧偏瘫、坐轮椅的状况，在意见的沟通上确定有困难，且初诊时患者的血液检查结果正常，腹部观察结果亦不明确，因此未怀疑有消化道穿孔的可能性，亦无实施左侧卧位的腹部 X 射线检查或腹部 CT 检查之义务。

判 决

法院认定医师违反注意义务，命令地方自治单位支付约1600万日元的损害赔偿金。

本案因患者初诊时的血液检查结果及卧位的腹部X射线检查结果无异常，因此争议点紧扣"从患者的临床症状所见，是否应该怀疑有严重疾患的可能性"。

法院从医学的角度举出以下四点见解：

一、在就诊患者主诉腹痛的情况下，有必要迅速判断是否为需要进行紧急开腹手术的状态，其中消化道穿孔导致的腹膜炎是具有代表性的类型之一。

二、为了鉴别主诉为腹痛的患者是否为急腹症，有必要靠问诊，确认生命体征，掌握腹部的理学观察结果，紧急实施血液检查及X射线、CT造影、超声波检查等方式得知。

三、有关X射线检查这点，至少也必须做卧位或正面站立位的X射线检查。若无法以立位拍摄，可以左侧卧位正面拍摄（在大部分情况下，立位或左侧卧位正面的照片可确认腹腔内有无游离气体）。

四、在大部分情况下，腹部CT检查可以确认腹腔内有无游离气体。

接着法院认定患者在送至急诊时的状况为：因意识不清造成说话困难的状态，只能发出"呜……呜……"的声音，因腹部紧张呈现无法维持坐姿的状态，吐出茶褐色的呕吐物等。

承上述事实，法院指出：以这样临床症状的情况来看，无法通过问诊的方式听取患者的疼痛状况，且无法否定患者产生强烈疼痛的可能性。又根据当时患者疑似呕吐及腹部紧张的情况看，可以说无法否认主治医师在诊察时，就应该认知到患者罹患了某种与腹部有关的急性且严重的疾病。医师应该在此时就考虑到消化道穿孔或穿孔性腹膜炎的可能性，并进一步做鉴别诊断。

最初在实施腹部射线检查时，因患者无法维持身体姿势，故以"卧位"进行，但法院针对此点认为，如上述第三点所提到的，仅以"卧位"的 X 射线检查无法判断腹腔内有无游离气体，可以说仅以当初的诊察或检查结果并无法排除患者究竟罹患何种与腹部有关的急性或严重的疾病，因此，不得不说，作为主治医师，在当初的急诊诊疗直到结束的这段期间，有应该实施对诊断急腹症来说有效的腹部 CT 检查的注意义务，因此法院判决主治医师有怠忽该注意义务之过失（名古屋地方法院 2011 年 1 月 14 日判决）。

解　说

本案件为在病床数超过 500 床的地区医疗中心所出现的医疗事故。即使是具备高水平急诊医疗体制的医院亦会发生像这样忽略消化道穿孔问题的医疗疏失，这点应该让许多读者感同身受吧！仅以检查结果来看，要认定为消化道穿孔有其难度的案例，可以

说并不少见。

腹痛可能是由于罹患肠梗阻、急性胰腺炎、消化道穿孔等疾病，而这些皆为若忽视即可能存在生命危险的疾患。在急救现场排除这类具危险性疾患的可能性特别重要。从这样的观点来看，"可排除诊断的根据薄弱"可说是本判决最重要的意义。

虽说法院指出"在诊断腹痛之际，应该有怀疑是消化道穿孔的想法"，这并不能说不对，但因血液检查及腹部 X 射线检查皆无异常，不免让人觉得法院是否把事情想得太简单了。

人一旦抱持了先入为主的想法，就很难改变倾向。笔者现在正在处理的案件中也有类似像这样因抱持"偏见"被认定的案例，因此有必要留意不要让这样的"偏见"一再发生。

Q&A
判决的关键

 要求医师在急诊时必须实施全部的检查，不会太严苛吗？

 一般来说是这样的没错。在诉讼过程中被告方亦提出过这样的主张，但法院指出"无法否认患者有罹患某种与腹部有关的急性且严重的疾病的可能性，因此该被告主张无法左右前述认定之判决（有实施腹部 CT 检查的义务）"。

本案例涉及的是疑似消化道穿孔的患者，且医院为床数为 500 床层级的医疗中心，考虑到患者就诊的时间等情况，只能说即使被要求实施腹部 CT 检查，也无话可说。

对医院未对患者实施腹部 CT 检查和患者死亡间的因果关系，法院是怎么判断的？

被告方主张"即使在患者当初来院的时间点就实施了腹部 CT 检查，也不能确定就能诊断出消化道穿孔的疾病"。对此法院综合所有事实认定后，认为患者在急诊就诊的时间点前即处于消化道穿孔发病状态的可能性很高；从医学知识及文献来看，通过做腹部 CT 检查出游离气体的概率为：上部消化道为 97%、大肠为 79%。承上述事实，在发现游离气体的情况下，有消化道穿孔的可能性是最高的，且消化道穿孔及穿孔性腹膜炎这类疾病，一般认为从发病到手术的经过时间越长，预后也就越差。

承上，法院判定，若当初急诊诊察结束前实施了腹部 CT 检查，就可判明腹腔内是否有游离气体，诊断出患者消化道穿孔的可能性也很高，且该时间点患者的消化道穿孔虽已发病，但尚未经过很长时间，若能决定进行紧急手术，应该说患者得以救命的可能性很高。

陈述书和证词不一致，
法院判定医师的证词不予采用

患者对医院提起诉讼，认为医院未发现患者患癌症的事实，有疏忽的过失。主治医师以虽向患者说明了生理检查的必要性但仍被拒绝为由，主张无责任，但法院判定医师的证词内容不被采用，认定违反注意义务。

（北泽龙也）

事件概要

患者（就诊当时 76 岁）于 2002 年 7 月 24 日因喉部不适及嘎声（呼吸时发出沉重声响）至附近医院就诊。医师指出患者喉头右侧有肿胀情形，并要求持续观察。后因肿胀情况迟迟未改善于同年 11 月 16 日转至耳鼻喉科专门医院就诊。该医院医师对患者进行局部麻醉后进行生理检查，诊断为慢性喉头炎。

2003 年 3 月 3 日，患者至被告医院——A 大学医院的耳鼻喉科接受 B 医师的诊察。喉头镜检查结果为右侧前庭襞（vestibular fold）的肿胀表面平滑，未观察到肉芽肿。同月 24 日，患者再度至同科就诊，接受喉头镜检查后仍未发现显著变化。第二天（25 日）接受喉头断层扫描。

4 月 3 日，患者至 A 大学医院就诊时，向 B 医师表示嘎声症状仍未改善，再度接受喉头镜检查时发现喉头表面仍为正常黏膜，未发现显著变化。从喉头断层扫描结果看右侧前庭襞虽有肿胀，但未观察到淋巴结肿胀。

患者于 5 月 1 日接受 B 医师诊察,仍未发现显著变化。同月 29 日亦于就诊时对 B 医师表示嘎声症状仍未改善,但接受喉头镜检查后仍未发现显著变化。

患者之后仍持续接受 B 医师的诊察,2004 年 10 月入住 B 医师转职之 C 医院接受显微镜下咽喉肿瘤切除术。病理组织检查结果为右侧前庭襞有中低度分化之扁平上皮癌细胞,诊断为咽喉癌 T2 期。之后进行放射治疗。

2005 年 11 月,患者至 D 大学医院就诊时,在触诊右颈部淋巴结,进行生理检查后,确认咽喉癌已转移至淋巴结。2006 年 7 月,患者入院 E 医院接受咽喉全切手术。患者因此丧失发声功能,被鉴定为身体障碍者第 3 级,领残障手册,后于 2010 年 2 月因咽喉癌死亡。

2009 年患者及其家属主张 A 大学医院的 B 医师等人在 2003 年 5 月 29 日前有怠忽及早实施生理检查确定咽喉癌之诊断,并尽早开始进行放射治疗之义务,对产生咽喉全切手术导致发声障碍之结果提出包括慰问金等共约 2600 多万日元的赔偿诉讼。A 大学医院方则以 B 医师于 2003 年 3 月 3 日的时间点即劝患者接受生理检查但被拒绝为由,主张未违反注意义务。

判　决

诉讼的争议点为 B 医师是否针对生理检查进行过适当的说明,是否对患者进行劝告后,患者仍拒绝。

法院最先重视的是 A 大学医院的门诊病历,指出 3 月 3 日接诊时针对说明生理检查这点,B 医师记载下"有关生理检查之说明""拒绝生理检查""若观察到有变化就需实施生理检查"之类的文字可以说是很容易的,但尽管如此,记载内容中并未提及 B 医师对患者说明右侧前庭襞肿胀有生理检查的必要性等,对于劝告患者仍被拒绝一事没有任何记载，没有客观的证据。

B 医师对于 3 月 3 日病历记录上没有说明生理检查一事，提出"因患者为初诊，比一般的诊察花的时间多，患者诊察未结束，其他许多等待就诊的患者已开始有些抱怨，因此没有作记录的时间。门诊结束后也抽不出时间回病房"。

但法院指出即使不是初诊的 3 月 24 日，B 医师也以上述理由作解释。且 B 医师虽提出"3 月 3 日曾于便条上描绘喉头剖面图以说明生理检查的必要性"，但门诊病历中并没有该便条。又尽管陈述书中详细记载了对患者说明之内容（因不能确定是否为咽喉癌，需采用直接喉镜检查等），但在没有看陈述书的情况下，对 B 医师进行证词诘问之际，B 医师却未作出如同陈述书内容般详尽的证词。又患者即使在 C 医院接受咽喉肿瘤切除手术后，也未能认知到该疾患有危及生命的可能性。

因此法院认为 B 医师的证词无法被采用，B 医师有怠忽及早实施生理检查确定喉头癌之诊断，并尽早开始进行放射线治疗之

违反注意义务。

但即使 B 医师在 2003 年 5 月 29 日左右为患者做了生理检查，亦无法认定有可避免咽喉癌的再发及转移，且避免咽喉全摘手术的"高度必然性"或"相当程度的可能性"，因此以患者未得到有关病状或生理检查等适当信息，故无法判断是否接受生理检查之"自己决定权被侵害"为由，命令 A 大学医院支付患者 200 万日元的慰问金（东京地方法院 2011 年 3 月 23 日判决）。

解 说

本案是争论"说了还是没说"的典型案例。

A 大学医院主张在为患者初诊的阶段未否认喉头癌的可能性，虽认为有实施生理检查的必要性，但在对生理检查进行适当说明后被患者拒绝。若事实真如同该主张的话，可以说医疗机构方面是没有责任的，但诉讼结果否定了这点。

为什么 A 大学医院的主张不被承认呢？

第一点原因是 B 医师所做的病历记录。如同法院判述所示，连拒绝生理检查这样简洁的记载都没有。当然并非仅以这样单一的记载就能马上认定或推定事实，但不可否认的是，这样未记载的状况成为在事实认定上极为负面的要因。

第二点原因是无法以合理的理由说明病历未记载的内容。B 医师虽然解释因初诊的关系尚有其他许多等待就诊的患者，故没有作记录的时间，但对再诊时未记载下来仍以同样理由说明，因此该合理性不被法院所承认。

第三点原因是 B 医师所说在说明时使用的便条并不在门诊病历中。若发现该便条，应该可被视为和病历同等重要的证据。

第四点原因是 B 医师的陈述书和在证人诘问时所做的证词缺乏一致性。在没有病历（书面证据）存在的情况下，就必须通过医师的证词（人证）证实诊疗内容的真实性。在此之际，医师需在事先向法院提出根据事实汇集而成的陈述书，接着之后在证人诘问时以证词的方式证实诊疗内容的真实性。本案B医师事先向法院提出的陈述书详细记载了对患者说明之内容，但在证人诘问时只能证实其中的一部分，因此判定难以采纳"有如同陈述书内容那般对患者作出详细的说明"之医师证词。

当遇到医师虽作了适当说明但仍被患者拒绝该诊疗行为的情形，为了证明该事实存在，请千万不要忘了留下病历记录或以便条方式附加标注。

Q&A
判决的关键

 本案若详细记录了有关患者拒绝检查的事实的话,是否就能否认有违反注意义务?

仅有这样的记载仍不能说是充分的。不仅要留下拒绝检查的事实记录,还必须将为何认为有检查的必要性,是如何对患者说明的也一并记录下来。在此之际要留下说明内容,包括若拒绝检查会对患者带来何种不利的结果,是如何对患者说明的,这些都非常重要。

 若在病历上记载下有关患者拒绝检查的事实,之后就没有必要再实施检查了吗?

检查的必要性终究应该以和患者状态间的关联性来作判断,因此就算患者一度拒绝接受检查,也不能说就没有再实施检查的必要性,或没有再次说明的责任。若该检查对患者来说是必要的,必须努力促使患者回心转意,这是对医疗机构的要求。若患者为定期至门诊复诊,持续追踪的情况,就应该每次都进行说明。

但该记录内容从第二次以后可以作相当程度的简化。针对可预见会成为例行公事的情况,不仅在病历上要有记载,亦可准备另外的说明用纸,或事先准备好明确记载患者意思的书面文件。若下了这样的功夫,就可以有更确切的证据。

最高法院驳回"因医师的举止造成PTSD"的诉讼理由，医院方逆转胜诉

强行要求进行检查、诊疗的忧郁症患者，因医师说"你的病名是人格障碍"导致其PTSD（创伤后应激障碍）发病，对医院方提起诉讼。最高法院撤销高等法院对患者起诉事由之认定，裁定医院方胜诉。

（桑原博道）

事件概要

患者（1963年生，女性）从1992年到2003年间因某男性近似跟踪狂的行为受害。

2003年1月，患者至市立医院精神科就诊，主诉有专注力低下、突然哭泣等症状，并表示因某某近似跟踪狂的行为受害。诊断为忧郁症，以抗精神病药物进行治疗。同年的11月及12月，患者因主诉头痛至A医院精神科就诊。B医师诊断患者有忧郁症状，为其开了抗精神病药物。

患者于2004年1月9日于A医院精神科接受接手B医师业务的C医师之诊察。患者主诉头痛的同时，亦提及2003年11月接受B医师诊察时被告知有忧郁症状时非常吃惊。C医师对患者的头痛症状进行了细致的检查，指示患者至脑神经外科就诊。C医师对患者说明若脑神经外科医师认为有必要的话，可能必须接受核磁共振检查，但患者说希望尽早接受核磁共振检查，且不听劝告，

强行要求预约核磁共振检查。

　　A 医院的脑神经外科医师基于核磁共振检查及诊察结果，诊断患者为肌肉紧张性头痛，并向 C 医师传达了持续观察的意见。

　　2004 年 1 月 30 日，患者在诊疗挂号时间即将结束前打电话给 A 医院，要求"希望挂号时间可以迟一点结束，我想就诊"。接电话的护理师回复："若没有紧急的事，只是确认检查结果的话，就请下次再来看。"对此患者以激动的状态持续要求接受诊察，护理师向 C 医师报告此状况，对此 C 医师以"仅告知检查结果"为条件，答应与患者会面。

　　C 医师对患者表示，核磁共振检查结果无异常，并说明若有迫切需要接受头痛治疗的必要，可至脑神经外科就诊，告诉患者"不用再来精神科也无妨"后结束面谈。

　　但患者对此无反应，不断重复自己的病状并提出质询，因此 C 医师说了"你是因为有人格问题才会出现和一般人不同的行动""你的病名是人格障碍"后，对不断重复提出质询的患者表

示对话已结束可以离开了,随即离开诊疗室(上述举动以下简称为"本案举动")。

患者从 2004 年 2 月开始,改至妹妹的友人 D 精神科医师开设的诊所就诊。患者于初诊时主诉有头痛、专注力低下、突然哭泣等症状,并表示过去因跟踪狂的行为受害后该冲击一直无法从脑中挥去。同日的诊疗记录中,D 医师虽记载了 PTSD 的诊断,却未记载患者曾提及关于 C 医师的举动等谈话内容。

患者之后以 C 医师的诊疗行为有过失为由,提起约 700 万日元的损害赔偿诉讼。

判 决

一审东京地方法院判示:"医师作出人格障碍的判断并未有误,发言是否达到违法的程度,是否威迫性的否定患者人格并不明确",驳回患者起诉。

二审东京高等法院认定 C 医师的举动有违反作为医师的注意义务之实,认为患者在 D 医师诊所中主诉之症状确为 PTSD。承上,患者过去因跟踪狂的行为受害造成可能产生 PTSD,又因 C 医师的本案举动给患者造成心理创伤,因此一下子爆发了 PTSD 症状,故认定 C 医师的本案举动和患者的 PTSD 发病间有因果关系,命令医院方赔偿约 200 万日元。

对此最高法院作出如下判断:关于 C 医师的本案举动,"虽无法否定有若干欠妥之处,但进行该面谈时已不属诊疗挂号时间,考虑到是对已超出当初目的,不断重复自己的病状及提出质询的患者所作出的举动,对此直接评价为违反注意义务,仍有商讨的余地"。

承上,判断 C 医师的本案举动"很明显并非属于让患者回想起来会造成生命身体危害的内容,对照 PTSD 的诊断标准,该举动以作为可能引发 PTSD 的事件来说并无判断余地",否定为

PTSD 的发病原因。

接着最高法院指出："无法认定 C 医师的本案举动与患者主张可能造成 PTSD 发病的'跟踪狂行为'之外伤体验是类似的，或属于会唤起该回忆的行为"，"从医学角度来说，跟踪狂行为可能引发患者 PTSD 发病，若不类似于该体验，或不属于会唤起该回忆的其他非重大的压力，就不能被认为是引发 PTSD 的重要因素"。

因此，基于"在 2004 年 2 月 10 日，D 医师初诊时，虽诊断患者有 PTSD，但当时患者的主诉与 2003 年 1 月于市立医院精神科受诊时之主诉（头痛、专注力低下、突然哭泣、因跟踪狂的行为受害等）有许多共通之处，且上述初诊的诊疗记录中并未记载患者提到关于 C 医师本案举动的问题"，否定 C 医师的本案举动和患者的症状间有因果关系，裁定医院方胜诉（最高法院 2011 年 4 月 26 日判决）。

解 说

本案中医师对屡次提出强迫性要求的就诊患者做出了如下举动：第一，说了"你是因为有人格问题才会出现和一般人不同的行动"，"你的病名是人格障碍"等话；第二，对不断重复提出质询的患者表示对话已结束，可以离开了，即自行离开诊疗室。

在这当中关于第一点之发言，虽说有若干欠妥之处，但并不能因此直接判断医师有过失。考虑该面谈进行时已不属诊疗挂号时间，且是对已超出当初目的，不断重复自己的病状及提出质询的患者所作出的不得已之举动，因此否定有过失。

又关于第二点，以作为处理抱怨的方法来说，无法判定有特别的过失之处。但如同 Q&A 中的解说，有必要以更慎重的方式进行处理。

高等法院认为 C 医师的举动是引起患者 PTSD 发病的导火线，

但最高法院认为患者因C医师的举动所承受的压力和因跟踪狂的行为受害是完全不同的类型，认定该压力的强度"并非重大的"，因此表示以这样的条件会造成PTSD发病并没有医学上的根据，明确否定该可能性，撤销高等法院二审判决。

又本次医院方向最高法院提起上诉，最高法院进行审理是极为罕见的，而要推翻高等法院的判决更是难上加难。本判决是克服了如此多的困难才得以胜诉的。若像这般适当的判决能有更多的话，医疗现场的状况或许就能得到更好的改善，对患者及医疗者双方，都有良好的影响。

Q&A
判决的关键

 常听说最高法院进行审理的门槛很高,原因是什么?

 向地方法院起诉或向高等法院的上诉,通常都会被接受审理。但向最高法院提起上诉,实际上进行审理的情况是极为罕见的。这是因为最高法院进行审理的条件为"原判决对宪法的解释有错误之处",这可以说相当严苛。又即使进行审理,因最高法院并不会重新进行证据调查,所以,要推翻高等法院的判断可以说是非常困难的。

 针对 C 医师自行中断和患者的对话这点,以作为处理抱怨的方法来说没有问题吗?

 通常,面对患者抱怨时,医师所说的话要让人听起来表达了对患者的同情和理解,这种适当的沟通是必要的,但面对无法建立起正常关系的患者,即使持续作再多这样的努力,怎样也无法沟通时,中断也是好的,但若采取自行走出诊疗室这样的方式,恐怕会有泄露诊察室中其他患者的病历等信息的问题,因此不能说是适当的。在这种情况下,可以让院内的第三者介入,将问题患者带出诊疗室。事前预先决定好面对纠纷时的应对方式是很重要的。

医师确信患者患有胃癌,为其实施手术,却未再次研究病状变化,法院判定医师有责

疑似胃癌的患者,在手术前其病变形态又有所变化,但主治医师未对该变化进行详细研讨,就以疑似胃癌的状况如期实施手术。术后证明并非胃癌,因此认定主治医师有过失。

(平井利明)

事件概要

女性患者(当时49岁)2006年8月于A医院的消化内科接受上消化道内窥镜检查后,确认胃体中部小弯处有盘状隆起的肿瘤性病变,肉眼评估为第2型(局限溃疡型)胃癌。

负责病理检查的B医师在研究取样的生物检查标本(经HE染色后)时,亦对内窥镜检查结果为第2型胃癌等内容进行综合考虑,判断"与坏死物接近的为比较小型的细胞核,缺乏接着性的异形细胞薄膜状的增生,认为是低分化腺癌",诊断为"group 5"(可确实诊断为癌症的病变)。得知此结果的消化内科C医师对患者说明"为低分化型的胃癌,有接受外科治疗的必要"。患者于9月6日为接受胃癌手术住院治疗。

同月7日,外科D医师为患者实施上部消化道内窥镜检查时,发现之前确认的病变部位的盘状隆起消失,且同部位发红,为不

平整的粗糙黏膜病变。D 医师判断该发红病变为 0-2C 型（表面凹陷型），认为癌细胞有黏膜下浸润的情况。

同月 12 日，患者在 D 医师执刀下进行腹腔镜全胃切除术及淋巴廓清术。20 日，负责病理检查的医师肉眼观察切除的病变部位，发现并无癌细胞，以口头方式告知消化内科。26 日，B 医师对该胃切除标本进行病理诊断，认定虽从肉眼看来胃体上部小弯侧有边界不明显、约 0.5cm 大小的病变，但以组织学来说，明显未残留肿瘤成分。

又对 8 月取样的生物检查标本重新实施免疫染色后再次检查，结果认定虽可观察到异形细胞，但明显未残留肿瘤成分；上皮肿瘤标记结果亦为阴性，因此 B 医师将胃癌诊断修正为"异形细胞 group 3（良性及恶性交界范围的病变）"，并于 9 月 29 日提出该报告，并最终诊断为胃溃疡。10 月 16 日，D 医师对患者说明将胃癌诊断修正为"group 3"一事。

之后 A 医院考虑到胃恶性淋巴瘤的可能性，向数个外部医疗机构咨询意见。结果见解如下：E 大学医院病理部表示"因存在淋巴型的异形细胞，有反应性变化的可能性很高"；F 医院表示"虽说应为良性反应性的异形淋巴球增生病变，但也有在过程中产生恶性淋巴瘤（显性化）的可能性，应慎重进行观察"。

又患者日后就诊的 G 医院血液肿瘤科表示，有关"NK 或 T 细胞的增殖病变在胃切除时自然消退"一事，全世界目前也只有 1 例发表案例，可以说是极为稀少的。G 医院也曾有 3 例类似这样的案例，3 例皆呈现同样的组织像，有同样的免疫性质，且自然消退，无再发结果，可以说该状况并非已确立疾患概念之病变。

患者在之后主张医师误诊胃癌有违反注意义务之实，对 A 医院提起约 2670 万日元的损害赔偿诉讼要求。

判 决

法院指出:"诊断应基于当时得到的信息,或于可得到信息的范围内所确立,但不能仅从结果证明患者的病变并非癌症,就在没有确实根据的情况下以误诊为癌症为由,直接推定B医师有违反注意义务之实。"

承上,判示:"B医师考虑到异形细胞有浸润性增生这点为恶性肿瘤的特征表现,虽然有些不够全面,但由于细胞间有相互接着性,因此评估该异形细胞是由上皮细胞而来,又在对内窥镜检查报告结果为第2型胃癌等信息进行综合研讨后,诊断为上皮性恶性肿瘤(癌),且因整体缺乏相互接着性,因而判断是低分化腺癌,其诊断是有合理根据的。"

又患者方将自身案例委托H大学医院的I教授进行私人鉴定。I教授所作的意见报告书提出:"未研讨免疫染色的结果,仅以HE染色的观察结果就诊断为低分化腺癌,可以说有不适当之处。"

但法院指出 B 医师是基于病理活检标本和"呈现盘状隆起的第 2 型肿瘤"等情况作出病理诊断的，而 I 教授是在充分了解免疫染色的结果和病理医师修正后的报告后才提出上述意见的。又考虑 I 教授本身"推广免疫染色技术"的立场，法院认为"无法完全否定该意见是基于对结果的了解后，以非有意的、先入为主的、处于免疫染色技术推广的立场所做出的意见"，因此不采纳该意见。

另外，针对外科 D 医师，法院判定："在 8 月时认为患者为第 2 型胃癌，却在仅仅一个月间发生了以一般的胃癌来说并不会看到的短期形态变化，因此可以说病理诊断的结果并非绝对，在手术前应该先和病理医师讨论，对病例再度进行讨论"，命令 A 医院需支付约 1260 万日元的赔偿金（东京地方法院 2011 年 5 月 19 日判决、生效）。

解 说

对理想医疗的期待是"尽了最善的努力"，而非"得到最善的结果"。仅以产生非预期结果是无法直接推定医师有过失的。本判决亦判示，"不能仅从结果证明患者的病变并非癌症，就在没有确实根据的情况下以误诊为癌症为由，直接推定 B 医师有违反注意义务之实"。基于这样的想法，负责病理诊断的 B 医师就不能被认定为有责任。

又有关 H 大学医院的 I 教授做出的意见报告书也是如此。因为"无法完全否定该意见是基于对结果的了解后，以非有意的、先入为主的、处于免疫染色技术推广的立场上所做出的意见"，法院考虑到这点，对该偏见作了适当的排除。我认为这点是本判决可供赞赏之点。

另外，法院认定 D 医师违反注意义务。9 月 7 日 D 医师在术前的内窥镜检查中发现之前病变部位的盘状隆起消失，尽管一般的胃癌并不会有短期形态变化，但这也是被评价为未尽最善努力的原因。考虑到病理医师B医师是参考最初的内窥镜检查结果的"第2型胃癌"之判断才做出"group 5"的诊断，可以说D医师难以规避在手术前应该先和病理医师对病例再度进行讨论之责任。

D医师虽然对病变的变化表示，"凹陷型的病变恶性循环，若为癌细胞形态变异中有可能会暂时看不到，又低分化腺癌的癌细胞有黏膜下浸润的情况，这些都可以充分解释"，但法院认为本案病例的病变并不属于典型的恶性循环，且并没有明确证据可证明有黏膜下浸润的情况，因此该主张并不妥当。

也就是说，要下这样的判断也有其困难之处。若要追究道理的话照上述这样的说法是没错，但实际在临床像本案这样缺乏根据，不得不以经验或直觉下判断的情况是常有的事。若因为这样的判断有误就被认定为有过失，医疗现场的医师会觉得束手束脚也是事实吧！

Q&A
判决的关键

 这种病例极为罕见,在判决时没有把这点考虑进去吗?

 法院亦认为本案这样的病例是罕见的,但本案的争议点并不在于对这样罕见的病例医师是否能看穿,而是例外地以过程来看,医师是否再次讨论了患者手术的适应性,因此在判决中并未考虑疾患的罕见性。若 D 医师将病变的形态变化向病理医师报告的话,就有可避免外科手术的高度可能性,因此认定 D 医师的医疗过程和患者做手术的结果间有因果关系。

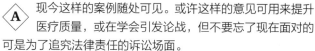

Q 在诉讼中提出带有偏见的意见书的情况多吗?

A 现今这样的案例随处可见。或许这样的意见可用来提升医疗质量,或在学会引发论战,但不要忘了现在面对的可是为了追究法律责任的诉讼场面。

在追究法律责任的诉讼情况下,必须针对当时的条件来评估是否对该无法预期的结果有回避的可能性,因此医疗诉讼必须基于当时的医疗水平及可取得的信息等内容,讨论该行为是否有超出以当时的医疗水平来说所容许的裁量权范围。但实际上不少私人意见书皆欠缺上述角度。若在诉讼中提出这样的意见书,审慎判断有无偏见存在就成为非常重要的一点。

忽视 TIA 造成患者严重后遗症，
法院判定心脏科医师有过失

疑似为 TIA（短暂性脑缺血发作）的患者至医院就诊。心脏科医师判断"没有异常"，但之后患者出现脑梗死症状，并留下后遗症。法院以医师未诊断出 TIA 及进行适当处置为由，命令医院支付慰问金。

（桑原博道）

事件概要

本案为非该科专科医师疏忽了 TIA 之诊断，导致患者脑梗死发作，造成感觉性失语症，并留下半身麻木的严重后遗症之案例。具体的经过如下：

患者 A 为 70 岁女性，在 B 医院被诊断为本态性高血压，之后定期至同医院就诊，由心脏科 C 医师担任主治医师。B 医院属于急救责任医院，有内科、心脏科、神经内科、外科、放射科、复健科等科室。

2009 年 3 月 3 日晚上 9 点左右，患者 A 为了去取外带的食物去了自家附近的居酒屋。在付钱时从钱包中拿出硬币之际，硬币从左手中掉了下去，捡拾之后却又再次掉落，当时患者的脸看起来呈现一边下垂的状态。

由于患者 A 的情况和之前曾在店内脑梗死发病的客人的状况很相似，经营居酒屋的夫妇联络了 A 的丈夫，同时也打了急救电话。

不一会儿，A 的丈夫就抵达了。9 时 06 分左右，急救队员亦抵达。急救队员在和 A 接触时，发现 A 虽然已经无法步行，却无自觉症状，也没有四肢发麻或是麻痹症状，此外，也没有头痛或想吐、眩晕的症状。

A 在 9 时 15 分被送至 B 医院。当时 A 意识清楚，无痉挛或麻痹症状，脸色一般，也没有发出臭味。

在消化外科值班的 D 医师从 A 和急救队员那里得知大概情况：A 并无意识障碍，在结账时将硬币拿出之际，硬币掉落。看到这个状态的店员担心 A 有可能脑梗死，因此叫了救护车，但 D 医师并未更进一步询问详细情形，也没有向 A 的丈夫打听情况。

D 医师诊断后确认患者血压为 166/110mmHg，意识清楚，无步行障碍，肌腱反射、瞳孔反射皆正常。

<u>D 医师认为 TIA 会伴随意识障碍，因此判断本案患者没有 TIA 症状</u>。虽然 A 的丈夫质疑"是否为疑似脑梗死"，但因当天无法充分进行检查，因此 D 医师指示患者第二日再接受检查，之后在告知若有异常的话就要再次复诊，就让 A 回家了。

A 在第二日（3 月 4 日）被丈夫送至 B 医院就诊。主治医师 C 医师在确认病历后，指示实施除了脑部的磁共振成像以外的磁共振弥散加权成像及脑动脉磁共振血管成像等各项检查。

C 医师在询问 A 现有症状时，A 回答"应该没有吧"，C 医师并未针对发病过程等再次向 A 做详细询问。C 医师亦未观察到有需要进行胸部听诊和神经学方面的异常情形。

根据上述各检查，A 被诊断为陈旧性脑梗死和多发性脑贫血。C 医师认为，在居酒屋结账时零钱掉落的原因可能是以前发生过的交通意外导致的左手手指麻痹。

C 医师将前一天为患者诊查的消化外科 D 医师误认为和 D 医师同姓氏的另外一位心脏科专科医师，认为既然心脏科专科医师所作的脉搏触诊及听取心音、呼吸音、颈部音等结果都无异常，便也做出无异常之结论。此外，C 医师也将 TIA 误解成"应会表现出暂时性意识障碍"。

C医师在预约了下次复诊时间为4月8日后即结束诊察,未给予特别指示就让A回家。

3月17日22时左右,A于小睡醒来之后发现有口齿不清、大舌头的症状。当时A继续入眠,<u>第二天(3月18日)早晨,被家人发现倒卧在自己家里,紧急送至区域医院E医院急诊。</u>

患者在E医院被认定为意识障碍、重度感觉性失语、右上下肢麻痹。根据头部磁共振成像检查的结果诊断为急性脑梗死,因此紧急住院。

之后患者持续接受治疗,在感觉性失语方面,虽然可以做到简单的日常会话程度,但仍时常出现言语和记忆混乱的问题。右手臂可以勉强举至肩膀的高度,但完全无法做出握拳等动作。右腿在装上辅具后勉强可以步行。

判　决

A 对 B 医院提出约 8050 万日元的损害赔偿要求。福冈地方法院在 2012 年 3 月 27 日判令 B 医院赔偿 A 440 万日元。

判决中指出有关 A 所出现的症状"可被推认为有 TIA"。很显然，TIA 的症状并非暂时性的意识障碍，而是伴随着暂时性神经障碍的脑贫血症状，因此对过去症状的问诊是很重要的。若在疑似为 TIA 的状况下，一般来说应该尽快找出原因并开始治疗。

对此不需用到有关治疗脑中风的诊断指南，只要根据《今日的诊断指南》《Merck 手册》等这些极为一般的文献，即使非脑中风方面的专家也应该对该内容有所认识，但是不能说医师有必须让 TIA 患者"立即住院"的义务。在一周左右的时间内找出原因，若真有必要，医师才必须负起劝说患者住院的义务，因此在 3 月 3 日，值班医师 D 医师在诊察后建议患者隔日再来便让患者回家一事，不能算得上是有过失。

对于在第二天对患者实施诊察的 C 医师这部分，法院判示<u>虽然说 C 医师针对患者的症状进行了相当程度的探究，但没有针对可能原因进行更深入的探究，特别是未探讨是否有心脏方面的原因，也没有告知患者特别需要注意的事项就让患者回家了，因此有怠忽更进一步探究 TIA 的原因，并对此开始进行治疗之义务之过失</u>。

关于"探究原因"之不足和心房颤动的关系，法院在判决中指出，即使更进一步予以探究，也未必能够发现心房颤动的症状。另外，即使心房颤动症状被发现，开始进行抗凝固疗法，由于也未必能够 100% 防止脑梗死的发病，因此 A 之脑梗死发病和 C 医师的行为之间并无相当程度的因果关系，只是 <u>C 医师若进行进一步探究的话，有相当大的可能性是可以避免患者的严重的后遗症的</u>。

结果法院判医院赔偿患者慰问金 400 万日元，律师费用 40 万日元，合计共 440 万日元。

解　说

在本案中不论是 C 医师还是 D 医师都误以为 TIA 会有暂时性意识障碍，关于这一点，判决指出这是有问题的。

但无论如何，以此作为理由进行判决并不能说是充分的。换言之，在法院提出的理由中虽然也记载了"在《今日的诊断指南》《Merck 手册》等书籍中刊载"了相关内容，这样的书籍出现在诊疗室的书架上可以说是很正常的，但若要求医师连再版的版本都要一一详读，这样的要求应该说有点高吧！

<u>在医疗诉讼中之"有过失"是指该医疗行为未达医疗水平的情形</u>，但<u>这里所指的"医疗水平"是无法与"平均医师现行之习惯医疗行为"画上等号的</u>，从以前开始法院的标准就是如此。反过来说，就算辩称"一般来说不会这么做（阅读指南）"也不能成为否认有过失的理由。

上述书籍并非经过认证的书籍，却仍被要求"应该事先阅读且牢记在脑海里，否则就会成为过失"，这实在是没有道理。

再说，暂且不论是否称之为过失，对于像本案这样医师实施非该专科诊疗的状况，判决中亦指出：对于有机会负责一般急诊的医师来说，确实应该在平日广泛更新知识，这本来就是身为医师应该做的事。感觉本判决也带有这样浓厚的教训意味。

Q&A
判决的关键

Q 本判决提及了所谓的医疗指南,医疗指南在判决过程中扮演着什么样的角色?

A 若医师属于制作该医疗指南的学会,就会被认为有必要依该学会的医疗指南进行诊疗;但若不属于该学会的话,一般来说在诉讼上并不会被要求做到该程度。

实际上,在本案中诊察患者的两位医师,并非是由于"没有遵守脑中风治疗医疗指南"而被认为有过失。另外,即使有所属于该学会的医师在场,若基于合理的理由进行了和医疗指南不同的治疗,也不会被认为有过失。

Q 本判决判定律师费用为 40 万日元,患者方支付给律师的费用是由判决决定的吗?

A 并非如此。这仅是法官的判断,通常应依患者和律师个别签订的契约而定。判决中认定的律师费用大概为损害赔偿金的 10% 左右,实际上金额可能会大得多,反过来也可能更少。

Q 有关可避免后遗症发生这点,即使以"有相当程度的可能性"为由被判赔慰问金,该金额的多少却似乎并不一定。请问是怎么推算出此金额的呢?

A 以"有相当程度的可能性"为由判赔慰问金的情况,赔偿金的金额应为多少是没有一个基准的。法院会针对所造成的结果及若有适当的医疗行为的话,可避免坏结果之可能性的程度等,做综合的考虑后最终决定。

患者在病房因肺栓塞死亡，法院判定值班医师的诊断有过失

被救护车送至急诊的患者在病房内步行时失去意识，心脏停止跳动，最后死亡。根据病理解剖结果判明患者死因是急性肺栓塞。法院以值班医师未将该病症列入考虑范围，且怠忽必要的检查和治疗为由，命令医院方负赔偿损害之责。

（石黑敏洋）

事件概要

患者 A（女性，当时 66 岁）进行完三天两夜的旅行之后，因在出发之际曾感到有喘不过气来的情形，因此于回到家后的 2008 年 1 月 15 日，至定期为自己治疗糖尿病的家庭医师 B 医师处（个人开办的诊所）就诊。

在当时所做的心电图检查中，有"V3、V4 导程中测到了阴性 T 波"的解析结果，且其他如Ⅲ、avF 及 V1、V2 导程的阴性 T 波亦被读出，但因胸部 X 射线检查结果并无异常，因此 B 医师让患者持续观察。

同月 19 日上午 11 时左右，A 在骑脚踏车的时候失去意识跌倒。中午时被救护车送至 C 市立医院。此时患者的血糖值为 507mg/dL。A 接受了头部 CT 及 X 射线检查后，被脑神经外科医师诊断为无异常，但在返家后再度失去意识。下午 3 时 40 分左右，再次被送至 C 市立医院急诊，由当日（星期六）担任值班医师的内科 D 医师

进行诊察。

D 医师为患者进行了胸部 X 射线、头部 CT 以及心电图等的检查。虽然确认了在心电图中 Ⅱ、Ⅲ、avF 导程中的阴性 T 波、Ⅲ 导程中的异常 Q 波及 V1~V5 导程的阴性 T 波，但除了稍有不完全性右束支传导阻滞的情况外，医师判断"无特殊问题"，并记载于病历中。这时患者血压为 122/84mmHg，脉搏 75 次 / 分，血氧饱和度高于 80%，血糖值为 440mg/dL。

照顾者 A 的儿子向医师传达了患者 A 有呼吸困难、失神、失禁、眼球上吊的情形，但 D 医师分析患者失去意识是因头部外伤的压力导致血糖值急遽上升，因而产生类似癫痫发作的状态，因此让 A 入住 C 市立医院，同时订立了血糖管理治疗计划。

22 日下午 2 时 57 分左右，A 在医院的走廊步行时突然失去意识。之后曾短暂恢复意识，表示背部疼痛，之后因呼吸状态急速恶化，在下午 3 时 10 分左右心脏停止跳动。下午 4 时 15 分确认死亡。病理解剖结果判定 A 的死因为急性肺栓塞发病。

从 26 日下午 4 时开始，于 C 市立医院，由内科部长 E 医师、D 医师等人对 A 的丈夫和儿子（以下称原告）进行了一个小时左右的有关 A 的死因的说明。

基于同医院的心脏科医师之见解、患者被移送时的症状和 X 射线检查及心电图等结果，医院确认患者为急性肺栓塞症。D 医师也做出下述发言："说真的，若我能够对此疾病有更多了解的话，或许会有导向不同的发展方向的可能性。对此我深感抱歉。"在之后的 9 月 22 日，C 市立医院的院长也寄送了如以下内容的信件："未能诊断出肺栓塞一事是无法否认的事实，有关这点辜负了大家的期待，对此我深感抱歉。"

因此有关 A 的死亡，原告以 B 医师有疑为急性肺栓塞时却未转介至更高层级的医疗机构之过失，及 D 医师有怠忽必要的检查和治疗之过失，对 B 医师和 C 市立医院以基于使用者责任的共同不法行为或债务不履行，对 A 死亡产生之相关损害提起诉讼。

判 决

判决主要的争议点为 B 医师和 D 医师两者之过失,但埼玉地方法院于 2013 年 9 月 26 日的判决,否定了 B 医师有过失,并肯定 D 医师有过失。

有关 B 医师是否有"将患者转介至高层级的医疗机构的义务"这一争议点,法院认为急性肺栓塞虽然没有可供诊断的特殊症状,但常见的症状为呼吸困难、胸痛、呼吸频率增加等。承上,针对无法弄清原因的呼吸困难,或突然出现的呼吸困难状况,若存在后天性的危险因素,且在失去意识的情况下,就有必要对是否为急性肺栓塞做鉴别诊断。

法院以如上所述,针对本案中 B 医师于 1 月 15 日做出诊断时,A 刚持续完成长达三日的旅行,因此分析该喘不过气的情况并未达到呼吸痛苦的程度,又心电图中仅在 V3、V4 导程中测到阴性 T 波,单凭此两点就可以作为欠缺诊断为急性肺栓塞的充分根据,因此

判定 B 医师没有转诊义务。

有关 D 医师的诊疗，法院指出，在 1 月 19 日的诊察时间点，可观察到患者有无法弄清原因的激烈呼吸困难、呼吸痛苦的症状，又有高龄等危险因子及多次过劳性昏厥的情形，且从心电图检查结果可观察到有疑似急性肺栓塞的情况来看，可以说从身体状况和检查报告两方面，应该可以认定有疑似急性肺栓塞的症状。在同日进行第二次急诊诊疗时，D 医师就应该怀疑患者为急性肺栓塞发病，并进行必要的检查。

虽然 C 市立医院方面主张 A 失去意识等症状是由于血糖急遽升高所致，但关于这点，法院认定高血糖虽可解释失去意识，却无法解释呼吸痛苦的问题，因此，应该怀疑为急性肺栓塞的症状。故认定未对此抱持怀疑，也未进行必要检查的 D 医师违反注意义务。

法院基于此判示，D 医师于 19 日为患者实施急诊之际，若考虑到急性肺栓塞，并着手进行适当的检查和治疗的话，就有救命的高度可能性，因此认定 D 医师的过失和患者死亡之间的因果关系。命令 C 市立医院对原告支付总额约 4776 万日元的损害赔偿金。

解 说

法院一方面肯定了 D 医师的过失，另一方面则否定了 B 医师的过失。否定 B 医师有过失的理由为该喘不过气的情况并未达到呼吸痛苦的程度，且心电图中仅在 V3、V4 导程中测到阴性 T 波，从身体状况和检查报告两方面来看，欠缺诊断为急性肺栓塞的充分根据。

有关 D 医师的过失，雇用者 C 市立医院方提出以下主张：（1）原本急性肺栓塞就没有可供诊断的特殊症状，仅从胸部 X 射线检查和心电图结果就怀疑为急性肺栓塞是几乎不可能的；（2）A 的血氧饱和度在 1 月 19 日 17 时 40 分时回至 92%，从这点来看，不可能怀疑有急性肺栓塞；（3）当时会认为 A 失去意识等症状是由于血糖急遽升高所致是很自然的，因此 D 医师企图进行血糖控制并无不适当之处；（4）院长的书信内容并非承认市立医院有过失。

针对上述主张，法院指出 D 医师有过失的理由为：患者搬送至急诊受 D 医师诊断的当时，血氧饱和度降到 80% 相当低的程度，又从心电图中观察到有不完全性右束支传导阻滞的情况，这时，应该将急性肺栓塞作为鉴别疾患来考虑，并进行和血液凝固相关的检查（D-Dimer）和心脏超声波检查、CT 检查等，以确定诊断。

只是，有关法院指出"高血糖虽可解释失去意识的原因，却无法解释呼吸痛苦"这点，（高血糖使患者失去意识）异于暂时性失去意识和意识障碍的状况，即使高血糖症状可能引起意识障碍，却罕有失去意识的状况，对于这点各方有不同的意见。

对此肯定了 D 医师过失的法院考虑了下列几点：（1）C 市立医院是地区的核心医院；（2）医师检查当时，认为 A 并未呈现心因性休克的症状；（3）数据显示急性肺栓塞患者在接受充分治疗的情况下，致死率会降低至 2%~8%，因此若妥善诊断和治疗的话，可以说大部分患者对于治疗的反应良好，由此认定若对 A 进行适当的检查以及治疗的话，有救命的高度可能性，从而肯定了 D 医师的过失和患者死亡之间的因果关系。

《日经医药》杂志在 2014 年 6 月号的"CASE STUDY"（P114）当中以"在路边昏倒，送院后持续呼吸痛苦"为题，举了急性肺栓塞的病例，我想应该可以作为理解本案例之参考。

Q&A
判决的关键

Q 在本案中虽然诊所的 B 医师被否定有过失，但类似这样在诊所内就诊的患者在搬送医院急诊时死亡，或导致不良预后的状况下，家庭医师有可能被认定为有过失吗？

A 类似这样的案例很容易被如此认定。有关本次所介绍的案例，在某解说判例的杂志中引用了某专门医师的见解：仅在 V3、V4 导程中测到阴性 T 波不能说必定有异常，但若 V1、V2 的右侧胸部导程中存在阴性 T 波，又伴随呼吸困难的状况，即可能疑似肺栓塞，因此作为为患者看诊糖尿病的家庭医师 B 医师，多少应该怀疑患者有心脏循环系统的疾患（医事法令社《医疗判例解说》2014 年 4 月号，P25）。

这样看来，法院对 B 医师的过失认定仍有讨论的余地，在此状况下也可能会演变成 B 医师和 C 市立医院皆需负起连带责任。

Q C 市立医院的 D 医师说了"说真的，若我能够对此疾病有更多了解的话，或许会有导向不同的发展方向的可能性。对此我深感抱歉"这样的话，是否别做像这样类似承认有责任的发言会比较好呢？

A C 市立医院的内科部长 E 医师等人在对原告进行有关 A 死因的说明之际，根据心脏科医师基于移送时的症状、胸部 X 射线检查和心电图等的观察结果所提出的意见，对原告说明"是有可能诊断出急性肺栓塞的"，因此接受到该信息的 D 医师也照本宣科做出了上述发言。我认为应该可以评价为负责医师直率的发言吧。

但不知道此事件为何最后会演变成诉讼，或许与公立医院难以很好地进行调解处理有关，抑或牵涉到保险问题，这我们就不知道了。

医院方未告知患者部分诊疗记录遗失，法院命令医院赔偿

产生后遗障碍的患者以医院方违反"诊疗记录的开具义务"和"报告诊疗始末的义务"为由，对医院方提起诉讼。法院一方面否定医师有开具义务，另一方面考虑到医院因遗失部分诊疗记录而无法出示这点，认定违反"报告义务"。

（桑原博道）

事件概要

60多岁的男性患者，主张A医院篡改和隐匿其诊疗记录，对A医院的开设者B，以违反"诊疗记录的开具义务（及为了开具目的而进行的保管）"和"报告诊疗始末的义务"为由，要求A医院支付1700万日元的损害赔偿金。

患者被诊断为舌白斑症，从1991年4月22日开始定期至A医院就诊，于1992年1月30日因疑似癌细胞转移而住院。2月4日接受了左全颈部廓清术和左下颌骨部分切除手术，在术后被诊断出扁平上皮细胞癌，从同月24日起至4月20日为止接受了放射治疗和化学疗法。

患者因手术和后续治疗导致无法口服药物及进食，且因放射线障碍而产生组织坏死，导致口腔内反复出血，同时并发放射性骨髓炎，造成下颌骨逐渐坏死。为此，患者从9月到11月间共入住A医院4次接受治疗。

患者从 1994 年 4 月到 1995 年 8 月为止，为了重建下颌部，接受了共 9 次颌骨区域切除术和下颌骨重建术等手术，但并未得到好的效果。颜面崩塌压迫气管，舌根下沉导致舌头缩小，加上神经损伤，亦丧失了嗅觉和味觉等。1996 年 11 月 27 日，患者结束了在 A 医院的诊疗。患者在 1997 年 7 月左右，由于声音及语言功能障碍、咀嚼功能障碍、肩关节功能、股关节功能障碍、呼吸器官功能障碍，被认定为"一级身体障碍"①。

患者于同年向大阪地方法院申请对本案在诊疗时所做成的医疗记录等进行证据保全。2 月 12 日，A 医院进行了相关证据保全的手续，并向法院提供了诊疗记录，<u>但此时 A 医院方，并未提供患者 1992 年 6 次住院时的诊疗记录、同年 1 月 30 日进行手术时的相关记录，以及有关放射线治疗的病历等</u>。

患者在 1998 年 9 月 11 日，以 A 医院在本案诊疗上有相关过失为由，对医院开设者 B 向大阪地方法院提起医疗诉讼。

患者的代理人在本诉讼期间的 2000 年 12 月 5 日要求 B 开设者的代理人，提出前述之三项内容作为证据。对此，B 开设者的代理人只提出第三项作为证据，其他<u>两项内容，则仅止回复"搜寻后不存在"</u>。

结果，大阪地方法院在 2002 年 4 月 19 日驳回患者的请求。虽然患者再度上诉，但大阪高等法院在 2004 年 9 月 7 日，驳回了患者的上诉。

患者在二审宣告判决前的 7 月 22 日，以 A 医院方违反诊疗记录等的开具义务为由提起诉讼。患者的主要主张如下：（1）对有些诊疗记录有所隐匿；另外，已提交的诊疗记录当中有篡改的迹象，因此 B 开设者违反了"保管（未被篡改的）诊疗记录"及"开具诊疗记录"之义务。此行为侵犯了患者的人格权。（2）这些对诊疗记录等的篡改和隐匿，违反了报告诊疗始末的义务。此

---

① 一级为身体障碍程度最高级数。

行为导致了患者精神上的痛苦,并使患者在医疗诉讼过程中花费了额外的费用。

判 决

2007年6月14日,大阪地方法院作出判决,A医院的开设者支付赔偿金30万日元。

首先,有关第一点有无违反"诊疗记录的开具义务(及为了开具目的而进行的保管)"的问题,法院认为,姑且不论有无篡改一事,基于下述之一般论点否定了患者方的主张:"确实,医生们不仅基于《医师法》,亦应基于诊疗契约,对患者负起制作、保存详细的诊疗过程记录之义务,但是该制作、保存义务,只不过是作为确保诊疗适当进行的手段,通常该说明义务不会被认为是个别独立的一般性权利,因此,患者方不能以未开具(及为了开具目的而进行的保管)一事侵害权利为由请求赔偿。"

其次，关于第二点"违反报告诊疗始末的义务"的问题，法院基于下述之一般论点，针对有无篡改、隐匿一事进行了个别探讨。在建立诊疗契约的一般情况下，至少在患者有所请求之际，在该时期只要没有无法进行说明或报告的特殊情况，医院方就应负起对患者本人就相关诊疗结果、治疗方法等做出说明或报告的义务（始末报告义务）。至于始末报告的方式是否有出示诊疗记录等的必要，则视各案情况不同而定。但是，<u>在本案例的情况下，考虑到患者方有充分的理由想要得知有关诊疗记录等的详细内容，基于上述事实，判示医院方面有对诊疗记录等作始末报告之义务</u>。

有关诊疗记录被篡改及隐匿等问题，法院在检查A医院所出示的数据和病历记录方法等后，结果判定"不能说有（隐匿及篡改）"一事，但认定患者于1992年6次入院时的诊疗记录和同年1月30日进行手术时的相关记录有遗失的事实，因此<u>即使不是隐匿而是遗失，A医院的开设者B确因无法向患者开具上述记录，违反了对诊疗记录等作始末报告之义务</u>。

关于违反此义务的赔偿方面，判示不需赔偿医疗诉讼所花费的全额，以30万日元为限，负起赔偿患者精神上的痛苦之责。

解　说

患者于治疗时死亡，或产生留有后遗症等坏结果的情况下，若患者、家属方面有所要求的话，基于道义，医师应该对诊疗的过程和结果等进行说明。从法律上来说，该义务是基于诊疗契约的始末报告义务。

问题在于始末报告的方式，法院也并未表示"在（诉讼）案例中出示诊疗记录是必要的"。只是<u>像本案这样留下严重后遗障碍的情况，患者当然想知道详细情形，因此判定有对诊疗记录等作始末报告之义务</u>。又即使不能说有篡改和隐匿的情况，但确实有一部分诊疗记录遗失，因此以未作始末报告为由，判赔小额的损害赔偿金。

即使是笔者本人在诉讼中帮医疗机构辩护时,若未能看到部分诊疗记录,也会为该如何应对而伤透脑筋。虽然仅有部分诊疗记录这点并不会直接造成审判上的不利,但也可能会被患者方的律师指出我方"有所隐匿"。在这种情况下,当然有必要澄清绝无隐匿的情况,但被指责"有所隐匿"的这件事本身,对身为当事人的医疗者来说并非愉快之事。

在诉讼未能朝有利态势发展的情况下,也有患者方抓住这点而导致医疗机构方败诉的前例。本案例正是如此。因此与患者方产生纠纷时,应该确认医疗记录的保管状况。即使是导入电子病历的医疗机构也是如此,不只是将医疗情报集中管理就好。又本案例中有关诊疗记录的开具义务虽然成为争议点,但法院最后的结论否定了医院方有该法律上之义务。

Q&A
判决的关键

Q 本案例否定了医院方篡改病例一事,在实际的诉讼中,被认定为有篡改之实的前例多吗?

A 搜查机关在办理刑事手续时,在大量的书面数据中会特别期待病历记录的真实性,并当作特别可信的书面数据来处理(《刑事诉讼法》第三百二十三条第二款)。[①]参与民事手续的法官也抱持着同样的想法,因此法院会认定患者方所提出篡改病历的主张的情况是相当罕见的。正因如此,事前详细地进行病历书写是有其必要的。若平时就能将此点放在心上的话,在与患者方产生纠纷之际,会有很大的帮助。

Q 若对患者有基于诊疗契约上报告诊疗始末的义务,在患者死亡的情况下,是否会演变成有必要对患者家属负起报告诊疗始末的义务?

A 这样的想法在理论上是说得通的。在判决先例中有如下叙述:"虽然医院方面应该说明的对象通常是身为诊疗契约当事人的患者本人,但若患者处于意识不清,或死亡等无法向患者本人说明的状况,或不适合向本人说明的情况,家属会成为诊疗契约预定的当事人。"(东京高等法院 2004 年 9 月 30 日判决)因此,对于家属也应该作相同的应对处理。

---

① 松尾浩也编,《条解刑事诉讼法》第 4 版。

对于口出恶言的问题患者，判决胁迫罪、强制罪成立

因洗肾定期至医院复诊的患者，屡次对护理师和技师口出恶言，暗示要加害，对此医院向警察署报案。法院判定胁迫罪、勒索罪成立，对患者作出实刑判决。

（桑原博道）

事件概要

患者在 2000 年 1 月为接受肾脏透析治疗，定期至 X 医院的人工肾透析中心复诊。从 2007 年 6 月左右开始，患者屡次对在 X 医院临床工学科的科长助理 A 和临床工学技士 B，进行长时间的诘问。

同年 7 月 6 日下午，患者于透析中心的透析室中，以坐在床上的姿态让 A 和 B 站在面前，说"你们这些人！来这儿的话，俺……对年轻小伙子用木刀和尖端……向头和身体的……喂！刺你喔……揍你一顿喔！真是讨厌"，等等，持续说了 3 个小时以上。当时在场的透析中心护理科长 C 虽然试图缓和患者的情绪，却完全不被接受。

同月 13 日，患者于 X 医院持续对 C 作出下述发言："你啊，去别的地方……比较好啦！真是麻烦呀！""俺可是……你这家伙要是不在就好啦！"并持续讲了相当长的时间。同月 30 日，对 X

医院的事务长讲了许多"这个C，C科长她很渴望职位头衔啊""俺在挥舞日本刀时可是乱七八糟地在挥呀"等话，亦持续讲了相当长的时间。

B从同年7月12日开始到8月20日因被诊断为身心症而停职休假。A也从同年的7月30日至8月21日因被诊断为身心症而停职休假。

X医院的院长于7月31日得知是因患者的言行举止造成A和B的停职后，和患者一对一进行了超过一小时以上的面谈。此时患者对院长表示，"C自从成为护理长之后就变得乱来一通！""一点危机管理意识都没有，什么都不知道！""在院长同意面谈后，就想压制俺想说的话！""C啊已经不行啦！""马上换掉她！""C如果可以滚远一点就太好了"等，持续要求将C转换部门。

8月13日，X医院批准透析中心护理科长C转换部门的申请，同月20日决定了此次的人事变动。

在C转换部门约一个月的时间内，患者虽未提出特别的要求，但在同年的10月以后又再度针对A和B提出了激烈的要求，患者还以激烈的语气胁迫院长，所以，X医院向警察署报案。检察机关以胁迫罪和勒索罪起诉患者，成为刑事诉讼案。

判 决

广岛地方法院裁定患者有罪，作出1年8个月徒刑的实刑判决。具体理由如下：首先，患者的发言"用木刀和尖端……向头和身体的……喂！刺你喔……揍你一顿喔！真是讨厌"，被认定为是对A和B之生命和身体进行加害之内容，胁迫罪因此成立。

其次，法院指出患者屡次强迫多名职员辞职，若未应其要求让C转换部门，就会像先前那样持续不断地要求，导致X医院陷入执行业务困难的状态。且患者又进而对身为医院经营者、管理者的院长以可能会损害其名誉之态度进行胁迫恐吓，进而让院长同意了原本并无义务要执行的 C 之部门转换,因此勒索罪亦成立。

患者的律师以从最初(7月)开始约 4 个月后 X 医院才提出受害申报这点有问题为由,主张院长等人的供述无可信度。但法院认为在 C 转换部门后的约一个月时间内,患者虽未提出特别的要求,但从 10 月以后又再度针对 A 和 B 提出了激烈的要求,同月 17 日对院长说话的语气也带有胁迫性,因此认定 X 医院在此时间点提出受害申报并无特别不自然之处。

患者的律师还主张,院长原本就有执行 C 之部门转换的义务,因此不该判定勒索罪。该理由为:(1)虽然患者要求了让医师常驻在透析室内,但 C 未应其要求实施;(2)C 在给患者注射之时,不知是否没注射好,常有漏液的情形;(3)C 不在时其他员工常聚在一起聊天,患者才会要求 C 常驻透析室,但 C 未应其要求等。但法院认为即使有上述情况,院长仍无将 C 转换部门的义务。

关于患者的量刑，法院认为患者的行为性质恶劣，再加上患者在 2005 年尚因其他事件之恐吓罪接受缓刑判决（3 年徒刑、缓刑 4 年），在缓刑期间仍断然做出本案言行，因此无论如何也无法轻视其刑事责任。即使有患者高龄及接受洗肾等情况，仍认为判处 1 年 8 个月的实刑是妥当的（广岛地方法院 2009 年 3 月 4 日判决）。

解　说

本案为有关给医院造成过分困扰的问题患者被认定胁迫罪和勒索罪成立的案件。

胁迫罪是对他人之生命、身体、自由、名誉、财产等，以宣告加害的胁迫手段进行的犯罪。在本案中，患者曾对 A 和 B 宣告要对其生命和身体进行加害，明显符合胁迫罪。

另外，勒索罪是对他人之生命、身体、自由、名誉、财产等，以宣告加害的胁迫手段或是施加暴行的方式，要求他人行使无义务之事，或妨害他人行使权利的犯罪。在本案中患者表示若院长未应其要求让 C 转换部门的话，就会持续提出要求，是为妨害业务，进而表现出会对院长在医院经营和管理能力方面之"名誉"进行加害的态度。

因此，被告即使没有作出对医师生命和身体进行加害的相关发言，法院仍明示该状况适用于勒索罪，由此方面来看，可以说是相当有意义的判决。

另外，患者在病房和门诊处大声骚扰造成妨害诊疗的行为，若该发言的内容本身并非是加害他人之生命、身体等内容的话，主要以妨害业务罪来作讨论。妨害业务罪正如其名，是利用威胁的方式对业务造成妨害的犯罪。只是，该罪名的成立根据不同的情况会有微妙的差异，亦有未被当作犯罪立案的情况。

本案例中处于现场的医疗人员，虽然从一开始就持续回应患者的不满，但应对方式不太恰当。这方面的问题会对医疗行为造成障碍，也有造成其他患者困扰的可能性。

有关医疗处置过程中所产生的纠纷，医疗者虽然应该对患者进行事实关系的说明和医学上的解说，但除此之外对患者及家属所有不满的应对，都应该交给专门的行政职员（事务长等）负责，这可以说是不可更改的规则。虽然判决书中未提及，但本案若能在更早的阶段就让行政职员介入的话，不是很好吗？另外，X医院虽然应患者的要求让C转换了部门，但在此之前，就应该和警察或律师等商讨对策才对。

又本案中院方保留有患者的发言录音，且患者承认是他的发言这点成为关键。可推测那个录音是未得到患者同意而录下的。虽然在患者未同意下就进行录音，在是非对错上还有讨论的空间，但是法院将这样的录音当作证据采用这点，应该也可作为实务上的参考。

Q&A
判决的关键

Q 本案中院长和问题患者进行一对一面谈这点,不会产生问题吗?

A 身为院长,拥有决定本案中有关 C 转换部门,或裁定以金钱方式来解决纠纷等的广泛权限,这样持有权限的人与问题患者直接面谈后,会有强化患者作出更进一步要求的倾向,因此,院长应避免和问题患者做一对一的面谈。话虽如此,若是因明显的医疗过失而造成患者产生严重后果的情况则是例外,那就不是应对申诉的问题了。另外,即使是院长以外的职员也应尽量避免一对一面谈。

Q 患者的辩护律师主张被害申报的提出时间太晚,医院方面的证言不可采信,本案被害申报和起诉状的提出时间真的太迟了吗?

A 由于向警察署报案和听取事件情况等会耗费时间,因此,许多医疗机构常对报案一事犹豫不决,但若不及早报案,就可能会演变成像本案这样严重的事态。就算满足了患者的要求后患者的不满的情况有所收敛,但也仅是得到一时的平静,后来又再发的情况相当多。本案就是一个这样的例子,因此建议尽可能在早一点的阶段就报案。话虽如此,在很多状况下难以对此下判断也是事实。在本次的案件中,由于认定在 7 月 6 日的时间点即有明确的胁迫行为,也就是在该阶段,或最迟也该在 C 转换部门之前,就向警察署报案会比较好。

住院患者从屋顶坠楼死亡，因无预见可能性，医院被判决无责任

疑似术后谵妄综合征发作的住院患者在医院的建筑物坠楼死亡。患者家属以院方应可预见术后谵妄综合征之发作和因此导致跌落死亡为由，控告院方违反注意义务，却被法院驳回。

（石黑敏洋）

事件概要

男性患者（当时63岁）于2005年2月23日，为治疗食道癌至大学医院住院，于3月8日接受次全食管切除术（以下称第一次手术）。术后，患者在半清醒状态下进入HCU（High Care Unit，重症加护病房），由于患者对呼唤的应答迟钝，呈现无法镇定的状态，因此医师注射了Haloperidol使其镇定。医师担心病人会自行将输液管拔除，在征得家属同意后对患者的两上肢实施约束。

9日，医院认为在夜间并无危险行为，因此停止了对患者两上肢的约束，但由于患者又出现自行拔除插管，说出如"这里是港区大厦的事务所对吧？我是什么时候住院的？是什么时候进行手术的？咦，是这样吗？"等呈现认知障碍的话语，疑为术后谵妄综合征发作，因此医院在夜间和必要时亦会将患者的两上肢实施约束。3月17日，患者从HCU转至住院病房后，就再未观察到有自行拔去插管、认知障碍等状况。

在此之后，由于发现患者有胃管的接合处狭窄、缝合不全的状况，因此于 7 月 26 日为其实施了颈部食管造瘘术、胸骨后脓肿洗净排液以及食管闭锁术（以下称第二次手术），并于 27 日将患者从 HCU 转移至住院病房，此时并未对患者的身体实施约束。

29 日，患者以颤抖的手整理周遭环境，至护理站说要寻找某人，虽然半夜不需他人协助可自行如厕两次，但仍持续呈现无法镇定的状态。在 30 日 0 时 40 分左右，<u>患者表现出好动、不稳定的状态，因此护理师联络了值班医师。但当值班医师查看时，却无法确认患者有好动、不稳的情况。在输入 haloperidol 药物后，医师向其呼唤"差不多该睡觉了"，而患者看起来也将要入眠，因此值班医师便离开病房。</u>

然而，患者在 0 时 55 分左右用剪刀将插管剪断，从病房中消失了。虽然护理师和警卫等察觉到患者不在病房后立刻分头进行搜索，但仍无法找到患者。

在之后的 12 时 30 分左右，于设置在医院内的护理师宿舍旁发现了呈现死亡状态的患者，由尸体的状况等判断患者是由护理师宿舍的屋顶坠楼而死。在尸体检验书中推定患者的死亡时间为 30 日 3 时左右，直接死因是"多发性外伤"的"自杀"。

患者的家属以第二次手术后患者出现术后谵妄综合征，主张医院职员们有以下问题：（1）可预见患者出现包含自杀等之危险行为的义务；（2）为了防止危险行为应对患者的身体实施约束等采取相关措施的义务；（3）对于失踪的患者应该用家属所主张的方法来搜索的义务；（4）在发现患者失踪之际应该联络家属的义务；（5）为了不让失踪的患者跑到病房外，应该将出入口全部上锁，并让警卫监视等，有对医院设施进行适当管理的义务。承上，家属以院方怠忽上述之问题造成患者死亡为由，对身为医院经营者的国立大学法人以基于不法行为（使用者责任）及诊疗契约上的债务不履行，提出损害赔偿要求。

判　决

法院作出如下之判决，驳回了患者方面的要求。术后谵妄综合征的核心症状为认知障碍，第一次手术后患者身上出现了认知障碍、记忆缺损、失去判断能力、语言障碍等认知上的变化，但在第二次手术后并未观察到患者有这样认知变化的相关症状，且在失踪前不久患者面对医师时呈现安稳镇定的状态来看，不能说医院职员应可具体预见术后谵妄综合征的发作，因此也不能说可具体预见患者会因术后谵妄导致坠楼死亡，因此也没有如同第二点有对患者的身体实施约束等采取相关防止危险行动措施的义务。

关于第三点，法院认为医院的职员采取了必要的方法对患者进行了搜索，否认违反注意义务。关于第四点亦同，从判明患者失踪是在深夜的 0 时 55 分左右来看，在将医院全部搜索过仍未发现患者后，才考虑到患者搭乘出租车回家的可能性，且在该时间点才开始联络家属，医院的这种应对方式，难以说有偏离社会一般常识之处，因此在发觉患者失踪后未立刻联络家属这点，并未违反注意义务。

关于第五点要求将病房的出入口全部上锁并让警卫时常监视并非容易之事，也不符合实际，亦否定有该义务。（东京地方法院2009年9月15日判决）。

解 说

不是因为手术失败，而是因坠楼这样意想不到的原因致死，对于失去重要亲人的家属们来说，该震惊和悲伤是难以想象的。由于是因术后谵妄这种伴随着医疗行为出现的症状导致的死亡，家属认为医院方面有采取防止措施的义务也很正常。再加上第一次手术后，患者就疑似有术后谵妄综合征，因此在第二次手术后应也可预见发作的可能性，家属认为医院方违反了各种注意义务，也有合乎情理之处。

一般对违反注意义务的认定，其前提为存在有预见结果的可能性。像本案这样由于患者出现精神疾患，于医院内自杀和意外死亡的案例，更是会被放大讨论，因此对于该预见可能性的判断，会针对事件当时患者病状的发展状况进行个案探讨，对有无达到自杀和意外死亡之危险性及程度进行个别认定。

在本次的案件中，患者虽然从死亡之前的7月29日至30日间呈现无法镇定的状态，但法院认为单凭这点无法确认术后谵妄综合征发作，或能够对此进行预测。30日0时40分左右，值班医师至病房在床边直接观察患者时，患者既没有表现出胡闹的样子，还表现出和颜悦色的神情，并对医师"差不多该睡觉了"的呼唤颔首同意。从这样的事实来看，医师和护理师对术后谵妄的发作，及患者可能因危险行为而死亡等情况是难以预见的，可见法院的

判断是妥当的。

　类似这样的状况，医院是否有对患者的身体采取约束措施的义务呢？虽然无法否定在医疗现场有对某些患者采取身体约束措施之必要，但考虑到患者的人权，实施约束措施，应该是在极为限定的条件下才可实施。由于法院否认了应可具体预见术后谵妄发作的主张，因此于本案中认定没有这样的义务也是当然的。

　话虽如此，但医院内若装设有离床侦测器的话，判决结果或许会改变。离床侦测器可在不对患者身体造成约束的情况下掌握患者的行为，可防止患者离开病床失踪。

　若在当时该医院装设有这样的装置，在被控诉有怠忽使用此装置的情况下，对照7月29日患者的状态，医院方面可能会遭到严厉的判决。

Q&A
判决的关键

 在此判决中成为争议点的所谓医院的"过失"是什么？

 法律用语的"过失"，是指因违反了法律上的注意义务被问责，包括没有意识到会引起坏结果的问题和怠忽于采取回避此坏结果的措施问题。本案中原告也是以"没有意识到患者会有'术后谵妄的发作'、'坠楼死'"、"怠忽于采取'对身体的抑制和约束'，以及'出入口上锁'等回避措施"，主张医院方面违反注意义务。

 虽然有"预见可能性"这样的说法，但对有关患者的预后及行动，在怎样的范围内会有事先预测的必要性呢？

 一般说到"预见可能性"会认为是将可能设想到的结果全部包含在内，但事实上并非如此。判决中有关的预见可能性，是指以拥有一般能力的医师来说不会漏看的程度，该范围则因案件而异。

本案从患者直到失踪前仍呈现安稳镇定状态的情况来看，预测到会有自杀这样的结果可以说是很困难的，但医疗本就是一边考虑风险和利益的同时一边进行治疗的行为，因此面对状况时时刻刻都在变化的患者，自然会被要求依"某种预测"而作出某种行动。在此之际，此预测是基于何种根据，这样的预测是否合理，身为医疗者应该时常意识到这点，并有必要对此事先作验证。

医师开车时因打瞌睡发生事故死亡，判决引发职员过劳的医院有责任

身为硕士生的医师在前往兼职医院途中，由于过劳工作在开车时因打瞌睡发生交通事故死亡。法院认为站在该医师仍为学生的立场，大学方仍有采取适当安全措施的义务，命令赔偿损害。

（田边升）

事件概要

当时33岁的男性医师A为所属大学医院外科医局的硕士生，并在医局的介绍下至其他医院兼职赚取生活费。

2003年3月7日晚上，A在大学医院为急性心肌梗死的急救患者进行了手术。A于第二日9时要在兼职的医院值班，因此原本未预定在深夜进行医疗行为，但由于多位医师在第二天8时要出席研讨会而人手不足，因此A便临时作为第三助手参与了手术。手术从20时53分开始至第二日4时05分结束。

手术结束后，A驾车前往相隔约60千米的兼职医院上班，但是就在8日的8时10分左右，和对向车道冲出的大型货车正面冲撞。A因脑挫伤于同日死亡。事故现场为视线良好的直线道路，且A的车子并未留下刹车痕迹。

身为家属的A父母主张事故的原因是由于大学医院以实习名目指派A从事过重的工作，导致A不得不在过劳的情况下驾驶，

故对大学医院以基于违反安全关照义务与不法行为，提起约 1 亿 6000 万日元的赔偿诉讼。大学方面则以"A 和大学之间并非雇佣关系，手术和诊疗都是硕士生的实习内容"为由提出反驳。

在起诉的同时，家属得到由劳灾保险支付的"通勤途中灾害"之家属慰问金 3146 万日元和"家属定额特别支给金"300 万日元。

判　决

有关 A 的工作状况问题，基于大学医院电子病历的登入时间，法院对医疗部门员工作了证人询问，并对值班时所用的电子邮件等进行了精细的计算，计算的结果为 A 在事故发生前的 12 周之内，以超过法定劳动时间的强度从事业务，一周工作平均超过 40 个小时，工时相当长。且 A 在事故前的三个月内只有 3 天完整的假日，几乎每周都会有 1~2 次的值班，在值班结束后，平日会照常在大学医院执勤。

基于上述事实，法院认定"单从 A 的执勤时间来看，在量的方面明显有过重的情形"。

另外，A 在事故发生前的出勤状况如下："于本次事故 1 周前的 3 月 2 日 0 时 40 分开始至 7 时 25 分为止从事手术业务；从 2 日开始到 3 日于兼职的医院值班；紧接着到 4 日的 0 时 19 分之间于大学医院执行一般性的业务；从 5 日到 6 日，于大学医院执行值班业务；然后又于 7 日到 8 日，于大学医院参与了 2 场手术。"因此法院判断此状态为"极度睡眠不足的过劳状态"。

关于事故的原因，虽然无法完全排除是因脑血管疾患或心脏疾患发作，导致无法驾驶车辆，但由于完全没有这方面的相关证据，因此法院认定"事故发生的原因是由于极度的睡眠不足以及过劳，导致陷入打瞌睡的状态"。

此外，在判决中，身为硕士生的 A 在大学医院所进行的诊疗业务，该性质在法律上的定义（是作为学生实习呢，抑或是作为劳动者执行业务呢？）成为争议点。法院针对这点表示"A和被告大学间有在学关系，且实际上于被告设置的医院从事诊疗行为，亦即在A与被告之间，明显产生了基于安全关照义务的法律关系及特别的社会接触关系，因此在讨论被告是否有安全关照的义务这点上，无需论及该进行之诊疗行为等在法律上的性质"。

因此，有关大学是否违反了安全关照义务或有无不法行为的责任，法院判断："由于大学方面可容易了解到有关A过劳一事，医局长也知道A于深夜仍留在医院，并将A分派至外部医院从事兼职，因此认为大学医院方面对于A所从事的业务内容和时间大致上有所掌握。A在持续进行了如上述那样的强度、性质的业务的情况下，无论是陷入极度的疲劳状态，产生身心上异常情况，或因过劳状态和极度的睡眠不足，都可能成为本次事故发生的原因，可以说对身为指派A从事业务的被告来说，应该有充分理由可预

见事故发生的可能性。"

承上，法院指出："被告作为 A 之指导官，应可预见 A 有可能陷入极度的过劳状态，因此应试图采取减轻其在大学医院和外部医院的业务量等适当之措施，<u>有应该负起避免 A 陷入极度疲劳和睡眠不足状态的具体性的安全关照义务</u>"。判定"被告未采取如上述之适当措施，且漠然地置之不理，计 A 在相当长的时间内持续从事过重的业务，尤其在本次事故发生前一周，从事导致极度睡眠不足的业务，陷入过劳状态。更有甚者，从本次事故前一天的 3 月 7 日至 3 月 8 日之间，……使预定要至兼职医院值班的 A 从事了彻夜的手术，因此认为被告违反了上述安全关照的义务。"

损害赔偿额虽然被认定为 1 亿 2413 万日元，<u>但由于 A 自知睡眠不足，虽然搭乘电车也赶得上，但仍选择自行开车，并要求医局长帮他介绍兼职的工作等，因此判定 A 也需要负六成的责任，双方的过失相抵</u>。又扣除了家属慰问金 3146 万日元，大学方面被命令支付加上律师费用约 2000 万日元的费用（鸟取地方法院 2009 年 10 月 16 日判决）。

解 说

本案例的特点是：大学医院对于身为硕士生的医师不仅需确保其兼职的安全性，也必须将其视为同等劳动者的身份来作考虑。

虽然很容易将本案作为医师过劳死的相关案例来看，但若稍微改变立场，就可得出"若因业务过重而导致疲劳驾驶的情况下雇主有责任"这样的看法。最近常有驾驶员驾驶时因意识障碍而发生事故的报道，在讨论此种状况下的责任归属问题，本判决可作为参考。

虽然疲劳驾驶的加害者也有责任，但若在加害者死亡的情况下，法院也有让"使之疲劳驾驶者"负起责任的判例。例如在有关货车司机疲劳驾驶造成的交通事故中,也有几个以长时间加班为由,认定使用者方有损害赔偿义务的判决先例(东京高等法院2006年4月26日判决等)。本次的判决要求大学方负起安全关照义务的这点,在结构上可以说与之相当类似。

倘若是因医师所开的药剂导致患者驾驶时打瞌睡发生事故,该怎么办呢?在这种状况下,医师也有可能被认为需要负责任。

在过去的判例中,有患者在做内窥镜检查时使用了镇静药物,之后却发生了交通事故。由于医师只做出"会有嗜睡的情形"这样的说明,所以被法院认定说明不够充分,因而有责任(神户地方法院2002年6月21日判决)。身为医师的责任,就是应该考虑到镇静药的药理作用,注意不要让患者驾驶车辆才对。

又本案例是发生在医师的业务过重被频繁报道时期所作出的判决,或许也因此法院轻易地就接受了被告的请求,但是从侧面来看,医师的业务之所以过重,不就是因为法院的判决等常让医生负担过重吗?本次医局长虽然并未被认定有个人的责任,但倘若法院作出此认定的话,下次过劳死的可能就是医局长了。

Q&A
判决的关键

Q 本案例采用了电子病历的登入时间以用于工作时间之认定,还有其他可成为证据的东西吗?

A 通常会采用个人计算机的登入记录、电子邮件、笔记本上的笔记等来做证据。由于在医院里有为数众多的护理记录等数据,应该不缺少可证明工作时间的数据。

Q 癫痫患者造成交通事故的问题。因癫痫患者服了药便不会发作,所以也有患者向医师要求驾驶许可的例子。这类患者若发生事故的话,允许患者驾驶的医师会被追究责任吗?

A 在《道路交通法》上,即使是癫痫患者,但只要服药就不会发作的人,都是被允许驾驶的。几乎所有癫痫药物的说明书上都记载着"请注意不要从事驾驶车辆等行为",在和药物副作用有关的判例中,有提及"说明书上的记载内容是最被重视的"之最高法院判例(1996年1月23日判决),因此亦有对开出处方的医师追究责任的可能性。也由于此最高法院之愚蠢判决,妨碍了许多精神障碍者的正常化。

医院拒绝开具病历记录，被判定侵害患者的利益

患者方屡次要求医院开具诊疗记录，却遭医院方面拒绝，在判决中医院也以遗失为由未出示。法院认定医院侵害了患者在法律上之利益，命令赔偿损害。

（莳田觉）

事件概要

患者（当时73岁）于2002年11月1日以治疗肺炎为目的而由他院转院至被告医院。

医院的负责医师从患者发热、呼吸器官症状、炎症症状、图像观察结果等来看，疑似细菌性肺炎（肺炎球菌），开始使用盘尼西林类的广谱抗生素（一般名Piperacillin）进行输液治疗。由于患者肺炎的症状未获改善，在同月4日改使用药物Tienam（Imipenem/Cilastatin）。

又因患者有思觉失调症（Schizophrenia），呈现不稳定状态，医师判断患者在对咳痰检查的意义和方法的理解上有显著困难，因此并未对其进行痰检采样，以确认病原菌。患者在同月6日病情突然骤变，心跳和血压降低，在装置人工呼吸器，进行了心肺复苏术，并用药Bosmin（Adrenalin）后，仍于同日确认死亡。

在患者死亡的第二日，患者家属和医院的事务长A及负责

医师们会面，患者家属对医院在患者死亡时的应对和医疗内容等表示不满。虽然负责医师们在向家属出示诊疗记录和 X 射线照片等的同时，也说明了患者的诊疗过程和死因，但家属仍表示要追究医疗过失。对此事务长 A 为对家属提起诉讼此一必要的事态有所准备，要求将保管于医事科的诊疗记录移至事务长室管理。

家属在 12 月 11 日向医院提出了复印诊疗记录的书面要求。医院并未答应此要求，并回复"若需要复制诊疗记录，请采取法律措施"。家属在 2003 年 8 月 10 日为了询问第三人医师的意见，以书面形式要求医院开具诊疗记录。对此，医院方面虽提供了 X 射线照片、CT 档案，却未交付诊疗记录的复印数据。在之后家属虽试图向第三人医师征询意见，却因"没有看到诊疗记录，无法做评论"被拒绝。

2003 年 12 月，医院更换了经营者，事务长改由另一人 B 接手，但是原先的事务长 A 并未对有关此患者的诊疗记录及医疗纠纷的经过等与 B 进行详细的交接。2004 年 10 月，家属将要求开具诊疗记录的证明书邮寄给院长。在收到信件后医院搜索了诊疗记录，却未找到。

2005 年 10 月，家属以医院在治疗上有过失为由提出损害赔偿诉讼（第 1 事件）。家属方主张院方主要过失为应该实施痰培养等检查以确认肺炎病原菌，并使用适当的抗菌药。

家属又在 2006 年 11 月，对医院进行了要求出示诊疗记录的书面申请，却被以诊疗记录在职务交接时遗失，事务长 B 不承认持有诊疗记录而被驳回。2007 年 2 月，对事务长 A 进行了书面提出命令申请，但 A 主张并未持有该物，未应要求出示。

2007 年 6 月，第 1 事件的一审驳回了家属的请求，但在同年 10 月的二审中，法院认定有"释明权不行使""审理不尽"等违法情况，发回重审。接着在 2008 年 1 月，家属针对事务长 A 和 B 以因其隐匿证据之行为侵害了原告得知事实的权利为由，重新提起

700万日元的损害赔偿诉讼（第2事件）。第1事件和第2事件合并审理。

判　决

有关第1事件，法院基于之前医师的诊疗记录、被告医院的各种成像、主治医师们的证词等，加上患者罹患思觉失调症、住院后呈现不稳定的状况等来看，判断未实施咳痰检查并无不适当之处。

此外，即使实施了咳痰检查，也并非就能确实地得到有帮助的检查结果。关于肺炎的治疗，一般来说根据患者背景及重症程度做分类，基于经验选择抗生素的治疗方法是被认可的，因此否定了医院在抗生素的选择、使用方法上有过失。

有关第2事件，法院则认定医院有不法行为，命令赔偿50万

日元的损害赔偿金。法院陈述:"医疗机构有应基于诊疗契约对患者本人和家属报告诊疗内容的义务。在产生坏结果的情况下,患者方在法律上有试图弄清该原因的合法权利。由于医疗机构怠忽于诊疗记录的适当管理,导致患者方面在试图弄清该原因时的手段被限制,因而蒙受精神痛苦。医疗机构方的此应对方式是不被允许的,因此有成立不法行为之余地。"

承上,以"在本案中,尽管家属方一而再、再而三地要求复印诊疗记录,但院方皆予以拒绝,这促使家属方采取法律上的措施,因此家属通过法律程序取得要求开具诊疗记录的权利,可成为不法行为上的保护对象",判示"以去向不明为由而未能提出与本案诉讼相关之诊疗记录,让家属无法向合作的医师出示诊疗记录,征询有关该医疗行为适当与否之意见,这一有关诊疗记录开具之过失,可说已对他人的合法权利造成不法侵害"(东京地方法院 2010 年 1 月 28 日判决)。

解 说

一般来说,《医师法》中有制作及保存相关诊疗记录的义务,这是为了"提升及增进公众卫生水平,更加确保国民能健康的生活"(《医师法》第一条)。根据此规定,即使是患者或家属向医院要求开具诊疗记录,医院在法律上也并没有履行此要求的义务。

在 2005 年 4 月 1 日实施的《个人资料保护法》第二十五条,虽然对医疗机构规定有开具义务,但并非认可患者方对病历等资料有必然之开具请求权(换言之,患者方面的利益可以说是"反射利益")。有关这点,基于诊疗契约,若患者本人要求对此进行说明、报告,若无特殊情况,医疗机构有对患者就有关诊疗的内容等进行说明、报告的义务。(《民法》第六百五十六条、第六百四十五条)。

但法律对有关说明、报告的方法并无特别规定,在过去的判例中,也有如下之判示:"在遇到需报告、说明的情况时,将其义务解释为须将病历记载的内容全部告知,可以说是牵强的。作为说明的方法,不是非要出示诊疗记录不可。应针对个别案例,以适当的方法进行说明、报告为佳(多数情况只要以口头说明、报告就已足够)"(东京高等法院1986年8月28日判决)。

在本案件中,医院在向家属出示了诊疗记录等的同时,也说明了患者的诊疗过程和死因,因此可评价医院已大致尽了作为医院的报告义务。尽管如此,医院仍被认定须负损害赔偿之责,其最大理由为即使到了诉讼阶段,医院仍无法提出诊疗记录这点。

在医疗诉讼中,诊疗记录是极为重要的证据。若直接拒绝家属方的诊疗信息开具请求,虽不致直接成为不法行为,但若于家属反复提出开具要求的状况下,诊疗记录存在遗失、被丢弃的情况,就有可能被认定该不法行为成立,因此有必要注意对此进行妥善保管。

另外,于医疗诉讼当中,患者也负有对过失的举证责任。若因医院未开具诊疗记录等造成妨害举证的情况,虽然也有举证责任转换或推认有过失等说法,但本判决中并未言及。该理由为可根据其他的证据对诊疗过程做出事实认定,且即使诊疗记录的遗失是由于事务长在职务交接时有失误,亦很难被认为是恶意的、有企图性的妨害行为。

Q&A
判决的关键

 Q 《个人信息保护法》实施后,若拒绝患者对诊疗信息的阅览、誊写要求,会有问题吗?

A 《个人信息保护法》的开具规定(第二十五条)和医师法都是为了达到同样的目的,因此患者和家属的开具请求权同样是不被承认的。但若不出示的理由和状况被判断为是恶性质的话,也可能会成为被劝告、命令和受罚的对象,因此有注意的必要。实际上在该法施行后,许多医疗机构也对诊疗信息开具的相关规定做了整理,并接受患者的开具要求。

 Q 如果非患者本人,家属的开具要求也应接受吗?

A 在厚生劳动省"有关诊疗信息的提供等指南"中,虽有"在配偶、子女、父母等要求开具诊疗信息的情况下,原则上应应其要求"之内容,但也并非认定此为家属固有的请求权。诊疗信息中有与患者隐私相关的信息,亦包括与其他亲人有关的信息,因此应尊重患者生前的意愿和名誉,考虑患者和其他家属之间的关系,依照各个设施的实际状况慎重地做出应对。

未经患者同意泄露诊疗信息，除法院要求的部分以外皆为违法

在工作中受伤而控告雇主的患者，以向雇主泄露诊疗信息为由，对家庭医师提起诉讼。法院判定家庭医师提供给雇主除法院要求的部分以外的诊疗信息之行为违法。

（莳田觉）

事件概要

患者于 A 公司执勤时，被其他作业员掉落的塑料箱击中头部，至医院接受治疗。由于反胃、颈部痛等症状未改善，于 2002 年 9 月 13 日至 B 诊所就诊。主治医师为 C 医师。之后为接受颈椎扭伤、头颈综合征的治疗而持续复诊。

患者接受一段时间的治疗后症状仍未改善，C 医师指示患者至他院接受 MRI 检查。患者于 2003 年 10 月 31 日接受检查，同日将 MRI 影像带至 B 诊所。C 医师在对影像进行解读后，诊断该症状为老化所造成的颈椎突出。

患者于 2004 年 2 月 18 日回到家乡，在家乡的医院被诊断为颈椎扭伤、颈椎症（末梢神经障碍），并于 2005 年 4 月 22 日被认定为劳灾障害等级 9 级[①]。在患者回乡的这段期间，C 医师和 A 公

[①] 障害等级共有 14 级，以第 1 级最为严重。

司的负责人进行了面谈，并向 A 公司负责人提供了关于患者有无持续复诊的信息。

患者以 A 公司为被告，以有关执行业务中的事故提起损害赔偿诉讼。法院基于 A 公司之申请，对 B 诊所提出了文书提供要求，从而调阅了 B 诊所的诊疗记录。

在此之后，A 公司向法院提出从 C 医师处听取得来的针对患者 MRI 影像内容所作出的相关意见、症状说明及详细记载 MRI 影像判读结果的书面资料，又针对诊疗记录中无法判读的部分，在得到 C 医师对该处意义、内容的解释后，将诊疗记录重新解读，作为证据提出。

接着 C 医师还为 A 公司作了患者诊疗经过一览表，除了再度说明诊疗内容外，又为 A 公司方作出意见书。在意见书中有"无法认定患者的症状是由于头顶被物体砸中而发作""从 MRI 中看不出明显的颈椎突出""颈椎突出是由于老化等原因造成"等的记载。

患者以 B 诊所和 C 医师泄露个人信息，作出造成患者不利的内容之不实意见书，因而使患者蒙受精神上的痛苦为由，提起诉讼。

判 决

法院针对医师的保密义务，判示"医师在此业务性质上，和患者间基于信赖关系，在诊疗过程中会得知患者的身体状况、病状、治疗等秘密。针对这些业务上所得知的信息，在无正当理由的情况下不可泄露。此点不仅基于医师之职业伦理，法律上也规定医师在'无正当理由的情况下泄露因业务知悉或持有之他人秘密者，是为秘密泄露罪'（《刑法》第一百三十四条第一款），对因业务上所得知的秘密事项，在法律上负有保守秘密的义务"。

承上，C 医师在患者提起诉讼前对 A 公司负责人所提供的有关患者的有无持续复诊之信息，因仅限于患者本身对 A 公司报告之内容，不属于有关患者的秘密信息。又因该信息为基于法院的提供文书要求而调阅之诊疗记录,在基于法令的情况下,即使未经本人同意亦被允许(与个人信息保护有关的法律,请参照《个人信息保护法》第二十三条)。

但是在此之后,C 医师未经患者的同意就对 A 公司负责人说明了 MRI 影像的观察结果,及表示患者的颈椎突出是由于老化原因造成的意见,有泄露诊疗信息之实。C 医师对 A 公司说明 MRI 影像判读结果,并协助其完成诊疗经过一览表的事实,是无法被正当化的。

但对于 C 医师主张为 A 公司方所作出的意见书,是站在身为患者主治医师的立场,协助其进行劳工职灾补偿等手续这点,法院以"姑且不论是非"持保留态度,并未推翻 C 医师的诊断,否定 C 医师有做出不实诊断的责任。

基于以上各种事实,法院判令 C 医师赔偿 100 万日元的慰问金(埼玉地方法院川越分部 2010 年 3 月 10 日判决)。此后虽然双方皆有上诉,但于二审时达成和解。

解 说

医师在诊疗时会涉及患者疾病、病史、家庭构成、生活习惯等有关隐私信息,因此也被要求遵守法律上的保密义务。医疗相关者若有泄露患者秘密之虞,是无法让患者安心接受治疗的,因此医师的保密义务可视为职业伦理的基础。

《个人信息保护法》实施后提升了大众保护患者个人信息的意识,医师对患者个人信息的处理方式成为攸关患者隐私的关键,因此在有关保护患者个人信息的基本方案(2004 年 4 月 2 日阁议决定)和国会的附带决议中指出,"有关个人信息的性质和利用方法等,有特别严格实施确保处理适当性的必要"。

在本案中,虽然法院否定了 C 医师在法院要求提供文书前即和 A 公司接触一事之违法性,但有关这点,只能说是由于 C 医师

对 A 公司提出的报告内容,未超出患者本人之前向 A 公司报告内容的范围。当遇到交通事故或劳动灾害时,可能会有加害者方对医师提出关于患者的病状的询问要求,但若未基于患者同意就做出回答,可能会依违反保密义务被追究民事和刑事上的责任。在这种情况下,<u>应在要求患者提出同意书后,再三向患者确认同意与否及同意的范围,以求慎重</u>。

此外在本案中,有关响应法院之提供文书的要求将诊疗记录提交法院一事,在基于法令的情况下,即使未经患者本人同意亦未违法。

《个人信息保护法》第二十三条第一款规定,除有法律特别规定的场合以外,在未事先取得本人同意的情况下,不得向第三者提供个人资料。法院要求提供文书是基于《民事诉讼法》第二百二十六条、调查证据要求是基于《民事诉讼法》第一百八十六条,因此符合《个人信息保护法》第二十三条第一款第一项之例外情况。实际上,在该情况下,由于法院有在听取诉讼当事者的意见后，基于证据而做出正确判决的必要性（公益目的），因此在公共性质程度较高的情况下，即使未得到患者的同意就提供诊疗信息也不能说是违法的，但由于医师有上述之保密义务，若判断为保护患者的隐私之必要性高的情况下，亦可能以此为由拒绝提供诊疗信息。

因此，若像本案例这样，有提供除了患者本人以外之人士超出文书提出要求的信息之情况，即使有诉讼上之必要性，从保密义务的观点来看也会有问题，特别是积极协助与患者对立的当事者的情况，恐怕会破坏和患者之间的信赖关系，对此需特别注意。

又本案中，C医师的意见书是在确认A公司作出的草案内容无误后才署名、盖章的，虽然法院判定意见书的记载内容并未和C医师的诊断内容相悖，但无法否认C医师的处理方式予人过于轻率之感。身为专业人士的医师所作出的诊断书和意见书，在诉讼中具有极为重要的价值，因此不仅是对内容，连作出过程都必须考虑到应如何做才不致令人产生疑义。

Q&A
判决的关键

 在律师公会提出询问的情况下,即使患者未同意也可以开具诊疗信息吗?

 《律师法》第二十三条第二款规定,律师公会可按所属律师之需要,对公务机关或公私团体提出询问要求。由于有法律为依据,因此符合《个人信息保护法》第二十三条第一款第一项的例外情况。

但因医师和患者之间有保密义务(《刑法》第一百三十四条),又有为了保护患者隐私的拒绝扣押权(《刑事诉讼法》第一百零五条)、拒绝证言权(《刑事诉讼法》第一百四十九条《民事诉讼法》第一百九十七条)等被保障的权利,因此若轻率地应其要求的话,恐怕会因违反保密义务被要求赔偿损害。对医疗者来说,要做出"是否有实现判决适当性之公益性"这样的判断并不容易,因此原则上还是希望能够得到患者的同意。

若被患者要求作出对患者有利的内容之诊断书,一定得照做吗?

《医师法》第十九条第二款规定:在被要求开具诊断书的情况下,若无正当事由不得拒绝,但并非连诊断书的内容都要依照患者的期望作出。

医师在向公务机关提出的诊断书中若有不实记载,恐怕会因作出不实的诊断书而被问罪;对保险公司等所提交的数据中若有不实记载的情况,也可能会因欺诈共犯而被问罪。在诊断书中,医师应该根据自己所诊断的内容正确地作出记载。

"剥趾甲事件"无罪逆转，判定为正当医疗行为

将住院之高龄患者的趾甲强行剥下的护理师遭到逮捕和起诉，在一审中被判决有罪。对此二审法院判断护理师的行为正当，不符合伤害罪，宣判无罪。

（水泽亚纪子）

事件概要

被告是在某民营医院工作的护理师。2007年6月11日，因脑梗死接受住院治疗的患者A（当时89岁），遭被告以钳式指甲剪将右脚大拇指趾甲从甲床凸起约3/4至2/3的部分剪除，造成A的甲床轻度出血。

被告又于同月15日，将在医院住院的因蛛网膜下腔出血之后遗症患者B（当时70岁）仅剩根部相连、快要剥落的右脚中指趾甲连同OK绷一并撕除，造成患者的脚趾轻度出血。另外还将患者肥厚变色的右脚大拇指趾甲，以钳式指甲剪从指尖处剪除了约8成深的部分，使脚趾轻微出血。

这样的行为在院内造成了影响。同月25日，医院召开紧急记者会，公布身为病房负责人的被告于6月8日至15日这段期间，将住院患者中的四位高龄患者的脚趾甲剥除，并表示"对于发生这样不该有的行为，向患者和家属致歉"。此四位患者全部有失智

症的症状。

第二日（26日），医院向辖区警察局对被告以伤害嫌疑报案。警察当局于7月2日根据上述对患者之行为，将被告依伤害嫌疑逮捕。院方在被告被逮捕后，宣布解雇被告，另外亦了解到在被告以前负责的病房中，亦疑似有三位患者的趾甲曾被剥除。

判 决

在一审判决中，由于被告做出身为护理师不该有的行为，法院认定伤害罪成立，判处6个月徒刑，缓刑3年。被告对此提起上诉，作出如本案的判决结果。

首先对关于把B的右脚中指趾甲剥离这点，法院认为在为了观察病情状况而将OK绷剥除之际，却不慎将趾甲剥除的情形，虽然符合伤害行为，但不认为被告有蓄意伤害的行为（或暴行），因此无法认定为伤害罪。

接着对于A和B各自的右脚趾甲被剥除这一点，因被告以钳式指甲剪自趾尖剪除了相当深的部分，让甲床成为毫无防御的状态，此点符合伤害行为，且可认为是蓄意伤害，法院"认定符合伤害罪的构成要件"。但法院针对被告的上述行为采纳了证人医师"此行为是为了预防留长的指甲会勾到棉被而剥落，属于适当、标准的护理行为之范围内"的意见，因此认定是适当的护理行为。接着针对被告的行为判示："若是为了达成护理目的，以护理行为来说有其必要性，且该手段、方法并未超出合理范围的话，皆可视为正当业务行为，不具有违法性。"

以"正当业务行为"为判断基准的法院，明示"一般来说，不仅应考虑行为的目的，也应将包含手段方法之相当性的行为形态也纳入考虑，从全面的观点来看待该行为的社会性后再作出决定"。具体来说，第一，作为照护之目的；第二，作为照护行为是必要的手段，在方法上也有其正当性；第三，得到患者方的同意的话，即属于正当业务行为，不具有违法性。（在满足条件一的情况下，只要没有特殊情况，亦会满足条件二）。

有关患者方同意一事，法院以"虽然得到家属与患者的个别同意的话是最理想的，但一般来说，在患者住院的情况下，因入院时所示之入院诊疗计划已得到患者本人或患者家属的同意，亦可视为概括性地同意了包括趾甲修剪等内容"，否定其行为的违法性。被告的行为不符合伤害罪，被宣判无罪（福冈最高法院2010年9月16日判决、生效）。

解 说

本"护理师剥除趾甲事件"是相当有名的刑事判例。媒体以"护理师做出剥除趾甲的虐待行为"这样煽动性的标题做报道，且一审判定伤害罪成立，造成很大的影响。

一审和二审判断产生极大差异的主因是对被告之自白调查书所作出的评价。在警察和检察官根据调查结果作出的调查书中，有"将无用的趾甲剥除后集中，在某种意义上感受到了愉快"，"对随心所欲地将老人的趾甲剥除这样残酷的事情完全没有犹豫"等强调被告虐待想法的内容。

一审肯定了调查书的可信度，但二审予以否定。虽然在调查书中随处可见"剥离""剥除趾甲"等让人留下"硬是将根部还连着的趾甲剥下"印象的用语，但实际上被告的行为（将凸起的趾甲剪除并让甲床露出）一般来说不应被描述为"剥除趾甲"。

因此法院判断，像这样频繁使用异于实情之"剥除趾甲"用语的供述调查书，无法反映被告的真正意图，怀疑可能是搜查官依其意图对被告进行诱导所作出的，否定了调查书的可信度。又判断在证词当中所描述的出血程度也有夸大的情形，因此做出被告的行为并非为剥除趾甲，而是正当护理行为之结论。

正如大家所知，一旦在自白调查书上签了名，即使主张"事实并非如此，不是我做的"，要推翻该内容也极为困难。或许读者会对被告为何会在与事实不符的调查书上签名而感到不可思议，但在拘留期间被告会被当作犯罪者而被外界隔绝，遭受各种诘问，可以说身心已达极限状态，因此很容易让嫌疑犯在心理上产生"还是照搜查官所言签名，早点解脱吧"这样的想法。因此对于在侦讯当中若签署了内容异于自身意图的调查书，可能会带来危险这点，在事前应该要有所认知。

本案被告于诉讼中讲到在调查书上签名的理由是："无论怎样解释自己是基于照护的目的，刑警就是无法理解，考虑到若未在供述调查书上签名的话，自己不晓得会变成怎样。"此外，在电视台的采访中也表示，"若回答了第1个问题，第2、第3个问题就会接踵而来。说实话我真的好累，想要早点从那个地方被解放，有这样想逃避的心情"，"从刑警口中听到'家属方面相当愤怒，这可是家属说的'，所以我觉得自己若未进监狱的话是不会被接受的吧"。

会发生冤枉的主要原因不只和搜查机关有关，和医疗机构方面亦有关。医院召开记者会第二日该事件就被媒体以"护理师做出剥除趾甲的虐待诉讼"为标题大肆报道，又进一步以伤害嫌疑对被告提起刑事诉讼，并予以解雇。医院还将被告的行为作成有关虐待的事故调查报告书，但并未公开发表。

由于医疗机构并非搜查机关，在针对相关事实的认定和行为评估上，应该更加慎重才是。姑且不论是否有隐匿虐待行为，责任者都有必要秉持慎重的态度，避免做出可能造成冤案、快而不精的判断。

此外，该自治市作为第三者机关，于"尊严拥护专门委员会"中对本案进行探讨，在事件发生后不久即判定被告的行为属于虐待。该委员会举出下述几点根据：（1）为非必要性的措施；（2）未寻求医师的指示就进行；（3）在上司护理师劝阻后仍继续；（4）对表达意思有困难的患者施行的行为；（5）可判断患者承受相当大的痛苦；（6）未作护理记录；（7）未向家属说明就进行。

虽然只要看过判决就知道上述之一部分与事实有异，但从第二和第三的观点来看，若能就切除趾甲的必要性和上司进行沟通，采取团队医疗的方式处理，就有避免各种误解的可能性。医师也一样，在进行异于一般情形的医疗行为之际，在院内会议上进行讨论，事先取得共识，这样在自保时会成为重要的证据。

Q&A
判决的关键

 虽然知道了自白调查书的可怕之处，但要怎么做才不会被作出类似那样的调查书呢？

在被逮捕、拘留之际，可能会有在还未能对该状况充分理解的情况下，就受到严厉侦讯，接着发言便被拿来放进调查书内的情况。关于在被侦讯之际的说词，应预先得到律师的建议。由于在律师公会有针对被逮捕的嫌疑犯的应对体制，因此请对警官提出"请帮我找律师过来"的要求。若有熟识的律师的话，当然也可直接找该律师。在与律师会面之前，即使保持缄默也无妨。

 "虽然符合伤害罪的构成要件，但因属于正当业务行为故不具违法性"，这是什么意思呢？

若要依犯罪予以刑事处罚，首先此行为必须符合各罪的构成要件（基本结构上），在实质上也要有违法行为，也要有刑事上的责任，必须满足上述之全部条件才行。虽然有相当多的医疗和照护行为都满足蓄意地对身体造成伤害，符合伤害罪的基本结构，但若该行为作为医疗行为有其必要性，在手段和方法上有其正当性，为了医疗目的所做，得到患者本人或保护者同意（包含推定性的）的话，就属于"正当业务行为"，因此不会被评价为违法，也就不符合伤害罪。

证据保全之际患者要求医院提出交付给保险公司的事故报告书，法院驳回该要求

遭逢医疗事故的患者在对医院提起诉讼时，以证据保全为由要求医院提出交付给保险公司的事故报告书，但是最高法院支持高等法院之不提交判决，驳回患者的要求。

（平井利明）

事件概要

为了治疗糖尿病而定期至医院复诊的患者左脚产生水肿，在复诊的医院接受诊疗时被诊断为左下肢静脉瘤。2006年7月在医院接受手术之际，产生了包括末梢神经损害，及因该神经损害的单边步行问题所导致的腰痛后遗症。

患者以医院未进行适当的检查及治疗，及未针对手术的危险性做适当说明为由，向医院表达欲提起损害赔偿诉讼的打算。

患者在提起损害赔偿诉讼前，向京都地方法院针对相关诊疗记录申请证据保全。根据该申请，作为证据保全对象的除了诊疗记录以外，其他还包括"对医师公会提出的事故报告书、其他与医师赔偿责任保险有关的所有记录"等（此外也包含医院保管的同文件之副本。以下皆指包含副本的事故报告书），但是医院拒绝提出事故报告书。对此，患者以证据保全为由，向法院提出命令医院出示事故报告书之要求。

京都地方法院于 2011 年 2 月 8 日驳回了此患者的请求。对此，患者虽向大阪高等法院提出再上诉（实时抗告），但大阪高等法院于同年的 3 月 29 日驳回上诉。患者向最高法院提出审理要求，得到大阪高等法院的同意，最高法院作出判决。

判　决

最高法院表示支持高等法院驳回患者请求的决定。此判断是基于高等法院对地方法院所示之"不需要出示的文书之三要件"。

此三要件为：第一，由制作目的、记载内容，以及持有过程等情况看，<u>主要是为了内部使用而制作，没有预定会向外部开具之文书</u>；第二，若开具后会对他人隐私造成侵害，或妨碍自由意志形成等，<u>若开具恐怕会造成持有者方难以避免的不利益</u>；第三，无特殊情况等。

此三要件为最高法院于 1999 年 11 月 12 日在针对某争论是否应该开具文书的案件中所作出的判示。据此，高等法院作出如下判断。

关于第一点，法院判示："由于事故报告书是医疗机构基于保险契约上的义务所作出的，不单仅就事实进行报告，也涉及患者方面的态度与医疗专家的意见等。该文书作为医疗机构和保险公司双方基于保险契约上之权利义务之目的所作，在性质上预定为毫无避讳地记载着相关评价和意见，<u>基本上是并未预定向保险契约当事人以外的外部人士出示的文书，保险公司对医疗机构而言相当于内部人士。</u>"

关于第二点，法院判示："由于在事故报告书当中亦包括有关诉讼战略及医疗专家的意见等内容，若开具的话，就会演变为在诉讼中无法作出依其自由意志所形成的事故报告书，也会对医疗专家毫无避讳地作出评估和意见这点造成妨碍，因此认为该文书在形式上预定为包含与事实报告相当的部分，整体上来说是以毫无避讳的方式记载着相关评价和意见之文书，因此若开具恐怕会造成持有者方难以避免的不利益"。

关于第三点，法院判示："未见特殊情况。"

高等法院根据上述判断，指出"事故报告书不属于应该开具的文书，无法对事故报告书提出文书出示命令之要求"。最高法院承认高等法院之判决，驳回患者方的请求（最高法院2011年9月30日判决）。

解 说

在发生医疗事故时，因医疗机构须基于医疗赔偿责任向患者做出补偿，因此会向医师公会和保险公司提交事故报告书。根据此事故报告书，判断保险公司所需支付的保险金金额。

若认可了此事故报告书的开具请求，将会产生各式各样的问题。本次最高法院所作出的不需开具的决定，对今后整体的医疗诉讼工作来说，具有相当重要的意义。

第一个问题，虽然在事故报告书当中记载了事故的过程和原因等，但公开该信息内容的前提为关系者在听取事情缘由等过程中会产生回避责任的意识。若关系者无法自由表述论点的话，恐怕在针对事故原因的调查上会产生困难。这在医疗事故调查委员会所讨论的相关的问题中，也是有疑虑的部分。

第二个问题如同判决所说，有可能会对诉讼策略产生重大影响，且无法否认可能会让医疗机构方面在判决中陷于不利。针对这点包含了各种意义上的不利，在此仅指出一点。

如大家所知，在探讨医疗责任时，保险公司若判断医疗机构方没有过失的话，是不需要支付患者保险金的，因此，在某些案例中，医疗机构为了要对案件尽快进行处理，反而会以暗指医疗机构方有过失的方式书写意见书。

其中最有名的是福岛县大野医院的事件。在此事件中，以负责医师有过失作出院内事故报告书。理由当然是因为"若没过失的话,保险公司就不会支付保险金"。对此,医局教授也在采访中回应"是被县里的负责人要求的"。

类似这样的案例不只发生在大野医院。所谓医疗事故就是在回过头来查证时发现的一些漏洞,因此要以暗指医疗机构方有过失的方式书写意见书,也并非不可能,但这样以强加之词作出的事故报告书若在判决中被当作证据使用的话,可能会让医疗机构陷入相当不利的状况。

原本若医疗机构无责任,就应堂堂正正地将事实基于科学根据作出事故报告书,但倘若这么做,就会遇到本来若支付相当金额的慰问金,就可以解决事情的情况,也会变成全部不支付。由于难以解决的棘手案例增加,院方只好采取这样不得已的处理方式。

另外,原本证据保全的目的是因担心病历等在判决前有被篡改、销毁的风险,因此必须在诉讼开始前实施,包括诊疗记录、手术记录、护理记录、各种检查单等和患者的诊疗有直接关系的

第一手数据，作为证据及时保全是有一定的合理性的。但提交给保险公司的事故报告书并非与诊疗有关的记录，只不过是第二手资料。欲追踪事实的话根据第一手资料即可。又既然事故报告书已向保险公司提交，也无篡改之理由。

保险公司和身为契约者的医疗机构之间，通过弹性的协商机制谋求解决问题之道已是常态。对此，以弹性的方式，保障双方有自由交换意见的空间是很重要的。再者，提出损害赔偿要求的原告方，亦有将己方的要求进行整理及立证的义务。只能认为原告方要求开具事故报告书的主要目的，是想取得医疗机构方有关诉讼策略的部分，让诉讼朝对自己有利的方向发展。

总而言之，本判决指出了在医疗诉讼中需谨记在心的问题。于证据保全之际若有将对保险公司提交的事故报告书也包含在内的情况时，应以本次判决为根据，要求法院重新考虑。

Q&A
判决的关键

 可以拒绝提供作为院内检讨之用的事故调查报告书吗？

 考虑到最高法院以及作出原审判决的高等法院所示的理由，作为院内检讨之用的事故调查报告书，最好拒绝提供。进一步说，和保险公司以外的第三者所讨论的报告书等，也应该被认定为提交对象外。只是，若针对原本就预定要公开，或在符合院内所订立之公开基准等的情况下所作的报告书，也可能会成为被命令出示的对象。另外有关对院内事故调查报告书之处置，随着 2014 年对《医疗法》的修订，也有作出不同处置的可能性，请务必留意。

 若拒绝开具事故报告书等文件，是否会给患者留下院方不诚实的印象呢？

 恐怕会有这种可能性，但考虑到开具对解决纠纷可能带来的影响，除了让患者理解"唯有这个是不能提交的"以外别无他法，或者亦可考虑以公开发表为前提，预先做好用来对患者进行说明的文件。若患者方的目的并非是想取得有关诉讼策略的信息，至少能做到将事故的经过和背景、主因等以浅显易懂的方式说明，这样的应对方式就已足够。

高龄患者在浴室因烫伤死亡，法院判定护理师违反注意义务

高龄患者在浴室因对出水设备的使用方式错误，导致全身烫伤死亡。法院虽否认护理师有协助入浴之义务，却以针对出水设备使用上之注意事项说明不充分为由，判定护理师有责任。

（北泽龙也）

事件概要

患者（79岁女性）于2008年10月31日，为接受治疗双脚退化性关节炎的手术入住A医院。在入院时提交的文书中有关"无法自行完成的动作"表上，患者在"步行""转位""进入浴缸""洗头""提重物"等项目上皆打圈，在"清洗身体"项目则未打圈（意即可自行完成）。又在上述打圈的项目的两个次选项"需要他人协助"和"可自行独立完成"中，患者圈选了"可自行独立完成"。

当护理师B于同日询问患者本人及家属"浴室分为'一般的小浴室'和'照护专用'的浴室，请问需要哪一种呢？""可以一个人进浴室吗？"时，家属回应患者可一个人独自入浴。但护理师B并未针对"可自行独立完成"这点进一步询问具体内容。又患者在步行之际虽有点跛行，但并未有步态不稳或膝盖弯曲的状况，可独自步行往返于病房和厕所。

患者于入院后以喉咙痛等理由不希望冲澡或入浴，但11月

6日为了手术前的准备需入浴。负责的护理师们召开个案讨论会，认为患者可于一般的小浴室中不需协助自行入浴。

6日下午2时左右，护理师C带领患者至浴室，虽曾表示"如果有事就按下紧急铃，浴室的门不要锁上"，但除此之外未进行其他的注意提醒或说明。<u>浴室的浴缸里有冷水栓和热水栓，若开启热水栓会有约55～65℃的热水从水龙头流出；又在冲洗处设有冷水和热水一起出水的混合栓，可以旋转把手来调节温度，但患者对此并不知情。</u>

在入浴时间已超过30分钟后的下午2时35分左右，护理师C认为患者应已入浴完毕，因此至病房察看。但未在病房中看到患者，直到下午2时40分左右才在浴室发现倒卧在浴缸内的患者。

患者被发现时，浴缸的水龙头呈现持续注入55～65℃热水的状态。浴缸下方的排水栓虽开启了，但被倒卧着的患者身体堵住了，因此浴缸内积蓄了约20～30cm深的热水。

患者除了颜面和头部以外的肢体部位90%遭到烫伤，失去生命体征，意识不清。虽在接受治疗后有短暂苏醒，最后仍于11月7日上午4时46分死亡。

患者从6月左右开始的洗澡方式，就是以小椅凳坐在冲洗处清洗身体，并未进入浴缸或使用莲蓬头。<u>患者家里水龙头的出水温度是自动设定的，即使只开启热水栓也不会有高于39℃的热水流出，因此不需要再开启冷水栓进行温度调节。患者没有疑似失智症的言行举止，在判断力方面也没有问题。</u>

A医院并未制作有关患者入浴的护理基准或指导手册，对于患者是否需要照护协助这点，是由负责医疗团队中的护理师在咨询后决定的。有关浴室设备的使用方法，护理师并未向患者说明。

患者的家属对身为A医院开设者的地方自治体提出损害赔偿诉讼，原因如下：（1）未进行入浴协助；（2）未说明浴室设备的使用方法；（3）未确认患者入浴时的安全等原因造成患者死亡。

判 决

解剖结果认定患者的右后头部及背部、臀部肌肉内有出血情形，因烫伤部位的分界处明显，推测患者在受伤后身体无法动弹，因此法院对患者死亡时的情况作出下述推定："患者原本想在冲洗处清洗身体，但因不明白冲洗处（控温把手）的操作方式，想改用与自家水龙头相似的浴缸水龙头处洗澡，因此进入浴缸后开启了热水栓。没想到和想象的不同，竟流出高达55～65℃的热水，造成脚部有障碍的患者因惊吓跌倒引起脑震荡，又并发急性心肌梗死，在浴缸内失去意识倒下。又因患者的身体塞住了浴缸下方的排水栓，造成浴缸内的热水蓄积，导致患者烫伤。"

承上，法院对护理师C的注意义务进行了探讨。

针对第一点是否需协助入浴这点，因患者回答可自行洗澡，在家可一个人入浴，在冲洗处清洗身体，且入院后步行时并未有

步态不稳或膝盖弯曲的状况，也没有入浴时身体状态恶化的情况，亦无判断力低下的情况，因此不认为护理师有进行入浴协助之义务。

但针对第二点浴室设备的说明义务这点，认定"浴室的出水设备在形状和操作方法上种类繁多，特别是该操作方法对高龄患者来说，有存在困难的情况。若不慎操作错误，就可能有遭受55~65℃热水烫伤的危险"，对此认定护理师 C "当患者开始进行本案入浴行为之际，<u>为了避免患者被热水灼伤，应有对冷热水的出水设备之使用方法或有关流出热水的危险性等进行说明或提醒，确有怠忽此注意义务之过失</u>"。

再者针对第三点未确认患者入浴时的安全这点，以"高龄患者入浴本就伴随着一定程度的危险性，像本案患者这样有步行困难的情况，引发跌倒等事故的危险性极高，比起一般的患者，护理师应该更频繁地进行照看，应该负起监护入浴状况的注意义务"，认定护理师 C 从患者进入浴室后 40 分钟期间，<u>完全未确认患者安全，有怠忽注意义务之过失</u>。

基于上述事实，判决开设 A 医院的地方自治体支付约 1900 万日元的损害赔偿金（千叶地方法院 2011 年 10 月 14 日判决）。

⚖ 解　说

本案例为法院对住院高龄患者于入浴之际，医院职员应负起何种程度的安全管理一事所作出的判断。一般来说，是否需要协助入浴这点会成为关键。入浴时可能会有溺水或烫伤、跌倒等各种危险，应依照患者具体的状况审慎地作出判断。

本案法院以患者的申请及住院后的状况等，否定医院方有协助入浴的义务。但针对出水设备操作方法上的说明义务，及确认入浴中患者的安全义务等，则认定医院方有违反说明义务及注意（监视）义务之实。

有关违反说明义务，法院考虑到患者为高龄患者，又是住院后初次使用出水设备，因此会流出55～65℃的热水不能说是患者的自我责任。即使院方没有相关入浴指导手册，但只要能对设备的使用方法进行口头说明也就足够了，这并非是很大的负担。根据这点来看，医院方被认为违反说明义务也难以说是不妥当的。

又有关违反监视义务，本判决认为从患者进入浴室算起，在入浴时间经过30分钟后就有尽快进行安全确认之义务，因此认定从患者进入浴室算起40分钟后护理师才在浴室发现患者，违反监视义务。

本判决认定即使不需入浴协助，基于患者为高龄者，又是初次使用该浴室的状况，最迟也该在入浴时间超过30分钟后就尽快进行安全确认，此判决可以说是合情合理，绝非是要赋予院方过重的监视义务。

对于住院患者的饮食或入浴、排泄等各方面情况，皆需依不同场合进行安全管理。最近以恢复患者日常动作为目的，采取早期复健措施的医院很多，此措施亦伴随相当程度的危险性，因此院方应该有更高一级的安全管理意识。

Q&A
判决的关键

 针对住院患者的入浴或饮食协助工作，书面化是必要的吗？

 我认为是必要的。只靠单方面咨询就作出判断，会被护理师个人经验或能力所左右（其判断正确性），在安全管理的质量上可能会产生偏差。书面手册的制作过程亦有其意义。通过书面化可详加了解护理师或照顾者根据其经验所设想到的可能危险性并将其汇总，从预防事故发生的角度来看，是非常有帮助的。

 为了避免发生像本案这样于入浴中遭受烫伤之危险，应该注意些什么？

 事先收集患者家里和医院的浴缸设备差异之处的相关信息变得很重要（龙头的形状、使用方法等）。且职员间应拥有共同信息，事先做到不管由谁来说明入浴设备的使用方法都不会有问题。在说明时可将水龙头使用上的注意事项写下，在以书面交付患者进行说明后，于初次入浴，实际使用前再次以口头说明，这样二重、三重避免危险的方式是很必要的。

双亲造成小孩佝偻病,
判定医院的保护通报正当

小孩患者因佝偻病来院治疗,在接触过程中,院方怀疑小孩双亲有忽视儿童之嫌,因此通报儿童相谈所。双亲向医院提起诉讼,法院判示医院判断该儿童为"要保护儿童"进行通报的行为是合理的。

(水泽亚纪子)

事件概要

本案为2006年7月死亡的患者(2002年10月出生,死亡当时3岁)的双亲(以下皆称A),以患者当时就诊的B医院基于《儿童福祉法》第二十五条对儿童相谈所(以下称儿相)所提出的通报为虚伪事实为由,提出损害赔偿请求之案例。B医院认为A未向患者提供适当的营养,且未让患者接受必要的治疗,故向儿童相谈所提出通报。有关A的其他主张,如儿童相谈所的保护决定、儿童相谈所职员误给患者过敏原食物,请求国家赔偿等问题,在本篇中则不予赘述。

患者于2003年5月于B医院就诊时,体重比出生后约两个月时还轻4400克,还有异位性皮肤炎,且血清总蛋白数掉到正常值的一半,因此住院治疗。

住院期间医师多次劝告A为患者做X射线检查,但都因A不同意而中止。对于MRI检查,A同样以"接受电磁波照射会对将来产生副作用，因此不同意"，"就算检查知道发育迟缓的事实，也并非就可治疗。根本没有意义"等理由拒绝。医师表示有涂抹类固醇药物及采用抗过敏配方奶的必要性，也遭到 A 的拒绝，并强烈要求开始喂食辅食（最终 B 医院的医师同意了 A 这些要求）。

患者于同年 7 月出院，但出院后的体重和身高百分比仍在 5% 以下（意即于 100 位同龄小孩中，从最小算起的话是在第 5 位以内）。对此医师为了确认其饮食状况，向 A 询问了有关 6 大营养素等问题，A 却对此勃然大怒，导致医师无法对患者的饮食状况进行详细的了解。

2005 年 12 月，患者出现足外翻、小腿变形、胫骨前方突出等症状，因怀疑有佝偻病的可能性，医师劝 A 让患者接受全身 X 射线检查，但因 A 拒绝，只进行了下肢部位的 X 射线检查。从检查结果观察到确为佝偻病。在复诊过程中，A 多次取消就诊预约，医师曾多次表示有住院的必要性，A 却迟迟未同意，直到 2006 年 5 月，才终于再度住院。

住院后患者出现呕吐情形，考虑到可能为 A 携带入院的辅食所引起的，因此医师建议食用抗过敏牛奶，却遭 A 拒绝。医师虽试图说服 A 让患者接受头部 CT 检查及手掌骨的 X 射线检查，却因 A 不同意，导致无法在必要的时间进行检查。

A 对医师表示"完全无法理解住院的意义"，"若是饮食治疗的话在家也能做，在家会遵照饮食的方法尽量给他吃东西，希望明天就可以出院"。但 A 对有关维生素 D 的副作用表示："P 的数值有问题是吧？知道 P 值为 0.7 是异常还是正常就算是治疗吗？"把维生素 D 和 P（磷酸）搞混了。医师虽向 A 说明为补充患者的维生素 D 需增加 Alfacalcidol 的使用量，却未得到 A 的同意。

A 强烈要求出院。医师花了两小时以上的时间进行说服，终于让 A 同意"住院和外宿轮流进行，确认在家的饮食状况，在检查数值恢复到一定程度前必须继续住院"等方案。又因若能尽快让药物增量的话可缩短住院期间，A 才终于同意增加 Alfacalcidol 的使用量。

  根据上述事实，B 医院于 2006 年 6 月因双亲 A 未能提供患者适当之营养，导致患者缺乏维生素 D，引起佝偻病，认为双亲 A 不适当养育的可能性很高，因此基于《儿童福祉法》第二十五条对该地区的儿童相谈所提出通报。

  儿童相谈所于 2006 年 7 月 3 日决定对患者进行暂时性保护，患者被移送至其他医疗机构接受保护。之后本案的暂时保护决定虽被解除，却又再次决定让患者进入儿童相谈所的暂时保护所接受保护。最后患者于儿童相谈所的暂时保护所内，因食用暂时保护所误给予的过敏原食物死亡。

判 决

  法院做出下述判决：A 未给患者提供必要之营养，因而造成患者罹患佝偻病，又如"事件概要"中所指出的，A 让患者无法在适当的时期接受必要的治疗，且 A 在 B 医院对儿童相谈所提出通报的前一天，对院方表示因无住院必要，希望能够出院的想法，从上述情况来看，B 医院判断该儿童为"要保护儿童"，及之后所进行的通报，可以说是必要且合理的行为，并无违法或可构成债务不履行之情况（横滨地方法院 2012 年 10 月 30 日判决）。

解　说

《儿童福祉法》第六条第三款第八项中"无保护者之儿童，或认为保护者对其监督行为不适当之儿童"为"要保护儿童"，同法第二十五条亦规定"发现需被保护之儿童者，可由本人，或通过儿童委员，务必向市町村、都道府县设置之福祉事务所或儿童相谈所提出通报"（此处所指的儿童为未满 18 岁者）。受理通告或相谈的儿童相谈所或市町村，站在守护儿童生命、确保儿童安全的立场，必须最优先进行应对处置。

儿童的成长状况他人很难了解，因此诊查或健康检查就成为发现要保护儿童不可忽略的、唯一的重要机会。医师身为与儿童福祉有关的专家，应可判断对方是否为受虐儿童或要保护儿童。倘若认为是要保护儿童，就产生了提出通报的义务。

对此所提出的通报，若基于《儿童福祉法》的目的，即使结果有所错误，该行为基本上都不会被认为有刑事或民事上的责任。在有相关依据，且是站在儿童立场提出的通报，如果被法院认定违法，可以说偏离了一般常识。本案法院认定保护者对该儿童有营养忽视及医疗忽视（在 Q&A 处另外做解释）之实，又考虑到 A 认为无住院必要，希望能让患者出院等状况，患者可被认定为"保护者对其监督行为不适当之儿童"，判定 B 医院的通报有正当性。

虽然这是身为医疗机构的 B 医院基于常识做出的应对处置，但很重要的一点是应该对此常识上的应对处置事实，事先做好整理，并将其记录下来。与通报有关的内容，包括儿童的就诊经过、儿童的整体状态（若为外来门诊，必须确认是否有继续或再就诊的可能性）都要记录整理好。对判断的根据也必须事先做好整理，特别是作为重要根据的具体情况（与双亲的对话内容、检查结果、诊查结果等），将其记录化、证据化。本案亦因医院事先将A的对话内容（发言的具体内容）做了详细记录，使之证据化，因此从客观角度来说，A确有进行不适当养育的高度可能性，B医院的考虑有其正当性，这成为说服法院的有力证据。

是否符合要保护儿童的条件，必须从儿童的状况、保护者的状况、生活环境等做综合性的考虑。站在儿童的角度做出判断，和双亲的意图无关，也就是说即使双亲自觉是疼爱子女才做出的行为，只要站在儿童的角度看是有害行为的话，就符合虐待或忽视儿童的条件。在确认要提出通报之际，这点为需要留意之处。

本案于二审中,法院指出根据《儿童福祉法》第二十五条及《儿童虐待防止法》第六条第一款"当发现认为可能为遭受虐待之儿童，必须尽快对此……向儿童相谈所提出通报"，判示"发现者若主观认为有虐待儿童之情形，即应负起同法上的通报义务，除非为未发现虐待事实就径行通报的情况，通报行为本身不需负相关法律责任"，积极明示了依主观判断进行通报，原则上为正当行为（东京高等法院2013年9月26日判决）。

Q&A
判决的关键

 Q 什么是忽视?

 A 根据《儿童虐待防止法》,忽视为"有显著妨碍儿童身心正常发展的减食或长时间置之不理,遭受保护者以外的同居人身体和性方面的虐待,或等同于心理虐待的置之不理,或有其他作为保护者显著怠忽监护责任之情形"。保护者未给儿童提供必要营养导致妨碍儿童正常发育称为营养忽视,未让儿童接受必要的医疗称为医疗忽视,本案就是对这两个情况进行了判断。

Q 通报后,若有必须继续住院接受诊疗的情况,该诊疗需要得到谁的同意方可进行?

A 在有必要确保儿童生命或身体安全的紧急状况下,不需儿童亲人,只要得到儿童相谈所所长的同意,即可进行必要的医疗行为。有关诊疗的说明及同意事项,可和通报方进行讨论、确认。考虑到保护者若未能让儿童接受必要的医疗对其生命或身体可能造成之重大影响,为了确保实施有关儿童安全的必要性之医疗行为,若未能得到亲人同意而无法进行该医疗行为的情况下,"因医疗忽视导致对其生命或身体产生重大影响的情况下的应对处置方式"之判例可作为借鉴。

此外,医疗机构若有具体应对方式上的需求,也可通过通报方(儿童相谈所等)提出建议。

移床过程中患者跌倒，
判定护理助手有过失

高龄患者在从轮椅移床至透析室病床的过程中跌倒，导致外伤性蛛网膜下腔出血，于约4个月后死亡。患者家属以协助移床的护理助手有过失为由提起诉讼。法院认定护理助手确有可预见跌倒事故发生之可能性，判定违反注意义务。

（北泽龙也）

事件概要

1983年，当时71岁的女性患者被诊断为多发性肾囊肿，于1993年开始于A医院接受透析。2000年2月于B大学医院接受左肾切除手术，2009年11月因胃癌接受胃切除手术，但出院后出现发烧、下痢、持续食欲缺乏等症状，入院B大学医院接受治疗。后于2010年为查明发烧原因及改善食欲，转院至A医院。

患者入住A医院时呈现全身无力的状态。做透析之时医院必须使用担架将患者从4楼住院病房移动至2楼透析室。移动至透析用病床时，需要3~4名护理师或护理助手协助。

因营养改善，治疗有成效，患者于3月2日起被许可坐轮椅散步，也可自行坐于病床旁，因此4日进行透析时就改用轮椅行动。患者于同日9时左右在护理助手的协助下坐轮椅进入透析室。护理助手C及护理师D持续于透析室内协助患者，在以站姿测量患者体重后，再度用轮椅移动至靠近透析室之床边。

因透析室的床有一定的高度，而患者个头较小，护理师 D 将患者置于床边靠中央处的踏台，与护理助手 C 一同支撑患者的身体，让患者站立在踏台上。此时患者的姿势是面向床站立在踏台上，身体前倾两手撑着床。之后护理师 D 为将轮椅移动至透析室入口附近，暂时离开患者身旁，因此只剩下护理助手 C 一个人在背后支撑患者，但此时护理助手 C 为将患者的杯子放置在透析用床的移动式餐桌上，因此离开了患者背后，造成患者立即后仰跌倒。

跌倒后 A 医院的职员立刻将患者平放在床上让医师诊察。此时患者的意识仍清楚，呼吸平稳，瞳孔反射，眼球运动，血压等皆无问题，之后进行头部 CT 检查。

检查结束后患者的意识开始不清，且有呼吸停止的状况，在使用人工急救苏醒球协助呼吸后，恢复自主性呼吸及血压脉搏，但意识状态仍未恢复。同日 11 点时的 JCS（Japan coma scale）为 III-300。因患者失去意识且并发呼吸停止的状态，医师判断不适应外科方法治疗，只好改采用内科方法治疗，对此向患者家属进行了说明。

请其他医院的脑外科医师为患者进行了 CT 检查，结果显示，有"外伤性的蛛网膜下腔出血，急性硬胶膜下血肿，头盖骨骨折"。之后虽于 A 医院持续接受治疗，但意识状态未见改善，呼吸、心跳数、血压等则维持稳定状态。从 6 月下旬开始患者出现黄疸，GOT、GPT、ALP 等血液数值也开始升高，疑似为肝胆功能障碍。7 月 22 日的肿瘤筛查显示 CA19-9（癌抗原）超标。同月 26 日患者死亡。同月 28 日 E 医大进行解剖，判断患者的直接死因是急性或慢性胰腺炎。

患者的继承人等以护理助手 C 于透析室移动患者的过程中未能持续做出协助有过失为由，对 A 医院及护理助手 C 提出损害赔偿诉讼。

判　决

诉讼中被告 A 医院以跌倒事故为非预期事件，主张护理助手 C 未违反注意义务。

对此，法院指出，患者于跌倒事故发生前的 3 月 2 日才被许可坐轮椅，对之前皆使用担架从病房移动至透析室的患者来说，4 日进行的透析是改以轮椅移动后的初次透析，因此在使用轮椅移动至透析室之床边，采取站立姿势之际，针对有失去平衡跌倒的可能性这点，应是 C 护理助手可预期之状况。承上，护理助手 C 在将患者移动至透析室用床时，在其身体姿势稳定前应有继续协助之义务，因此有怠忽于此点的违反注意义务之实。

解剖结果显示，患者的直接死因为"急性或慢性胰腺炎"，因跌倒产生的蛛网膜下腔出血、脑挫伤、硬脑膜下血肿等并非胰腺炎的发病因子，亦不认为会对胰腺炎的预后带来重要影响，因此

否定了跌倒事故和患者死亡间的因果关系。

承上，患者因跌倒产生的外伤性蛛网膜下腔出血造成无法恢复的意识障碍，只能以此状态无奈地迎接死亡，可以理解患者遭受了极大的精神痛苦，又近亲者也必须承受与患者生命受到侵害同等程度的精神上的痛苦，因此法院判决被告需赔付患者本人 500 万日元，患者之丈夫 50 万日元，患者二子各 25 万日元，合计共 600 万日元的慰问金（东京地方法院 2012 年 11 月 15 日判决）。

解 说

在高龄者照护现场，跌倒事故约占所有事故的半数。有鉴于目前社会高龄化与高龄患者的急速增加，无论是照护机构还是医疗机构，采取相关预防跌倒之措施会变得越来越重要。

不仅是针对跌倒事故，只要是在医院内发生的事故，在认定有法律上的责任之际，必须以有预见可能性为前提，证明是否未尽避免该结果发生的义务。也就是说，首先需探讨是否有可预见（预测）该跌倒事故发生的可能性，基于以上结果，进一步探讨对于可预见（预测）的跌倒事故，是否有善尽回避（防止）之义务。

一般而言，患有疾病且已高龄，在身体各方面功能及判断力上都有衰退情形的住院患者，都有经常跌倒的危险性，但是作为法律上的责任要件，不能单凭"抽象上"的危险性，或有预见可能性而做探讨，必须针对"具体上"是否能对跌倒事故及产生的严重结果做出具体预测这点进行探讨，也就是说，"具体上"是否有预见的可能性。

这样具体的预见可能性，必须仔细分析该跌倒事故发生前的具体情况，方能做出判断。包括患者的年龄、有无意识障碍或失智症等身心状态、有无服用安眠药或抗精神药等，另外医院的设施状况也可能成为跌倒的原因，如地面有无高低不平等，都会成为判断的要件。

类似的跌倒事故在以前也曾经发生，可以说是特别重要的判断要件（有关照护设施的跌倒事故，大阪地方法院于2007年11月17日有相关判例）。因本案跌倒事故发生的前两天患者才被许可坐轮椅，且事故当日是初次以轮椅的方式移动至分析室进行透析，基于此点，法院认定被告对患者失去平衡、产生跌倒事故这点应有预见（预测）的可能性。这样将预见的对象，具体描述为"因为是初次以轮椅的方式移动至透析室，因此有跌倒的危险性"，因此，护理师在患者身体姿势稳定前应有继续协助之义务。

在某照护设施的跌倒事故案例中，帕金森综合征患者于餐后从轮椅站起之际跌倒，法院于判决中指出因平日患者从轮椅站起的频率很高，因此应将脚踏板放在足部下方，在身体前方放置移动式餐桌以预防跌倒，判定未对此进行确认的照护职员违反注意义务（大阪地方法院2005年2月9日判决）。

本案跌倒事故是因护理助手为将患者的杯子放置在透析用床的移动式餐桌上，因此离开了患者的背后而造成的。虽只是一瞬间发生的事，但判决所要求的预见可能性或结果回避义务并非强人所难。这意味着法院期待医疗人员能将患者的具体状况放在心上，当面临可能造成跌倒事故危险的场面或场所时，必须确实掌握状况，做出判断。

Q&A
判决的关键

Q 在陪同患者如厕之际，患者说"我可以自己一个人回去，没问题的"，但当护理师转而照顾其他患者时，该患者却于回到病房的途中跌倒。在此情况下亦违反注意义务吗？

A 只要患者有跌倒的危险性，且有在旁陪同的必要性的话，仅以患者拒绝这点为由是无法免除陪同义务的。护理师会被要求在对患者说明跌倒的危险性后，做出必要的陪同。但若于患者的状态改善，可逐渐减少照护程度的过程中发生跌倒事故的话，会依照个别的案例判断是否有陪同义务。若有患者拒绝陪同的状况，有减少赔偿金的可能性。

Q 除了陪同的例子以外，若被要求需在巡房时监视患者，或于患者入浴时出声探问，在此之际需注意哪些问题？

A 对于有失智症、帕金森综合征、视力障碍等患者，在有于病房发生跌倒事故危险性的情况下，有判例要求照护者需在巡房时监视患者，或于患者入浴时适时出声探问等义务。在此种情况下需做到何种程度的巡房，及对出声探问的内容并未制定确定的标准，还是必须视患者的状态，详细分析具体的危险情况后订立照护计划，并确实实践。对有关巡房或出声探问的实施记录，虽然在患者无异常的情况下多半会予以省略，但若该护理计划对预防跌倒是重要的，那么巡房等行为就属于护理事实，因此有必要详细留存实施记录。万一真的发生事故时，可用于说明护理师善尽了注意义务，这点是很有用的。

◆ 49 ◆

对新生儿进行袋鼠式护理过程中,新生婴儿病情急遽变化,法院否定医院有过失

刚出生的新生儿在接受"袋鼠式护理"的过程中停止呼吸,导致重度障碍。新生儿双亲对院方提起诉讼。袋鼠式护理实施过程的安全管理成为争议点,最终法院否定医院方有过失。

(田边升)

事件概要

2010年12月的某个星期天,怀孕周数满37周6日的孕妇产下一名体重为2855千克的女婴。在为婴儿所做的有关新生儿全身状态的Apgar评分(Apgar score)中,第1分钟得分8分,5分钟后得分9分。

医师在切断脐带后为维持婴儿体温,将婴儿全身包裹浴巾,以紧贴肌肤的方式放置于母亲胸口上,并以母亲的睡衣包覆。约30分钟后结束创部缝合处置时,婴儿全身呈粉红色,呼吸状态稳定,有体动,为自行吸吮手指的状态。

助产师在婴儿出生后于分娩室一边进行整理工作,一边观察母婴的状态,并在母婴身上覆盖毛毯。

分娩后1小时助产师确认母亲子宫收缩等没有问题后进行拍照。此时婴儿裹着毛巾躺在母亲胸口上,以母亲的睡衣包覆,且覆盖着毛毯。婴儿的口鼻并无异物阻塞,有哭泣,皮肤呈粉红色,观察到第一次排尿后助产师为其更换尿布,并再次以浴巾包裹。

分娩后 1 小时 20 分左右，助产师协助婴儿母亲以右侧乳房对婴儿授乳。母亲为右侧卧位，婴儿包裹浴巾为左侧卧位，身上覆盖着毛毯，在吸吮上没有问题。此时父亲以摄影机录下此画面。

分娩后 90 分钟左右，婴儿停止动作，大家认为应该是入睡了。此时室温并不寒冷。助产师拿着棉被前来盖在母亲的胸口附近，交代说："如果有什么事再叫我过来。"

但从此时开始，婴儿就不动了。双亲担心地摸着婴儿的手确认是温的。母亲抱着婴儿，婴儿持续含着乳头。分娩后 1 小时 40 分，父亲触摸婴儿的脸颊，感觉温温的，似乎是睡着了。

<u>分娩后 1 小时 50 分，助产师为了让婴儿改吸吮母亲另一侧乳房，掀开棉被，发现婴儿双眼紧闭，脸色苍白。</u>

助产师立即用浴巾抱起婴儿，移入保温箱并开始供氧，但婴儿嘴唇和四肢仍呈青紫色，全身瘫软无体动，为无呼吸状态，虽立即采用手动人工呼吸器，进行气管内插管等复苏处置，最后仍残留重度后遗症。

本案婴儿双亲通过产科医疗补偿制度获得 960 万日元的补偿金，又另外对开设医院的医疗法人提起 2 亿 7638 万日元的损害赔偿诉讼。婴儿双亲主张医院因袋鼠式护理造成婴儿低体温、低血糖状态，引发脑障碍或窒息，主张院方违反有关袋鼠式护理的说明义务，及温度管理上的观察义务。

⚖ 判 决

对此大阪地方法院于 2013 年 9 月 11 日判决驳回原告的请求（控诉）。

法院认定以下事实：（1）被告医院的妇产科医师及助产师皆对孕妇分娩后的 2 小时以内，新生儿有发生急变的可能性一事有所认知；（2）根据日本早产新生儿学会的《袋鼠式护理指南》，若以机械性的监视器进行监视，可能会因误触监视器造成即使无异常情况，警报器亦响起的状况，同时可能会让母亲变得不安而不断注意监视器上的数字变化，导致对母婴间的互动造成干扰，因此不宜装设监视器，而是应该加强（人为的）观察。

承上，针对原告"婴儿呈现低体温"之主张，法院认定婴儿被包裹了浴巾，且以紧贴肌肤的方式放置于母亲胸口上，并以母亲的睡衣包覆，并无证据显示分娩室内的室温为可能引发低体温的温度，母亲亦供述"并没有因过度寒冷而必须紧搂婴儿"，因此<u>法院判定婴儿并未呈现低体温状态</u>。

接着原告针对有关应装设监视器的主张，法院认定因装设监视器的前提为在袋鼠式护理的过程中婴儿有低体温、低血糖之危险性，既然婴儿并未呈现低体温状态，因此这一点亦无探讨之必要，驳回原告主张。

有关违反说明义务之主张，法院认定即使说明了"亦存在认为袋鼠式护理有其危险性之见解"，但若一并接受了利益和有效性的说明，是否就会选择不接受袋鼠式护理呢？这点仍有相当程度之疑问。

<u>有关婴儿窒息的主张，从事实来看，有可能是因母亲乳房的压迫造成婴儿无法呼吸而窒息</u>。

法院针对这点指出："授乳行为作为母亲和婴儿间的生理行为，在性质上来说并不属于没有接受医疗相关人员指导就无法进行之行为，因此在授乳之际，一般来说，母亲的乳房压迫婴儿鼻腔可能会有窒息的危险这点，即使不是医疗相关人员，应该也很

容易就能理解。"

压迫鼻腔有窒息的危险，即使医疗相关人员未干预，只要多加注意应该很容易就能避免，在将这点一并纳入考虑后，法院判示："作为母婴同室下的授乳行为，该母亲在授乳之际，只要没有针对'应该不要让鼻腔阻塞'这点有理解上的困难之特殊情况，被告医院或相关医疗人员，应可说在授乳之际，不致有需避免让婴儿因鼻腔阻塞造成窒息的法律上之义务。"

而且，又根据助产师的证词，在母亲抱婴儿之际听到父亲说"抱得这么紧真的没问题吗"，判定双亲应有避免窒息的理解能力，<u>故法院做出假设发生窒息也并非医疗者方的责任之结论</u>。

原告虽然再行上诉，大阪高等法院于 2014 年 10 月 31 日驳回原告方的请求。

解　说

助产师们积极提倡袋鼠式护理的好处，但媒体在尚未充分查证下就大肆报道婴儿因袋鼠式护理导致死亡，衍生了对其有效性及安全性的诸多议论（日本妇产科医学会刊有"出生后之新生儿早期的急变和复苏等相关问题"，2012 年 3 月）。

像这样学术界与临床现场产生意见对立的情况，在法庭上争辩不休的案例比比皆是。

在书写患者方意见书的医师当中，也有人会想通过审判确认自己的见解是正确的。法官面对医师间意见对立的情况，很难作出判断。

虽不应该将学术的、专门的临床判断问题带入诉讼中，但在诉讼现场，每天都要针对这样的问题下判断。

不过本案法院针对事实的认定手段可以说是妥当的，对各个论点亦做出了适当的判断。

例如，虽认为窒息可能是造成婴儿呼吸停止的原因，却否定医院方有过失，这样的判断可以说是妥当的。原本出生时靠在母亲身上睡觉，被母亲拥抱是极为自然的姿态，为何非得像原告所主张的那样要时常以监视器进行监视呢？似乎只要是在医院出生的，若没有健康出院就是不被允许的，会有这样的倾向真是令人感到遗憾。

有关袋鼠式护理的判例，仙台地方法院于 2012 年 9 月 13 日的判决亦驳回原告方之请求。此案例为助产师在母亲授乳之际暂时离开，结果发生婴儿窒息死亡。

法院指出授乳并非是没有在医院的指导或监督下就无法进行的行为。"除了无法产出母乳，有乳腺炎等情况，对一般性授乳所做的指导并不等同于医疗行为。在母婴同室时进行授乳及对婴儿进行保育观察等，自第一次起母亲就应可自行进行。由此可见，有关院方暂时照顾婴儿后将婴儿转交给母亲之际的懈怠安全确认义务，及母婴同室下授乳时的懈怠监视义务等，要认定有上述注意义务的违反及过失，只限于在该具体状况下助产师认知到母亲处于会危及婴儿安全的状况，并能具体预见意外事件发生的可能性才成立"，因该案例无法具体预见有意外发生的可能，故院方无责任。

Q&A
判决的关键

 有像本案这样即使接受了产科医疗补偿制度的补偿金，仍提起诉讼的案例吗？

在产科医疗补偿制度中，接受补偿金的条件并不包含"禁止提起诉讼"这点，因此多数事件仍会转为诉讼案件，可以说这是该制度的一个极大缺陷。有关诉讼的权利是有可能通过法律加以限制的，也有让其放弃该权利之可能，因此应制定诉讼禁止条款。顺带一提，在工伤事故中也有这种情况，因轻率地认定了工伤的因果关系，劳方在取得诉讼资金后，又以此为证以资方违反使用者的安全顾虑义务为由，再度要求追加高额的赔偿金，在这种情况下，诉讼禁止条款常被使用。

 本案参照了学会的相关指南，在诉讼中若没有遵照学会指南，亦有胜诉的可能吗？

相关指南拥有何种程度的约束力，从前文记载的情况来看，似乎法院经常以此作为判断依据。原本指南就和规定（cord）有所不同，指南的效力较弱，且未被赋予非遵守不可的义务，因此应强烈要求各学会在制作指南时，应该明确记载这样的内容：对现场的临床判断或医师的裁量权，应给予最大限度的尊重——有这样的记载是绝对必要的。

在有关病态肾移植之妨害名誉诉讼案中，被告虽说了"这可是犯罪啊"的话亦无责任

学会干部在公开场合对实施病态肾移植的执刀医师作出批判性发言。该执刀医师对学会干部提出毁损名誉之诉讼。法院判断该发言内容并无违法性，驳回原告请求。

（水泽亚纪子）

事件概要

在由X医师执刀的活体肾移植手术中，因接受者对捐赠者有财产上的利益供给，接受者和中介者均遭到逮捕。

在此事件逐渐明朗之际，也确认了X医师所进行的肾脏移植手术使用的是罹患癌症或肾炎的肾脏，也就是所谓的"病态肾脏"。本诉讼起因于日本移植学会的干部们在记者会等公开场合所做的有关本事件是非之评论。X医师以该内容妨害自身名誉为由对干部们提出诉讼。

2008年3月18日，国会议员召开活体肾移植公开研讨会。身为列席者的被告A（日本移植学会副理事长）在被相关学会的医师问到对此事的见解时，做出以下回应："有关××会（X医师所属医院的医疗法人名称）的健康诊断，这可是无法让人置之不理的行为。为何这么说呢？你看，这是××医院的数据（X医师进行病态肾移植的成活率，接受者的生存率等），成活率相当低啊！无奈

且残酷的事实是，接受移植者有一半以上的人在 4 年内死亡。讲得更直接一点，让我来说，这可是犯罪啊！"

2008 年 5 月 19 日，在日本移植学会的记者会上，针对 X 医师的论文得到全美移植外科学会表彰一事，被告 B（日本移植学会理事长）做出以下发言："该论文内容有造假之处"，"论文中记载的是在体外将有癌细胞部分的尿管切除后再进行肾脏移植，但实际上却是在切除肾脏的过程将尿管切下，剩下含有癌细胞的尿管是在之后才被切除的（指出有传播肿瘤的危险性）。是以这样的方式进行，却做出了造假的记载。"

2006 年 11 月 11 日，被告 C（日本移植学会前副理事长）在与报道有关的访谈中提到 X 医师在选择接受活体肾移植手术的患者时，声称："建立了宛如'X（医师本身的）王国'，在当中随心所欲地进行脏器流通，这是违反社会规则的。"

针对上述发言，X 医师以名誉遭他人毁损导致蒙受精神上的损害为由，对学会干部们提起诉讼。

判　决

法院以 X 医师在进行本案活体肾脏移植手术之际，并未依照日本移植学会指南所订立之程序进行，且在选择手术接受者的问题上，站在公平性的观点来看是被质疑的，因而被媒体报道。被告们当时身为学会的理事长及副理事长，可判定他们的发言"皆与移植医疗的公平性、合理性这样攸关公众利害的事情有关，是为了公益目的而做的"，因此各人发言依下述理由，其不法行为皆不成立，驳回 X 医师的请求。

一、有关被告 A 之发言。

一般人听了此发言，可能会认为 X 医师有伤害致死罪，对患者生命做了有犯罪行为的危险手术，因而贬低了原告在社会上的评价，毁损了原告的名誉。

但 A 所讲的接受患有恶性疾患的活体肾移植的接受者的预后

情况（有一半以上的人在 4 年内死亡），是基于公布的数据，可认定其真实性。确实，若只看"这可是犯罪啊"这部分说法，可以说这是断定 X 医师就是犯罪者的表述，但若对照全体发言的内容，即可理解主要是在讨论有关病态肾脏移植在医学上的正当性，因此不认为上述"这可是犯罪啊"的表述，脱离了有关医学上正当性的问题，有涉及指称 X 医师即为犯罪者，或作为医师欠缺适格性等人身攻击之内容，可以说并未超出意见或评论的范围，因此不具违法性。

二、有关被告 B 之发言。

节录其发言内容，可理解为"X 医师明知采用的手术方法有传播肿瘤的危险性，在本案论文中却改用不会产生问题的方式进行造假的记载。"一般人听了此发言，可能会留下"X 医师隐瞒其所采取的不被允许的手术方法"之印象，因而降低了原告在社会上的评价，毁损了原告的名誉。

虽然无法针对实际上是否采用有危险性的手术方法这点进行事实认定，但从本案论文的表述来看，被告 B 会有这样的理解也没有不自然之处，且被告 B 有相当理由确信自己的发言为真实之事实，因此被告 B 的发言非为故意或过失。

三、有关被告 C 之发言。

一般人听了被告 C 之发言，可能会留下 X 医师未遵守规定（日本移植学会所定之伦理方针等），恣意地仅挑选与 X 医师，或与参与医师有关系的患者为接受者这样的印象，因而降低了原告在社会上的评价，毁损了原告的名誉。

但 X 医师未采用日本脏器移植网络等合法性的手续进行接受者的选择一事，的确为事实，因此 C 之发言不具违法性，不法行为不成立（松山地方法院 2011 年 6 月 29 日判决。文中标题取自判决书）。

本案虽然原告再行上诉，但高松高等法院于 2013 年 4 月驳回原告方的请求。

解　说

因博客（blog）和推特（twitter）的普及，多数人有了表达意见的机会，但同时以侵害名誉及隐私等人格权为争议点的纠纷也增加了。

毁损名誉成立的要件为：（1）有散布言论使他人在社会上之声誉降低的事实；（2）上述事情有故意或过失；（3）因为第一条之情况恐怕导致他人在社会上之声誉降低。

同时也会考虑发言者的权利，即使该发言确实降低了他人在社会上之声誉，无论该事实的真实性与否，只要有相当理由确信自己的发言为真，不法行为即不成立。又于发表意见的场合，只要不是特别忽略该内容的正当性及合理性所作出的人身攻击，或超出意见或评论的范围，就不能算是不法行为。

此次被告们的发言，基本上可认为其发言内容为真实的，且有相当理由确信该发言为真，因此不法行为不成立。即使被告A说出"这可是犯罪啊"这样的话，但若对照发言的全体内容，并不认为其内容是针对个人所作出的人身攻击，判断并未超出意见或评论的范围。此判断可以说是微妙的判断。在综合所有的发言内容后，以有良知的一般人的感觉来看是否在容许范围内，这是基于此观点所做出的判断，因此不能断章取义地认为"说出'这可是犯罪啊'并不算毁损名誉"，这样单纯的思考方式可以说是轻率的。

在否定他人的言行举止为事实之际，首先必须针对其真实性进行充分讨论。在提出意见或评论之际也是如此，所根据的事实是否为真？表达时是否涉及人身攻击？是否超出常理之范围？在发言前应该多加考虑。

Q&A
判决的关键

Q 有其他亦为医师同业之毁损名誉成为争议点的判例吗?

A 某病理医师执笔的有关"厚生劳动科学研究费补助金"的报道(指出某教授的科研研究是"无视于先行研究的暴拳,等同文艺界的'抄袭'行为")因涉嫌毁损他人名誉,被提起诉讼。在此案例中,因无法证明叙述内容的真实性,认定该医师有毁损他人名誉之行为,命令支付慰问金(东京高等法院 2011 年 1 月 12 日判决)。

Q 一般来说,毁损名誉的慰问金为多少?

A 整体来说金额偏低。一般来说,大多从数万日元到 100 万日元不等。前述的病理医师之判例中,高等法院所认定的慰问金金额在将数个叙述内容合计起来后,也不过判赔了 50 万日元。部分法律界人士认为,毁损名誉比起其他不法行为(交通事故等)的损害额似乎太低了,故提出质疑。不过对起诉者方面来说,比起实际上得到多少赔偿金,似乎更加重视让法院判定发言者所散布的事实并非真实的,自己的名誉因此遭到毁损这件事。

Q 对加害者除了提出赔偿慰问金外,还可以提出其他请求吗?

A 亦可命其刊登致歉信,或禁止出版相关书籍等,但为恢复或保全名誉有必要刊登致歉信一事,应限于有特别的必要性需预防未来可能衍生损害的情况,对此应严格地下判断。

有关非小细胞肺癌之标靶药物 Iressa 的说明书记载问题，法院判定药厂及国家皆无责任

使用肺癌治疗药物 Iressa，因副作用死亡的患者家属，以制药公司在药物说明书的记载上，及国家对制药公司的指导上不充分为由，对两方提起诉讼。东京地方法院认定两方有责任，但二审东京高等法院则予以否定。最高法院驳回原告请求，宣告二审判决确定。

（田边升）

事件概要

Iressa（一般名 Gefitinib）是用于对以往药剂已缺乏有效性的再发性或已出现抗药性之非小细胞肺癌的标靶治疗药物，相关单位于 2002 年 1 月 25 日提出申请许可，破例提早于同年 8 月 30 日得到许可。

Iressa 开始销售后，厚生劳动省陆续接到有关出现间质性肺炎或急性肺障碍副作用的通报，2002 年 10 月 15 日，制药公司提出 22 例（死亡 11 例），医疗机构方面提出 4 例（死亡 2 例）。

2002 年 7 月，在 Iressa 药物说明书的第一版中，于"重大副作用"栏的第 4 项中记载了"间质性肺炎（发生频率不明）：若有出现间质性肺炎的情况，必须仔细观察患者状况，在有异常情形的状况下停止用药，进行适当处置"。

因陆续接到死亡案例之报告，制药公司接受厚生劳动省的指示修改了使用上的注意事项，将有关间质性肺炎的内容于"警告"

栏中记载，并对医疗机构发布了"紧急安全性信息"。但之后的死亡病例报告有增无减，至 2006 年 3 月为止，因服用 Iressa 引发间质性肺炎或急性肺障碍而死亡的患者，累计高达 643 人。

2004 年 11 月，因服用 Iressa 后死亡的患者的家属们，向东京地方法院对制药公司提起诉讼，其主张为 Iressa 为欠缺有效性之药剂，即使商品本身是有用的，但标示上有缺陷，故对制药公司以基于制造物责任法及不法行为（《民法》第七百零九条）究责，同时也以国家怠忽对制药公司进行指导，基于《国家赔偿法》上的损害赔偿责任请求赔偿。大阪地方法院在同年 7 月也接受了其他患者家属提起的同样的诉讼。

两地方法院劝双方和解，但身为被告的国家与制药公司拒绝和解，希望能够作出判决。本案的主要争议点在于制药公司的药物说明书是否充分达到提醒的目的，及国家对制药公司的指导是否妥当。

东京地方法院认定制药公司与国家双方皆有责任（2011 年 3 月 23 日判决）。但大阪地方法院仅认定制药公司有责任，否定国家有责任（2011 年 2 月 25 日判决）。

有关制药公司的责任，两地院的意见是："初版药物说明书中对间质性肺炎之记载，会让大多数医师误解 Iressa 是安全的，且有可能让医师误解该副作用并不严重，有基于制造物责任法上的标示缺陷。"

有关国家的责任，东京地方法院判示，"（药物说明书的内容）难以让使用 Iressa 的医师认知到 Iressa 可能会并发和以往的抗癌剂在频率及严重程度上相当且可能有致死危险的间质性肺炎"，"针对有关间质性肺炎的副作用，只要在治疗阶段没有采取其他可确保安全性的充分措施，就可以说未行使此权限（指示修订药物说明书等），且逸脱了必要的限度，明显欠缺合理性"，肯定其违法性。

对此原告、被告皆提起上诉，由东京高等法院进行审判。

判 决

东京高等法院撤销了地方法院之判决,同时否定制药公司和国家双方有责任,驳回原告请求。

首先有关制药公司的责任,因间质性肺炎之副作用和死亡间的因果关系仍不明确,因此不能说药品说明书在标示上有缺陷。

对此法院举出下述几点理由:(1)抗癌剂或抗风湿药物等的使用可能引发间质性肺炎一事,只要是使用Iressa的专科医师皆对此有所认知;(2)在日本的临床实验中,引发间质性肺炎的病例仅有3例,且没有死亡例;(3)在国外的临床实验中,受试患者皆未引发间质性肺炎;(4)在国外的临床实验中,除受试患者外之患者,虽有5例引发间质性肺炎,且有4例死亡,但其中3例并用了化疗,因此,其死亡与Iressa是否有关并不明确,且有怀疑可能是因癌症病情进展而死亡,无法认定和Iressa的使用有因果关系。

有关国家的责任，<u>因 Iressa 的有效性而许可（销售）是有其妥当性的</u>，且如前述在药物说明书上的记载也不具有缺陷，法院以此理由否定了国家的责任（东京高等法院 2011 年 11 月 15 日判决）。

对此原告向最高法院提起上诉。最高法院第 3 小法庭于 2013 年 4 月决定驳回对国家提起之上诉，接着亦驳回对制药公司提起之上诉。二审判决生效。

解 说

笔者对大阪及东京地院所作出的判决感到非常惊讶，特别是大阪地院，在判决中并未记载有关因果关系之认定，针对制造物责任法标示上的瑕疵这点也是，竟然根据所提供的除了药品说明书以外的其他信息作出了判决。从法律的角度来看，不免予人过于草率的印象，也因此成为格外受大众瞩目的案例。

话虽如此，两地院的判决仍有可供评价之处。这就是：要求制药公司和国家双方，今后应该要以更易于了解的方式提供药品说明书。基于这项重要的事实，今后应该努力"提供在使用上具安全性的医药品"。

地院和高院在判决上的差异之处为针对"药品说明书缺陷"所作出的事实认定。地院认为在药品说明书第 4 项中有关间质性肺炎的记载内容，"<u>无法让多数医师认识到副作用的危险性，作为以医师为对象的说明，这样的危险提醒是不充分的</u>"。

对此高院则认定，<u>因阅读药品说明书的对象为专科医师，作为危险提醒的手段已充分</u>。暂且不论医疗现场药品是如何被使用的，以产品的记载上来说已充分。从制造物责任的角度来思考也可认为是适当的。

虽然认为药品说明书应该针对"有非常注意之必要性"这点，给医师提供再次确认的机会，但药品说明书所处的地位仍然是个问题。有关药品说明书的使用，最有名的是最高法院于1996年1月23日的判决（此判决以医师若无特殊理由，未遵照药品说明书中所写的注意事项而实施医疗行为就推定医师有过失），在此案例中作为司法判断的前提为：可设想该说明书的注意事项并未过度记载，不致造成医师对使用该药物有所恐惧。

这不仅会对医师，也可能对患者产生负面影响。每当有纠纷发生之际，都会出现国家和制药公司应该负起责任的要求。但不要忘了，若今后都将说明书的内容视为金科玉律，就难以避免产生妨碍医师对药物的使用的状况。

又关于本次的诉讼，有一部分学会发出声明，指出地院的判决对今后国家在抗癌剂的开发上会造成阻碍，会连带影响患者的便利性，他们表明这样的担忧。虽然厚生劳动省对学会相关者提供数据这点在做法上有其问题，但以声明的内容来看是很正当的。医疗或医药品这样专门的问题，就该交给有关专家进行慎重地判断。这样的意见即使厚生劳动省没说，学会也应该自己提出。

从当时的医学杂志等来看，也有不应过度重视危险性这点的倾向，可能是应广告媒体或制药商的要求，这点在事后看来令人担忧。本案件不仅在药品说明书记载的问题，在"销售方法"上亦留下了问题。

Q&A
判决的关键

 会造成 Iressa 副作用的问题,可认为是有一部分医师未阅读药品说明书就进行处方吗?

 可以这么说。东京高院的判决中提到,"这些医师若未能从第一版的记载中读出这样的内容,只能说这些人并不重视药品说明书的内容",以严厉的口吻指出处方医师未认识到间质性肺炎有重大副作用的危险性。只要阅读过 Iressa 初版的药品说明书,若未充分注意重大副作用栏所记载的间质性肺炎所导致患者死亡的情况,参照最高法院的判例及本案东京高院的事实认定,亦有认定处方医师有责任的可能性。

 在本次案件中,国家针对药品说明书的内容在指导方法上有所改变吗?

 厚生劳动省至今可针对药品说明书的内容进行行政指导,判决表明今后可成为法律上更有强制力的指导者。但以往制药公司原本就是照着厚生劳动省的指示书写药物说明书,即使变更了指导方法,也不会改变现状。今后应该让医学界拥有药物说明书的审查权限,用让大众周知,真正有效且安全的方法制作药物说明书。

 在有关 Iressa 的案件中,有一部分学会发出声明,这样的行为是有必要的吗?

 我认为是有必要的。在福岛县立大野医院事件及福冈的"护理师剥趾甲"事件中,专家团体的声明亦对舆论产生影响,进而影响了司法判断。与医疗问题有关的判决大多与患者的生命息息相关,因此医学会等应该积极表达意见。

鉴定医师泄露信息，最高法院确定其有罪

在媒体大幅报道的"2006年奈良少年家中纵火杀人事件"中，身为鉴定医师的精神科医师涉嫌将调查书的信息泄露给第三者，少年及其父亲提起诉讼。一审、二审皆判决该医师有罪。鉴定医师再上诉，最高法院驳回原告请求，确定有罪之判决。

（水泽亚纪子）

事件概要

2006年6月，当时16岁的少年A在家中洒油纵火，不但造成与继母、弟弟、妹妹同住的房子被烧毁，也使继母等人因一氧化碳中毒身亡。基于此犯罪事实，A接受奈良家事法院的审判（以下称本案保护事件）。

A本在奈良县名校就读，因此，本纵火杀人事件，受到强烈关注，媒体亦再三报道。

法院确定了下述鉴定事项：（1）与少年本件犯行有关之精神医学的背景；（2）少年犯下本案时及现在的精神状态；（3）其他少年的境遇中可供参考之事项。指定精神科医师B医师为其鉴定人，命其进行鉴定。

B于同年8月10日以鉴定用资料为由，向法院借用了包括汇集了A和生父接受检察官调查时的口供等调查书，以及与本案保护事件有关的文件记录副本。接着在10月6日的上午于奈良家事

法院以口头方式说明鉴定内容，并于之后提出精神鉴定书。

自从 B 被任命为鉴定人后，记者 C 就积极与 B 接触，B 也应其要求透露了有关本案保护事件之内容。10 月 5 日，B 将保管于自己家里有关记载本案少年家庭等情况的秘密文件、A 和生父的口供调查书、审判中的陈述调查书等的副本提供给 C 及同行者阅览。

C 和同行者趁 B 不在现场，用数码相机将调查书逐张拍照，并抄录了本案保护事件的部分记录。在这当中，除了与 A 有关的亲近人士的口供调查书，也包括 A 和生父的陈述调查书等（B 表示对 C 这些行为完全不知情）。

B 于第二日（10 月 6 日）在对法院说明鉴定内容后，与投宿在饭店的 C 等人会面，将自己对家事法院说明的内容的书面资料影印交付给 C，并解说了该内容，包括鉴定书及心理评价等相关数据等。

接着 B 又在 10 月 15 日将打印完成的鉴定书等部分书面数据交付给 C，A 的精神鉴定结果等皆记载在此书面文件中。

奈良家事法院于 10 月 26 日决定将案件保护事件中的少年 A 移送至中等少年法院，但在此决定之前，与 A 有关的报道已于某出版社的周刊及月刊陆续刊载。

C 于第二年 5 月出版书籍，在封面及首页目录印刷有 A 手写的"至实施犯罪行为前的时间表"，以几乎原封不动的形式印刷。此"时间表"的内容存在于本案保护事件的记录中，亦存在于 C 等人在 B 家中以数码相机拍摄的影像数据中。

此外，书籍腰封处不但写着"综合 3000 件搜查资料——悲哀少年的真实心声大公开！"还引用了大量其生父和生母的口供材料。

B 表示对 C 准备出版单行本一事并不知情，C 并未具体告知。直到书籍开卖的前一天才从 C 手中得到此书，看到装订好的书 B 也只能哑口无言。

A 的生父认为书籍的内容不能曝光，以"B 泄露其自职务上所取得的秘密，包括口供调查书等内容"为由，与 A 一同对 B 提起诉讼。

判 决

《刑法》第一百三十四条规定,医师和律师等若泄露因业务知悉之他人秘密,即为秘密泄露罪。奈良地方法院及大阪地方法院皆以 B 泄露因业务知悉之 A 及其生父之秘密,以符合《刑法》第一百三十四条第一款的秘密泄露罪,判处有罪(有期徒刑 4 个月,缓刑 3 年)。

对此,B 提出下述主张:(1)鉴定医师所执行的业务只能说是"鉴定人之业务",不能说是"医师之业务",因此对泄露因业务知悉之他人秘密之行为,并不符合秘密泄露罪;(2)A 及其生父并非本案业务之委托者,因此并非秘密泄露罪之起诉权者,提出自己无罪。

最高法院作出下述判断,驳回原告请求,确定有罪。有关第一点争议点,判示"像本案这样,医师基于身为医师之知识或经验,在受令进行包括诊断等有关医学上之判断的情况下,此鉴定之实

施可认定为执行身为医师之业务"，因此医师在进行该鉴定的过程中所取得的秘密，若无正当理由，此情况下之泄露行为，即相当于将执行"医师之业务"中所取得的秘密泄露于他人之违法行为，符合《刑法》第一百三十四条第一款之秘密泄露罪。

另一方面，有关第二点起诉权者的争议，最高法院指出："在此种情况下，所谓'他人秘密'除了鉴定对象本人的秘密外，也包含在进行鉴定的过程中所取得的，除了对象本人之外的他人的秘密"。被泄露秘密者，即符合"犯罪的被害者"条件，即使非身为鉴定业务的直接委托者，亦有起诉权（最高法院2012年2月13日决定）。

解 说

《刑法》第一百三十四条第一款规定："医师、药师、医药品销售者、助产师、律师、辩护人、公证人或曾任此种职务者，无正当理由泄露因业务知悉之他人秘密者，处6个月以下惩役或10万元以下罚金"。

医师在诊疗过程中会接触到患者及患者家族病状等秘密，在此之际，要让患者对医师坦述实情的大前提，即为医师需保守患者及家属的秘密。诊疗行为是基于患者和医师间这样的信赖关系而建立的。

《刑法》第一百三十四条之秘密泄露罪即着眼于医师在进行基本诊疗的过程中常会接触到患者等人的秘密这点，因此需担保可保守因业务知悉之他人秘密，进而进行适当的诊疗，否则将判处刑罚。

本案的判决即基于医师的守密义务，明确指出，不仅是在实施诊疗行为的场合，即使是在身为医师被任命进行鉴定的场合，亦适用此守密义务，这点值得关注。

本案判决中有法官的个人意见，引用希波克拉底誓词的节录："在行医时所见所闻关于他人生活的隐私，我必须视为神圣，不可泄露秘密,并守口如瓶。"

节录的内容表现了"不只是患者的秘密,只要是泄露他人的秘密就是违反伦理的行为,身为医师应谨言慎行"这样崇高的节操,法官将其作为"医师守密义务"之基础,这是法官提出的见解。

也就是说,无论与医疗行为相关与否,只要具有医师身份,就会被要求具备值得信赖的高度伦理观。实际上《医师法》第七条第二款中也有规定,"当做出有损身为医师的品格地位之行为之际",会受到停业或取消医师资格等处分。

这些应该都是常识,也不需要多做说明。换个角度来说,若自己是患者,若接受会将患者的秘密轻易地向他人说出口、在伦理观上有疑问的医师的诊察,会放心地将自己或家人的生死交付给他吗?

医师能够得知他人的秘密,且被认为拥有一般人无法行使的特权,因此不能照自己的想法随意行使权利。反过来说,拥有特权也必定有相对应的义务。本判决可以说是对此事再一次加以认识的一个例子。

Q&A
判决的关键

 还有其他有关医师守密义务的判例吗?

附带一提还有与《刑法》第一百二十四条直接相关的觉醒剂取缔法案件。在此案中,患者向医师(公务员)自述呈现兴奋状态,以刀刃刺向自己背部等情况,医师考虑到药物影响的可能性,认为必须实施药物检查,结果发现安非他命呈阳性反应,因此向警方通报。患者以医师违反觉醒剂取缔法提起刑事诉讼。

诉讼中被告方主张,"医师从采样的尿液中检出觉醒剂,并向警方通报,违反守密义务,这样违法取得的证据是没有证据能力的"。对此,法院判断"医师于必要的检查或检查过程中所采样的尿液,若有检出违法药物的情况,对此向搜查机关提出的通报可作为正当行为被容许",表明并不违反守密义务。

 除了患者本人以外的人士,若欲对违反守密义务的医师提起诉讼,该诉讼权的范围是什么?

《刑法》第一百三十四条为"亲告罪",若未提起诉讼就不会成为刑事案件。可提起诉讼的人为被害者、被害者的法定代理人,若被害者死亡可为其配偶、直系血亲及兄弟姐妹。

本案例中少年A和其生父是否相当于"被害者"成为争议点。被告方主张"A及其生父并非鉴定业务之委托者,因此并非身为'被害者'之起诉权者",但如本文所述,最高法院判断"A和生父确为因此秘密泄露受害的受害者"。

换个立场来说,即使泄露的是除了患者本人以外,通过诊疗所得知的家族秘密,家族成员亦可对此提起诉讼。

患者接受人工心脏移植实验后死亡，法院判定医院方违反实验计划书的内容

接受人工心脏移植实验的患者于手术后约 1 年 6 个月因脑出血死亡。法院判定实验有违反程序之实，亦认定实验和死亡间存在因果关系，命令被告支付患者家属损害赔偿金。

（莳田觉）

事件概要

患者 A（女性，1967 年生）于 2006 年 5 月 21 日因急性心肌梗死，在 B 大学医院心脏内科住院治疗。之后因出现重症心功能不全，于 2007 年 3 月 29 日参加了为评估植入型辅助人工心脏的安全性及有效性的人体实验，接受移植手术。

本案的实验实施计划书中明确记载排外基准为"BSA（体表面积）<1.4m^2"。有关设定此排外基准的根据，计划书中记载：其他公司之人工心脏排外基准为"BSA（体表面积）<1.5m^2"，"因本公司之人工心脏属小型心脏，经过初步研究，确认即使 BSA 为 1.5m^2 仍有植入余裕。此外，于某非临床实验、解剖学上的拟合研究中，确认即使于 BSA 为 1.4m^2 的情况下仍有植入的可能。但若 BSA 为 1.3m^2（例：身高 150cm/ 体重 40kg），虽有植入可能，但有若干困难，初步研究结果亦同"。

又本案实验程序中的"基线检查"之标题下，记载着"只要

没有另外规定,基线检查需于本实验器官移植手术开始前24小时内实施",有关患者的体格方面则记载"身高、体重的测定可以采用最近,即入院时的数据"。

A的身高为157cm,2006年5月住院时的体重为50kg,BSA为1.48m^2,但接受移植手术的前日(2007年3月28日)体重为42.7kg,BSA则减少为1.38m^2。又实验程序中虽明记实施手术之际需进行录像,但实际上并未进行录像。

A在接受移植手术后的1年数个月后产生胃穿孔,约1个月后因脑出血于2008年10月10日死亡。

有关胃穿孔的问题,在"实验机器不适合/感染症病历报告书"中记载:"因血泵对胃部造成压迫,有可能因血流障碍引发胃穿孔。该受试者因皮层贯通部位感染,且于加护病房长时间呈仰卧位,且因体格瘦小,腹膜及横膜较薄等多重原因,造成血泵压迫患者胃部的情况。"

死亡诊断书中记载直接死因是脑出血，原因是败血症。又病理解剖认为未存在感染性的脑动脉瘤，在胃的穿孔部位周围皆无手术创伤或活动性感染的痕迹，暗示未观察到有因感染症造成脑出血的可能性。

对此，患者 A 的家属基于手术前日的 BSA 为 $1.38m^2$，低于排外基准的"$1.4m^2$"，提起约 3000 万日元的损害赔偿诉讼，主张如下：（1）因违反实验计划书的内容，违法进行移植手术导致患者引发胃穿孔，且因此原因引发败血症以致脑中风死亡；（2）对符合排外基准这点事先未做充分说明。

判　决

东京地方法院 2014 年 2 月 20 日判决院方需支付 A 家属约 850 万日元的损害赔偿金。

判决中法院针对有关实验计划书之使用，指出："至少对与人体安全性有关的事项，站在保护受试者的立场，比起一般医疗场合，应该采取更慎重的方式应对。"本案设置排外基准的目的是为了避免体格较小的患者因胸腔、腹腔空间较狭窄，可能会造成人工心脏对周边脏器的压迫，进而有产生并发症之危险性。从确保数据的准确性及保护受试者两方面来看，应该要更严格要求除外基准的运用。

法院在上述评估的基础上，针对本案实验计划书的内容做了进一步探讨。首先，院方主张患者的身高、体重可采用入院时的数据，因患者入院时的 BSA 为 $1.48m^2$，并不符合除外基准，但法院判示<u>"如果有最近期的数据存在，就不能采用已经过了很长时间的入院时的数据"</u>。

其次，法院针对排外基准为"$BSA<1.4m^2$"这点进行探讨。院方主张"$1.4m^2$"表示有效数字为两位，小数点的第二位应可四舍五入，因此移植手术前日的 BSA 为 $1.38m^2$ 并不符合除外基准，但

法院判示不能以这样的方式解释，认定患者符合除外基准。

对于这点院方辩称，即使有不符合实验计划书的情况，也不致直接影响实验的适应性，应该将实验计划书的目的、超出的态势等纳入考虑后再做出判断。法院举出本案人工心脏的说明书中，针对"适用禁忌的患者"有如下记载："有充分经验的医师对患者的体格、体表面积、预定植入部位在解剖学上的状况等进行综合判断，被判断为不适合进行移植的患者。"

对此，法院指出在实验的性质上，"<u>无法设想可由实验的实施者，对其危险性、安全性的存在与否及程度，作出实质上的判断</u>"。实验计划书的内容对受试者来说，是决定参加实验与否的唯一客观资料，也是双方合作事项的一部分，因此若违反实验计划书的内容，在民法上即为违法。

有关患者的死因，法院基于病理解剖结果，否认患者是因胃穿孔引发败血症，以致脑出血死亡，判示："在使用辅助人工心脏治疗的并发症中，脑血管障碍是发生最多的一种。此事实显示本案人工心脏治疗移植可能成为带来不良影响的契机，认为此移植导致 A 因脑出血死亡有充分的合理性"，判定移植手术和死亡间存在因果关系。

医院方虽主张无法证明 BSA<1.4m^2 与患者死亡间存在因果关系，但法院表示，<u>移植手术的实施本身已为违法，故以此做出因果关系论就以足够</u>，驳回原告主张。

解　说

该实验尚未确认对人体的安全性，是未得到认可阶段所实施的医疗行为，因此无论如何都该遵照实验计划进行，特别是与人体的安全性有关的事项，站在"保护受试者"的立场，会更加被要求做出"严格的解释"。

本件的实验计划书设置了"BSA<1.4m^2"的排外基准，医院方

虽主张体表面积只不过是应该考虑的要素之一，移植手术的实施在医师合理的裁量权范围内，但法院不认可医师有该裁量权。

话说回来，本案实验计划书的排外基准为"BSA<1.4m^2"，有效数字若为两位，在例示中的"身高150cm/体重40kg"处也应记载有效数字为两位。只要这样做记载，就可判断本案实验计划书中排外基准的有效数字为两位，解释就可成立。

患者A手术前日的身高及体重若以有效数字两位表示，就变成身高160cm/体重43kg，BSA为"1.4m^2"，不符合排外基准，但法院否定了这样的思考方式，因此，如果评估排外基准的有效数字确实为两位，在实验计划书中就应该特别明示这一点。

A的死因是脑出血。法院以患者的BSA不满1.4m^{2}为由，在未充分检证下就做出脑出血和死亡间存在因果关系的结论，不少医疗界人士对此感到诧异。且A在急性心肌梗死后陷入重症心功能不全的状态，可能有预后不良的状况，应该要考虑诸多可能的原因。

但法院经评估后，基于违反实验计划书的手术为违法行为，原本就不容许实施，因此认定手术与之后产生的人工心脏一般可见的并发症间存在因果关系（"没有因就不会有果"的关系），这是法院基本的思考方式。

Q&A
判决的关键

 若干治疗后不得已产生并发症,有稍微违反实验计划书的情况下,必须对该并发症负责任吗?

本案中,虽然"未实施录像"等违反实验计划书之处成为争议点,但法院并未对此作出判示。法院的立场是实验计划书的内容是双方合作事项的一部分,若对此违反,即有发生契约责任(以债务不履行行为理由的损害赔偿责任)的可能性。

但若与人体安全性无关的事项,就会有考虑医师裁量权之余地。只要不是"如果知道有违反此事项,当初就不会参加实验了"这样重大的情形,仅是形式上轻微地违反手续的话,即使之后出现并发症,也不至于会以违反实验计划这样的理由,追究与实际发生的坏结果间的相关赔偿责任。

 比较"医药品说明书"与"实验计划书",两者中医师被认定的裁量权范围有何不同?

医师于一般的医疗行为中,会被认定有较广泛的裁量权。即使在采取异于药剂说明书记载的内容进行治疗而导致医疗事故发生的情况,虽有推定"医师有过失"这样的严厉判例,但即使为药剂说明书中的"禁忌"内容,只要针对不遵照这点有合理的理由,异于药剂说明书的应对处置亦可能被认可,仍有医师裁量权之余地。相对来说,在实验的情况下,至少在与人体的安全性有关的事项上,"不认可医师裁量权"是本案法院的立场。会产生这样的差异,是因为实验是尚未得到认可的医疗行为,也就是说带有仍在实验阶段的性质。

◆执笔者一览（依照五十音顺序）

石黑敏洋　札幌联盟法律事务所
律师。东京大学毕业，1988年成为执业律师，为札幌医疗事故问题研究会代表。接受医师、患者双方之委托，著有《现代裁判法体系》（新日本法规出版，合著）等著作。

北泽龙也　北泽龙也法律事务所
律师。1987年青山学院大学毕业，曾任职于中小企业金融公司、东京地方法院，1996年成为执业律师。2005年开设北泽龙也法律事务所，站在医疗方从事律师工作。

桑原博道　仁邦法律事务所
律师，医学博士。东邦大学客座教授，顺天堂大学客座准教授。1993年明治大学法学部毕业，2011年顺天堂大学研究所医学研究科毕业，专业为医疗纠纷（医疗方）。

田边升　中村、平井、田边法律事务所
医师，律师。1984年名古屋大学医学部毕业后，曾在大学研究所、都立医院、国立医院、旧厚生劳动省工作，于东京大学法学部、京都大学法学研究所、神户大学经营学研究所毕业，从2001年开始律师工作，成为执业律师后仍持续看诊。

平井利明　中村、平井、田边法律事务所
律师，立命馆大学法学研究所讲师，京都大学医学部讲师。1985年毕业于立命馆大学法学部。主要从事医疗诉讼（医疗机构方）、企业法务等业务。

苅田觉　仁邦法律事务所
律师。曾任法院书记官，1996年司法考试合格。1999年成为执业律师，2001年进入仁邦法律事务所。站在医疗方从事律师工作，主要从事医疗纠纷、医疗诉讼等业务。

水泽亚纪子　新传马法律事务所
医师、律师。1989年东北大学医学部毕业，曾在基础医院内科工作，于1999年成为执业律师。2004年开设法律事务所，站在医疗方从事律师工作。